# Education
## 上海市中等职业学校
## 家庭教育实践与探索

王向群 主编

上海社会科学院出版社
SHANGHAI ACADEMY OF SOCIAL SCIENCES PRESS

# 《上海市中等职业学校家庭教育实践与探索》编委会

主编　王向群

编委　陈步君　乔蔓菁　张福顺　杨士明　闻人勇建
　　　郭世民　张　平　林贵森　钱月美

# 前　言

2022年1月1日,中国第一部《家庭教育促进法》正式颁布施行。百年大计,教育为本,《家庭教育促进法》的公布施行必将对发扬中华民族重视家庭教育的优良传统,引导全社会注重家庭、家教、家风,增进家庭幸福与社会和谐,培养德智体美劳全面发展的社会主义建设者和接班人,推进家庭教育、学校教育、社会教育紧密结合、协调一致起到重要作用。

党中央历来十分重视家庭教育,习近平总书记多次指出:"我们都要重视家庭建设,注重家庭、注重家教、注重家风。"家庭是社会的基本细胞,家庭教育是党的教育事业的重要组成部分,家庭的前途命运同国家和民族命运紧密相连。办好人民满意的教育,必须以立德树人为根本任务,家庭教育必须以德为先。最近,中共中央办公厅国务院办公厅下发了《关于加强新时代关心下一代工作委员会工作的意见》,进一步明确关心下一代工作委员会要把认真落实家庭教育促进法,积极开展家庭教育工作,作为一项重点任务,要助力构建家庭、学校、社会协同育人的工作机制。

近年来,上海中等职业学校在学习贯彻习近平总书记关于家庭教育重要讲话精神,落实教育部、市教委关于加强家庭教育工作的有关工作要求中,积极开展家庭教育指导工作,取得了很好的成绩。与此同时,上海教育关心下一代工作委员会中职分会积极配合主渠道,大力推进家庭教育指导的实践与理论研究工作,积累了丰硕的成果。中职分会先后编辑出版了上海中等职业学校家庭教育指导论文集《人生第一课堂》(第一辑、第二辑)、《上海市中职校家庭教育指导论文集》、《家校携手育人——促进学生健康全面成长》等书籍;在各中等职业学校和有关部门的积极支持配合下,组织开展了家庭教育指导工作的现状调研,形成了《上海市中职校家庭教育指导工作现状与对策研究》的课题报告;按照市教委德育处要求,会同有关部门编写出版了《教师家庭教育指导实务》(中职版);多次召开了家庭教育指导交流、推进、研讨会。这些研究成果和活动从不同角度反映总结了各中等职业学校开展家庭教育指导工作的成功的经验和做法,为广大班主任和教师提供了有益的借鉴、启示和指导,为推进上海中等职业学校持续深入开展家庭教育指导工作做出了很大的贡献。

为了进一步推进中等职业校家庭教育指导工作的深入开展，展示新时代新形势下家庭教育的新理念、新特点、新要求，2021年关心下一代工作委员会中职分会和中职德育专委会合作，向各学校征集近几年来在开展推进家庭教育指导实践中产生的典型案例和创新做法。通知下发后，各校热烈响应，踊跃推送稿件，经专家评审，遴选出其中一批特色鲜明的典型案例和工作论文，并进行了修改和完善，最终汇编成《上海市中等职业学校家庭教育实践与探索》一书。本书除了收集了部分学校的任课老师、班主任撰写的案例和论文之外，还选编了十几位学生家长撰写的在教育培养孩子方面的亲身体会，这些生动案例、论文、体会从不同角度、不同层面对中等职业校家庭教育问题作了一些有益探索，呈现了中职校开展家庭教育和指导工作的成功做法和经验体会，旨在为教师、班主任、家长提供一定示范和引领，为开展适应新时代的家庭教育与指导提供新经验、新方法。

衷心感谢为本书出版倾注了大量精力，付出了辛勤劳动的关心下一代工作委员会老同志和对每篇文稿指导修改审阅的专家；衷心感谢为本书出版提供文稿的辛勤耕耘者；衷心感谢上海社会科学院出版社的大力支持和指导。热切盼望《上海市中等职业学校家庭教育实践与探索》的出版能给广大教师尤其是班主任以启迪，能让广大中职生、家长受益，能为推进中职学校创建家庭教育指导示范校起到助力作用，期待中等职业学校的家庭教育指导工作能够取得更大的成绩，为促进下一代的健康成长再作贡献。

上海市教育系统关心下一代工作委员会副主任
关心下一代工作委员会中职分会主任
王向群
2022年6月

# 目　录

前言 …………………………………………………………………… 1

## 教 师 篇

家校协作　助力孩子战胜情绪障碍 …………………………………… 3
家校共育让心重新启航 ………………………………………………… 8
溯本求援共同助力　做好家庭教育指导工作 ………………………… 13
关爱与守护
　　——"留守少年"的蜕变 ………………………………………… 18
陪伴是最好的关爱 ……………………………………………………… 22
那些年被忽略的女儿
　　——一个厌食女孩的家庭教育指导 …………………………… 26
随教潜入心　育人细无声 ……………………………………………… 30
张开双手感受善意　家校齐心助力孩子 ……………………………… 36
架起亲子联结　家校携手育人 ………………………………………… 40
专业赋能　架起家校共育同心桥 ……………………………………… 44
成长的烦恼 ……………………………………………………………… 49
跨越内卷　携手前行 …………………………………………………… 54
上善若水　润物无声 …………………………………………………… 59
家校合力　共促成长 …………………………………………………… 64
家校联动共建　齐奏育人乐章 ………………………………………… 69
家校协同助力　学生蝶变成长 ………………………………………… 73
家校共育结硕果　一点星光也灿烂 …………………………………… 77

"走心"教育构筑家校教育之桥 …………………………… 81
家庭教育重要任务
　　——职业生涯教育 ……………………………………… 86
都是手机惹的祸？
　　——中职生手机沉迷问题家庭教育指导案例 ………… 89
适当放手，是为了更好地成长 …………………………… 93
"憎恨"母亲的女孩 ………………………………………… 98
从孤独走向温暖 ………………………………………… 105
家校携手关爱　呵护心理健康 ………………………… 110
会"挑事"学生成功转化案例 …………………………… 115
愤怒的0分 ……………………………………………… 120
男孩告别"脆饼干" ……………………………………… 126
离异父母不抛弃　集体关爱促成长 …………………… 132
加强家校联系　关爱学生成长 ………………………… 135
家校共育促成长 ………………………………………… 139
共同的希望　共同的责任
　　——农村家庭隔代教育现象的家庭指导案例研究 … 142
从"混毕业"到决定升学
　　——家校合作成效 …………………………………… 147
张开隐形翅膀　收获精彩未来 ………………………… 152
家校携手　从"心"出发 ………………………………… 158
从"冷暴力"到暖相伴
　　——搭建沟通桥梁　解开亲子心结 ………………… 164
发现每一个闪光的孩子 ………………………………… 169
寻找一个支点　为家庭教育赋能
　　——家校联动下"学困生"帮扶探索案例 …………… 172
"家长沙龙"解难题　家校合作谱新篇 ………………… 175
以藤励志以劳化人　家班共振育匠心
　　——家班共育劳动教育的探索与实践 ……………… 180

线上线下同频共振　家校携手合力育人 ·················· 187
OH 卡在中职校家庭教育中的实践研究 ···················· 192

# 家　长　篇

伴随孩子一起成长
　　——女儿的学琴之路 ································· 199
家庭
　　——孩子健康成长的港湾 ··························· 202
信任放手加陪伴　家校合力助孩子 ······················ 206
家校共育,同谱成才之路 ································· 210
平等交流　尊重个性　自信成长 ······················· 214
与教育同呼吸　与孩子共成长 ·························· 218
家校共育　静待花开 ···································· 223
浅谈家庭教育心得体会 ·································· 228
陪伴
　　——让孩子慢慢长大 ······························· 233
言传身教,当好孩子的第一任老师 ······················· 236
我和女儿一同走过的成长岁月 ·························· 240
科学家教　共同成长 ···································· 246
用心呵护　快乐成长 ···································· 249

# 教师篇

# 家校协作　助力孩子战胜情绪障碍

上海市杨浦职业技术学校　潘盼

**摘　要**：中职阶段，学生的心理问题得不到家长重视，常被认为是孩子逃避学习和责任的小手段，究其原因是家长对青少年的情绪困扰认识不充分。班主任应该就青少年身心障碍的相关知识与家长沟通，消除家长对情绪行为障碍的偏见，取得家长的配合是关键，让家长能正确面对该症状，转变家庭教育观念，通过家教联动对学生进行帮扶。

**关键词**：中职学生　家庭教育　情绪行为障碍

## 一、案例呈现

小叶同学是我校19级新能源汽车班的一员。职一刚入学时，由于骨折错过了新生军训，开学后与其他同学交流得很少，对集体也不太关心。开学第三周，有任课老师反映，小叶在课堂上一直瞌睡，周边同学拍他也拍不醒。于是我找了他的室友，侧面了解小叶在寝室的作息情况和就寝时间，得知他每天都熬夜晚睡。

在和小叶几次谈话的过程中，孩子从一开始的敷衍做早睡保证，到逐渐与我建立起了信任。他坦言每天在寝室睡得很晚，不想睡觉，还一直做梦。

"经常做梦吗？"

"是的。"

"噩梦吗？什么类型的，能和老师说说吗？"

"就是……出意外的，还有……自杀跳楼的……"

孩子说完后抬眼观察我的表情，我继续不动声色地问道："平时是不是也有过类似的想法呢？"他思考一会儿后轻轻地点了点头。

谈话结束后，我找了学校的心理老师李老师反映情况，李老师听闻我的描述后预判，这孩子很有可能出现了心理问题，需要迅速干预，于是学校给小叶做了心理咨询和相关测试。咨询过程中孩子反应较为平淡，回答问题的语气较为压抑，情绪表现低落。同时他自述有过一些虐待小狗的行为。心理老师建议联系小叶家长，带孩子去专业机构做进一步的评估与诊断。

在我与叶妈妈联系后却发现家长的态度极不以为然，"老师，他这就是装的，想要逃避学习找借口打游戏，不要当一回事……我最近没什么时间，等我哪天回上海后带他去看一下"。

一天，班长在课间来办公室悄悄告诉我："潘老师，早上刚到教室的时候，我看到小叶趴在桌上偷偷哭。小郭也看到了，还说这几天看到几次了，他都躲着人悄悄擦眼泪。"

"小叶有没有和同学闹过矛盾？等他情绪平复后，你私下里问问他。"

我交代班长多加注意小叶的情绪，在生活上多关心他。据我观察了解，小叶缺少与同学间的正常交流，体育课的户外活动也不参与运动，只是坐着发呆。他好几次情绪低落都是在和家长通完电话后出现的。没过多久，叶妈妈把精神卫生中心出具的诊断结果发来了，小叶是中度焦虑和重度情绪行为障碍。医生建议服药治疗，但叶妈妈对药物的副作用极其敏感，拒绝让孩子服药治疗，而且还始终坚持这是孩子在做测试题的时候刻意选择消极选项，是为逃避读书故意为之的。家长的不配合让教育工作陷入了困境。

## 二、案例分析

著名教育家苏霍姆林斯基说过："如果没有整个社会首先是家庭的高度教育素养，那么不管教师付出多大的努力，都收不到完美的效果，学校里的一切问题都会在家庭里折射出来，而学校复杂的教育过程产生困难的根源也都可以追溯到家庭。"经过与小叶及其父母的多次交谈沟通，结合孩子的行为表现，我将产生问题的原因作出如下分析：

一是性格因素的影响。小叶从小生活在离异家庭，导致了性格内向、多愁善感，不喜欢交朋友，喜欢自己一个人独处，缺乏排解情绪的渠道和共情的能力。

二是成长经历的影响。小叶入校后没有参加新生军训，在一开始的适应期无法融入集体，没有聊得来的同学，同时对现阶段的学习生活不适应，产生自我压力。

三是家庭因素的影响。小叶从小父母离异，一直跟着母亲和外公外婆生活。父亲再婚后有了自己的孩子，对小叶的态度较为漠然。叶母罹患乳腺癌，现为术后康复期，家庭经济负担重，导致她自身情绪低落消极，没有过多的精力关心孩子，甚至指责孩子不体谅自己。由于母亲过多责备孩子,导致小叶常有内疚和自卑的情绪产生。小叶成长的家庭环境决定了他在遇到问题时得到的家庭支持力量比较少,久而久之形成了心理上的孤独和行为上的偏差。

四是社会因素分析。社会对情绪及行为障碍等青少年常见的心理疾病的宣传科普不到位,使得家长的认识上不够客观,行为上不够重视。在本案例中,学生已经被诊断出重度情绪行为障碍,医生都建议其服用药物治疗,但是家长不认同,总以为是孩子故意为之,以药物副作用太大而拒绝,没有充分考虑到心理疾病对孩子身心带来的伤害。

## 三、教育对策

北京教育学院赵玉如教授认为:"家校合作一般要经历三个阶段,分享信息阶段,协调配合阶段,共事双赢阶段。"针对案例中的小叶情况,可以看出家长对孩子情绪障碍等心理问题有认知上的偏差,这严重制约着家庭教育的实施质量。取得家长的配合是关键,当务之急是引导叶妈妈正确看待孩子的情绪障碍问题,家校形成合力共同开展工作。

### (一) 共享信息,科学指导家长

第一步是在不告知小叶的情况下将其父母请到学校充分沟通,对家长开展心理健康方面的指导,通过家校联动对学生进行帮助。先由班主任告知家长孩子在学校这几次情绪濒临崩溃的情况,心理老师和德育主任通过讲述青少年常见的心理问题向家长做知识性的普及,再结合精神疾控中心的临床诊断对该症的成因、症状及日常护理做科学解释,让家长重视起来,并提醒家长消极处理方式会加重孩子的病情。

虽然我们不能站在医学的角度去评判小叶的发病原因,但是可以从教育学的角度确定原生家庭对孩子成长的影响。经过几次沟通小叶父母的看法有了转变,为孩子申请了一个月的病假时间,准备配合医院开展药物治疗和心理咨询。学校对家长做了三项约定:一是共享信息,不能隐瞒学生病情,将治疗进度如实以告。如果病情稳定,经医生认可,可以来校复课。二是密切关注,如遇特殊情况,及时与学校和精卫中心联系处理,如需学校帮助及时沟通,学校将尽力配合。三是关爱孩子,病假期间家长应该给予孩子更多的爱和关心,学校也会通过各种方式关心小叶同学,杜绝不安全事故发生。

### (二) 协调配合,形成教育同盟

在沟通过程中我发现,家长对情绪障碍缺乏必要的认知,面对小叶的种种表现,叶妈妈始终认为这是孩子逃避学习和责任的小手段。家校共育除了必要的约定外,还应该就心理问题的相关知识与家长沟通。我们根据家长的工作时间和工作属性,选择合适的沟通时间和方式。我与叶妈妈以微信、电话等形式进行了密切的沟通交流,推送"杨浦心馨家园"等心理健康公众号的相关文章给叶妈妈,邀请她与我一同参加杨浦区青少年心理健康的公益咨询和公益讲座等。家长在不断学习中了解了青少年的身心发展过程,直面情绪障碍的临床表现、成因和治疗方式,同时也在自己身上反思情绪管理的问题,母子常常一同与我通话谈心。家庭教育的指导由班主任的"单向传递"转变为家庭、学校和公益组织的"多向互动"。家校双方达成相互信赖,相互合作的教育同盟,共同关注孩子的心理健康成长。

疫情期间,叶妈妈居家时间长了,线上学习心理健康知识的机会多了,陪伴小叶的时间久了,交流机会也多了,母子间的隔阂也少了。

### (三) 融入集体,发挥同伴作用

疫情后的新学期,叶妈妈带着孩子最新的诊断来校申请复学,小叶的情绪障碍和焦虑症已转为轻度,并可以逐渐停药了。情绪障碍的治疗是一个长期的过程,患病学生在正常、没有歧视的环境中接受治疗更利于恢复。重新回到集体的小叶有些拘谨,我在班级及时做好工作,让其他同学不特殊化对待小叶,经常主动和小叶一起开展活动:体育课邀请他一起踢球,宿舍里多和他聊天,学习上一起探讨问题,志愿服务结伴同行……小叶逐渐融入集体。我和班委都对小叶进行密切的关注,同时与家长保持着联系,将小叶在校期间的情况反馈给家长。

防疫期间,小叶和我班部分男生在隔壁教室错位就餐,副班主任跑来告诉我,小叶把同学们放在空桌上的餐盒盖子都收起来摆整齐,还默默擦干净了几张桌子上的油渍。小叶说班级同学都很好相处,学习上和生活上给了他很多关心和帮助,他也想为班级做些什么来谢谢大家。听到这番话,我当即邀请他加入班委队伍,做值日班长帮着老师一同参与班级服务与管理。在老师的鼓励和同学的配合下,小叶越发开朗积极,学习上也有了很大的进步,这番转变连任课老师都赞不绝口。学期末的家长接待,叶妈妈来校与我促膝长谈,谈及孩子生理和心理的变化,不由得热泪盈眶,长达一年的治疗陪伴,她对青少年的心理健康问题和家庭教育也有了深刻的体会。

## 四、案例启示

### （一）深入学生生活，及早发现问题

班主任要主动走近学生，关心、体贴、爱护学生，随时了解学生的心理动态。我校在新生入学时会进行心理健康普查，已从中筛选出可能有心理问题的学生，防患于未然，做到心理问题及早发现、及时干预，使学生在入学之初就能得到具体的心理健康指导。对一些学生的异常表现（如小叶）不能忽视，班主任和班委在平时学习生活中多注意、多关心、多留心，及时向学校心理老师寻求专业帮助。

### （二）建立家校沟通，形成教育合力

在学校教育中对情绪障碍学生进行正面引导，家庭教育的力量决不能忽视。不少家长缺乏对心理疾病的认识，习惯于凭生活经验判断孩子的异常、反常行为，对于焦虑、情绪障碍等心理问题，或认为这是无病呻吟，或将之妖魔化，不愿直面。缺少有效家庭教育的合作使得学校教育事倍功半。本案例的实施关键是在发现小叶的心理问题时，第一时间建立了家校沟通，了解家长在家庭教育中的缺项和需求，作为家庭教育指导的参考依据，提升指导工作的针对性。各部门通力合作，以科学严谨的态度帮助家长正确认识该病症，消除偏见，积极治疗。家庭是学生主要的生活环境，家长是学生的情感第一支持者，家校形成合力才能发挥积极作用。

### （三）不断加强学习，实现自我提高

孩子的病情成了家校合力的纽带，在指导家庭教育的过程中，我作为班主任深感对青少年心理健康知识的匮乏，使我在前期无法准确判断问题和及时提供指导。学生心理健康教育涉及面较广，倘若班主任能增强这方面的知识学习，则可提升工作实效。所以在处理事件的过程中，除了与德育处、心理教育部门形成联动机制，我还和叶妈妈一起学习，研读心理科普文章，参加心理公益讲座。对班主任而言，不断学习充电不仅是工作的需求，更是自我提高的过程。

# 家校共育让心重新启航

上海市杨浦职业技术学校　陈凤娟

**摘　要：** 面对个性突出、桀骜不驯的学生，班主任老师深入家访了解孩子行为背后的原因，通过用爱解锁、以诚换心，帮助家长转变思想观念。抓住星光大赛的契机，指导家长以工匠精神激励孩子，陪伴支持孩子追逐人生的梦想，通过家校共育促进学生健康成长。

**关键词：** 家校共育　工匠精神

## 一、案例基本情况

### （一）特立的个性与游离的状态

小杰，中职二年级学生，眉清目秀，活泼好动。第一次令我印象深刻的是他拿到一张"发型不符合要求"违纪单却不屑一顾的样子，并笑嘻嘻表示明天应该还会拿到这样的违纪单。第二次令我印象深刻的是学业水平考试前，学生在询问衣着要求，他发送了一张斑斓花纹的恐龙图片，并告知大家他考试就穿这种风格的衣服。他"特立独行"的打岔式沟通方式常常让教育无果；在班级里和同学沟通，他屡屡和人发生争执，还认为这才是真情实意的表达；在课堂学习中，他很难安心听讲，常常和老师发生冲突；在集体活动中，他总是一会儿就不见人影，整个人经常处于游离在班集体之外的状态。

### （二）孤单的童年和失落的初中

小杰的童年是孤单的，虽然和父母同住，但父亲忙着做生意，妈妈也是一个追求事业的女店长，常常晚归。家庭经济条件富裕，可是陪伴他的常常是电视机、宠物狗和零食。因为是家中的独子，所以父母对他期待很高，然而他从小就在学习上比别的同学慢半拍，成绩的下滑，老师的批评，让小杰越发对学习失去了兴趣，每一次家长会小杰的父母都是被重点提点教育的对象,导致亲子关系更加紧张。小杰觉得初中的日子很难熬,缺乏目标感、迷茫是小杰进入中职学校的心理状态。

### (三) 迷茫的家长和无奈的教育

小杰的父母对小杰的违纪情况习以为常,小杰的爸爸表示最害怕的就是开家长会见老师,因为每一次都被批评,除了愤怒他也不知道要如何引导和教育小杰。小杰的妈妈则认为孩子在学校遭遇了一些不公正的待遇,所以师生关系紧张,父母对于如何引导和教育孩子感觉迷茫,甚至失去了希望,常常用逃避或强行的方式教育小杰。

## 二、家校共育的过程

通过对小杰成长经历的分析,我发现小杰从小缺乏父母的陪伴与引导,物质生活丰裕,精神上缺乏家庭给予的安全感、爱与关怀。解决的关键是指导家长充分了解小杰,帮助他发掘闪光点,在亲子沟通、师生互动中帮助他提升人际沟通能力,家校合作,让小杰扬长避短、寻找到自己的价值。

经过班主任与小杰父母的多次深入沟通与协商,共同制定了相应的教育辅导计划:一是家校共育,改善亲子和师生关系,让小杰在家庭和学校中感受到真诚与温暖。二是寻找小杰真正的内心渴望,抓住契机帮助小杰实现自我成长的愿望,促进他成长。

### (一) 理念转变:从"管教"到"了解"

家校共育的第一步重点是转变家长对班主任的"害怕",把"从管教到了解"的教育理念渗入到家长的心间。班主任在家长会上真诚地评价小杰的优缺点,小杰父母试着信任班主任。小杰反馈说,这是第一次父母参加完家长会后没有对他大吼大叫。班主任指导小杰父母以"家庭和谐沟通5分钟"为起点,运用非暴力沟通的讲事实+说感受+提请求的模式,帮助小杰合理地表达自己的情绪和观点,让小杰在家庭中感受到父母对自己的重视、陪伴与支持,帮助小杰重新感受到爱与关怀,改善家庭和学校的教育氛围。

亲子、师生关系的改善关键是教育者放下权威者的身份,家长和老师达成共识,在遭遇小杰抵触情绪时换位思考、以心换心地去沟通,建立彼此的信任关系。考虑到和小杰在言语上沟通较难,班主任转化了沟通方式——文字交流,当小杰再次违规时,班主任传达对小杰改变的合理期待并要求小杰用写便签条的方式来沟通,记录小杰转变的过程,同时做好家校沟通,共同见证小杰的改变。小杰也对这一阶段家长和老师的做法表示接纳。

### (二)视角转变:从"找缺点"到"看优点"

家校共育的第二步是以积极视角,从"找缺点"到"看优点"来对待孩子,把关注点放在优点上。小杰父母习惯了训斥、找缺点的教育模式,小杰的好行为没有被强化,反而因为不被"看见"逐渐消失。班主任指导家长在"家庭和谐沟通5分钟"时间里,对小杰客观观察,进行看优点的评价,父母的肯定让小杰自信心增强,愿意表现出好的一面。

这一阶段班主任在与小杰的互动中,越发感受到小杰内心的善良。有一次大扫除,全班同学都走了,只有小杰在教室里帮劳动委员搬东西,询问他为什么这次留下来,他说每一次老师批评他,他表面上都用"无所谓""抗拒"的方式和老师对抗,但是心里很怕老师从此不理他。当小杰的父母收到班主任对小杰的优良表现的汇报时,感激不已。小杰妈妈说:"这么多年还是第一次接到班主任电话不是告状批评,而是表扬与鼓励。"小杰在这一阶段开始在意老师对他的表扬,并信任老师和家长的沟通不再是批评告状,而是在客观评价他。他在和父母的沟通分享中说:"在每一次做了好事后,我开始自我肯定,觉得自己其实是一个好孩子,撇开成绩,我还有很多优点。"积极视角的教育模式帮助小杰在行为上形成了良性循环,从在乎他人良性评价到不断增加自身的良好行为。这一阶段,小杰的违纪行为明显减少。

### (三)关系转变:尝试信任孩子

学期末,小杰忽然很高兴地告诉班主任,他被选为星光杯训练选手了。相比另一个被选中的学生所表现出的消极、抱怨的态度,小杰的快乐、兴奋显得非常宝贵。这次班主任和小杰进行了一次谈话,小杰告诉班主任他从小就很喜欢做菜,喜欢爸妈回家看着他做的菜表扬他的那种温馨的感觉,那一刻他觉得被需要,觉得自己很棒。小杰同时感谢班主任对他父母的影响,让他与父母的关系越发融洽,自己在家庭中获得了更多正向的反馈与积极关注。那一次,师生的对话从写小纸条到面对面心平气和的交流,小杰与班主任的师生信任感建立了。

家校共育的第三步是积极期待,实现罗森塔尔效应。小杰得到了星光大赛参赛资格,充满了干劲,可当他提出住校要求时却遭到了父母极力反对。班主任接到了小杰父母的"告状"电话,他们焦急地说:"这亲子关系刚刚融洽了点,他就要去住校,我们怕孩子在学校做不好自我管理又回到老路上。"面对父母的担心,班主任先安抚了家长的情绪,告知小杰近来在学校的行为规范表现和刻苦训练的情况,对小杰热爱专业,在训练中精益求精,以工匠精神激励自己的良好行为给予了赞许。同时也告知家长学校对住宿学生的管理和要求,请家长放心。最后和家长做了罗森塔尔效应的约定,鼓励父母信任孩子,对孩子积极期待,让孩子真正成为更好的自己。

### (四)期望转变,鼓励做更好的自己

家校共育的第四步是期望转变,赋能孩子。小杰非常感激父母对自己的关怀与专业追求上的支持,坚持在训练中每天抽出 5 分钟向家长汇报自己的学习情况,抚慰家长担忧的情绪。家长也会主动和班主任沟通,倾听班主任反馈小杰在校表现。家长思念孩子,安排好时间,多次来校陪伴他训练,小杰对父母和颜悦色,脸上洋溢着自信的微笑,耐心解释他训练的菜品的制作步骤,自豪地向父母展示自己的成果。他的专业带教老师也在小杰父母面前高度肯定了孩子的刻苦,认为从零基础经过这么多天的训练能够达到这样的水平,需要对专业极大的热爱和精益求精的工匠精神,小杰成长得很快。在这个阶段的家校共育,教师、家长和孩子之间彼此的合力给了孩子无限成长动力,家长对孩子的期待也从规规矩矩做个普通学生升级为做一个更好的学生。

### (五)赋能家长,促进孩子不断成长

随着小杰的不断进步,小杰的父母看见了孩子的刻苦进取,接纳和鼓励孩子追求心中热爱的专业。在赛前最后一次家访中,小杰父母表示家长的成长和改变才能带来孩子的全面发展,一开始不赞成孩子选择烹饪专业,因为太苦了,对待孩子也是非常强势,导致对孩子的教育失败。近一年来通过家校沟通,转变了教育观念和方法,特别是看到孩子的进步,重新燃起了希望。在感谢学校和老师的同时,家长也希望能够有更多的机会和途径获得家庭教育的合力,促进孩子的不断成长。学校也表示将拓展更多的家校沟通渠道和培训指导课程,为家长赋能。

## 三、教育反思

### (一)寓教于乐

这个"乐"指小杰的兴趣爱好,根据《全国家庭教育指导大纲》中对 16—18 岁学

生的指导建议,结合小杰的实际情况,把家校共育的家庭教育指导重点放在引导孩子树立自信心,指导孩子树立理想信念、合理规划未来。在教育过程中,班主任指导家长转变教育理念,以积极视角看待孩子,共同为孩子创建温暖、民主的成长氛围,融洽彼此关系,同时指导家长调整谈话模式,助力孩子平稳情绪,合理地表达自己的想法。班主任抓住教育契机,发掘孩子身上热爱本专业,希望提升专业技能的需求,赋能孩子。

### (二) 助力家长

重新恢复家庭教育功能,让家长以不逃避、不镇压的平等、民主的态度让孩子在家庭中重获支持、陪伴和鼓励,助力孩子成才。以罗森塔尔效应理论指导家长积极期待,树立对孩子的信心,促进家长看见孩子的闪光点。家长希望能够有更多的机会和途径获得家庭教育的合力,促进孩子的不断成长,学校也应拓展更多的家校沟通渠道和培训指导课程,为家长赋能,才能实现家校共育,促进孩子全面发展的最终目标。

# 溯本求援共同助力　做好家庭教育指导工作

上海市建筑工程学校　贾文霞

**摘　要**：针对厌学和个性叛逆的学生，家校协同教育需要通过亲子关系的重构和表扬机制激发其内在动力，其立足点是班主任和父母充分沟通，通力合作，将溯本和求援相结合，构建稳定积极的家校成长氛围，从而促进学生转变思想认识，进而促进其行为改变和健康成长。

**关键词**：溯本求援　共同助力　亲子关系

中职学校的学生大多数都经历过中考的滑铁卢，很多时候都以"中考失利者"作为自己的标签，家长和孩子对未来的发展大多感到迷茫或者抱着得过且过的心态，这使得学生更容易形成厌学和叛逆的不良行为和心理。仅仅依靠学校教育已经很难真正解决问题，从更深层次的角度而言，中职学生厌学和叛逆的"病理"表现虽然是在中职学校期间发生，但是其"病因"实质上产生在"中考失利"之前，而相当一部分学生的"病根"恰恰在家庭教育的缺失和错位上。绝大多数中职学生的父母不仅对家庭教育的意义和价值缺少基本的认识，更对如何开展家庭教育无所适从，如何有效地开展家庭教育就需要中职学校的教师特别是班主任对学生家长开展家庭教育指导。在此结合现实案例对班主任如何具体做好家庭教育指导做一些分享和探讨。

## 一、案例背景：家长的求助

对张浩(化名)同学家长进行家庭教育的指导首先是应其家长的要求展开的。家长反馈孩子初三阶段表现就直线下滑，进入中职之后情况变得更加令家长焦虑担忧，但又束手无策，希望班主任能够给予帮助，以便对孩子的成长起到正面引导的作用。为了更好地给予家长指导和帮助，我首先对张浩同学作了初步的了解。

张浩同学是从崇明区进入我校的学生，入学成绩排在倒数五名之列，在入学前两周就有不少任课教师向班主任反馈该同学上课时表现不佳,不是打瞌睡就是找同学聊天。作业更是要么不交,即使上交也是做得非常敷衍甚至是一片空白,对任课老师的友善提醒和批评指正甚至会因他自身的心情或不理不睬,或出言顶撞,对班级的学风和班风都造成了不良的影响,并且有愈演愈烈的趋势,如果不进行有效的管理可能会发展为失控。针对张浩同学的表现,我首先意识到他抵触和对抗既不是一时的情绪失控也不是针对某位教师,而是一种固化的行为表现模式,一定有其深层次的根源,这就需要对他进行更全面的观察和了解。

## 二、细致了解:爱足球的孩子

经过对张浩同学的进一步观察,我发现他的厌学也并非"一视同仁",他对英语课和数学课上老师教授的新知识仍然还是想有所了解,几次发现他虽是趴在课桌上也会抬头关注老师的讲解,这表明他对这两门课不仅有一定的知识基础,还有一息尚存的学习热情。

根据班干部和室友的反馈,张浩同学和父母的沟通很少,即使家里打电话到宿舍,他也很少和父母多说,通常都是匆匆挂断电话。这就直接反映出张浩同学的家庭亲子关系存在着问题,一定有某种原因导致处于青春期的他与父母缺少沟通的意愿,甚至刻意敷衍和逃避与父母的交流。其室友还反馈,张浩同学喜欢踢足球,在宿舍深夜还在看足球赛的直播或重播,并且有找同学或者以前初中同学借钱购买足球网络博彩的行为。这一现象不得不引人深思,爱看足球比赛并且爱踢足球的中学生本该是爱运动且阳光的男子汉,为什么在张浩同学这里却演变为参与未成年禁止涉足的足球博彩呢?并且他不惜借钱参与,这一定有着深层次的心理动机和原因。只有找到其行为背后的内在原因才能真正解决这些问题。

## 三、深入交流:与父母的隔阂

孩子非正常的行为背后一定有着和父母交流的情感障碍或者说叛逆的动机,但是在和家长沟通反馈的过程中,我发现家长对孩子的行为原因并不了解,或者说在理解和表达上欠缺事物间的关联性,这就需要班主任通过一定的契机去寻找其中深层次的原因。根据马斯洛的需求层次理论,一个叛逆的行为后面必然是某种需要(通常是正当的需要)没有得到正常的满足才会有着非正常的表现。

通过前期的观察和分析,我决定从张浩同学关注足球比赛开始入手,事先对近期的热门足球赛事做了一些功课,为赢得学生信任创建一个共同话题的切入口。随着谈话的深入,我发现他对足球的认识和理解不只停留在对知名球队和著名球星的如数家珍,而且是对球员的技术素养、人生成长以及球队和教练的战术风格、历史发展都有着较为全面的掌握和见解,这表明他至少对足球是有真挚的热爱。我抓住契机问他,那么热爱巴萨的巨星,有没有去现场看球或者收藏其球衣或战靴的想法,他腼腆地说道,"没那么多钱",我紧接着追问他:"据了解你找同学借的钱应该至少可以买一件签名球衣了吧,为什么没有去真的收藏一件呢?"他顿时有些手足无措,不知如何回答。我便进一步和他谈及网络博彩的弊端,特别是未成年参与其中的风险和实际案例,他也作出保证再也不会参与网络足球博彩。

他告诉我,之所以参与足球博彩是因为父母对自己的零花钱管控得非常严格,以前积攒很久零花钱买的球星海报也都在初三一模失利后被父母扔进了垃圾堆,从那以后他和父母就很少说话,即使每月就回一次崇明也是直接去他堂哥家里,因为堂哥在一所市重点高中就读,还是校足球队的队长,和堂哥在一起才能有共同的话题。我通过谈话发现,他和父母的隔阂的关键点就两个方面,一方面是父母对他的零花钱管控得过于严苛,另一方面是一模失利的时候父母简单粗暴的处理方式造成了亲子关系的裂痕。此外,我掌握了他很羡慕也很崇拜读市重点的堂哥,这很可能成为他成长转化的内驱力之一。

## 四、家校沟通:家长的反思

在和张浩同学心理沟通后,我紧接着与其父母就他厌学表现和心理状态分别在电话和微信里作了细致的沟通,进一步梳理了张浩同学父母两人在对待孩子的教育上的共同点和不同点,在当月张浩同学返回崇明的时候,我一同前往进行当面家访。随着交流的进一步深入,我发现父母双方对孩子都还有着很深的期待。但父亲的处理方式比较简单,认为严格管控孩子的零花钱,孩子就不会攀比奢侈,更不会做一些不好的事情,他根本没有想到张浩同学会借钱参与足球博彩。虽然初次得知这一消息时张父显得有些暴躁,但在耐心劝说下他也认识到自己处理方式方法上的欠缺,特别是对损毁孩子积攒大半年的零花钱买来的海报给孩子造成的心理伤害有了触动和反思,并表示愿意为修复亲子关系,为孩子的健康成长努力作出改变。

## 五、协同教育:"打卡"的任务

所有的前期工作其实质都是为了最终的家庭教育而展开。通过家访,我向张浩同学父母深入阐述了孩子的行为动机,剖析了解决这些问题需要建立起家庭教育的一些基本准则,并承诺实时和家长进行深度互动,保持良好的沟通与跟进和反馈。

1. 要接受孩子的现在,才能期待孩子的未来。孩子的一模失利,乃至"中考失利"都已经是过去,真正对孩子抱有期待,就必须接受孩子的现在,即使厌学和叛逆也是孩子最真实的表现。在任何时候特别是孩子犯错的时候一定要溯本,寻找孩子犯错的原因和动机,才能真正帮助孩子认识错误,改正错误。

2. 给孩子财务一定的自由,同时做好监督约束。中职阶段的孩子有自己的交友、自己的喜好,基本的开销和花费不能过于严苛,一分钱能难倒英雄汉,但困不住铤而走险的孩子,孩子合理的经济诉求在条件许可的情况下应当予以满足,这也能让孩子看到实实在在的关爱。但是可以让孩子做好财务报表以备监管,前提就是不越过红线,适当的监督约束也是对孩子财商的培养。之前借同学的钱由父母一次性还清,不给孩子留心理负担,但可以让孩子立下借据,作为一种示戒,警醒孩子不要继续犯错。

3. 通过仪式感活动,重建和谐的亲子关系。张浩同学热爱足球,喜欢足球比赛,父母完全可以在重大赛事时和孩子一起收看比赛,也可以在孩子生日或者其他特殊日子给孩子重买当年的海报或者赠送一套球衣。青春期的孩子很容易被亲情伤害,也很容易被温情感动,父母的用心投入一定会有回报。

4. 借力亲友关系,重铸孩子学习动力。张浩同学的同辈人中除了年龄相仿的堂哥在市重点高中就读外,还有就读上海知名高校的表姐、就职著名科研机构的堂叔等通过认真求学获得家人亲友认可的典型榜样。通过他们让孩子认识到学习的现实价值和巨大潜能,帮助孩子重新树立人生目标,做好未来规划。

5. 关注孩子进步,容许孩子再次犯错。孩子的转变不能一蹴而就,也不会一帆风顺,应多关注孩子的进步。看到良好的改变一定要给予充分的肯定和激励,同时也要对孩子一时的松懈甚至反复保持宽容,孩子的成长需要家庭给予空间,只有这样才能让孩子在面对失利和短暂的困难时获得更多的、更持久的支持和动力,从而促进孩子的健康成长。

在和张浩同学的家长确定了上述基本原则后,我进一步帮助家长制定了一些家庭活动的方案，并让家长通过发布微信朋友圈、家庭亲子群的方式完成"打卡"任务，以便于班主任实时了解动态，同时通过这样的"打卡"方式强化家庭亲子关系的培养和持续巩固。

## 六、初见成效：改善的表现

通过对张浩同学家庭教育的指导，经过家校的通力协作，无论是任课老师还是学生父母都对孩子给予了更多的鼓励，在张浩同学自身的不断努力下，虽然一学年下来也有一些插曲和反复，可喜的是张浩同学的作业都能按时完成，在英语课上还时常有精彩表现，家庭亲子关系也有了极大的改善。

## 七、经验反思：溯本和求援

一是学生的培养和教育方面需要家庭教育和学校教育通力合作，既要溯本，也要求援，当家庭教育和学校教育互为援手的时候，共同助力孩子的健康成长，才能取得较为理想的效果。

二是家庭教育的指导工作任重道远，需要班主任在家庭教育方面不断总结经验，进行细致总结和深入反思，寻找家庭教育的一些有效的方法和技巧，特别是要把握青春期孩子的心理和行为动机，去寻找家庭教育中缺失或缺位的具体因素，然后有针对性地提供解决个案的方法。

# 关爱与守护

## ——"留守少年"的蜕变

上海市建筑工程学校　高仁甫

**摘　要**："留守少年"由于亲情和家庭教育的双重缺失，容易引发焦虑、孤僻、暴力等一系列负面情绪和行为。通过深入分析问题产生的根源，加强家校沟通，充分发挥"家校教育共同体"的作用，找准切入点，与家长一起开展针对性地教育，促进"留守少年"身心健康成长。

**关键词**：留守少年　中职生　家庭教育

## 一、案例描述

姚立早（化名，以下用"小姚"替代），是我校"沪滇职业教育东西协作项目"云南班学生中的一员，她来自云南保山的偏远农村。作为小姚的班主任，入学没多久我就发现了她的与众不同：性格有些孤僻，平时也很不爱说话，作为专业课老师和班主任，在我的课堂里，大部分的时间她都缄默不语。渐渐地同学也开始反映她的失控：她在宿舍平时不和同学交流，但会因为一点小事突然变得很粗暴，和室友大吵大闹甚至想要动手打人……学校为云南班的同学安排了很多活动，小姚参与度很低，也很不合群，她喜欢一个人坐在座位上静静地发呆，显示出与年龄不相称的孤独与冷漠，似乎带着一种"令人心碎的少年情结"。我一一记录着这些不同寻常，开始重视并尝试寻求对策。

## 二、原因分析

面对这个"不合群"的学生，我做了大量工作来了解她。通过与家长沟通、与班上同学交流、和小姚本人深入谈心等，获得了第一手的资料。

小姚来自云南保山农村,从小由爷爷、奶奶抚养,父母常年在上海打工。在她五岁的时候,弟弟出生。由于爷爷、奶奶根深蒂固的重男轻女思想,不仅将万千宠爱集于弟弟,而且反复灌输"姐姐就是要照顾好弟弟"这样的观念。她一直觉得爷爷、奶奶偏心,自己很不幸福,缺少关爱、没有家庭温暖。当她得知"沪滇职业教育东西协作项目"能够让她来上海读书,内心充满了期待:一是终于可以摆脱爷爷、奶奶的唠叨和"偏心"待遇了,二是她觉得来到上海可以和父母经常见面,可以享受迟来的父母之爱。事实上,她来上海两个多月,仅与父母见过三次面,加起来的时间还不足一周。因为学校在闵行,父母在嘉定打工而且并不好请假,见一面确实不容易。见面了父母对她也不是嘘寒问暖,而是动不动就数落她,比如"你看看你眼睛盯着手机都不离开""你看你穿的像啥样"等。父母之间的关系似乎也不是那么和谐,一言不合就吵起来,在女儿面前丝毫不顾及体面。

校园里,小姚跟其他同学难免比较,精神上、物质上都得不到满足。陌生的环境加上自卑和不爱与人沟通的性格,她变得敏感,用粗暴来保护自己,所以动不动就会与同学发生冲突,甚至发生逃课的行为。与父母相聚时因为被数落会情绪激动到直接走人。在默默观察的过程中,我也发现小姚的一些闪光点,比如她学习上很自律,学习成绩也很好,而且她的上课笔记记录得非常认真,她还有着农村孩子特有的勤快,做值日拖地特别认真、仔细。

造成小姚这种情况的根源,显然跟幼年的留守有关,缺少亲情的温暖,缺少父母的爱与关怀。好不容易与父母同处一座城市,由于父母也不懂如何沟通和表达爱,因而她依然感受不到亲情的温度,内心更加地孤单和自卑,只能依赖手机排解内心的压抑。

## 三、教育引导

苏霍姆林斯基说过,"没有家庭教育的学校教育和没有学校教育的家庭教育都不可能完成培养人这一极其细致和复杂的任务"。家校教育是一个共同体——孩子健康成长是老师和家长共同的心愿,需要从家校共同教育做起。因此,做好小姚的个案指导,作为班主任更好的角色是打好"配合",做好家庭教育的指导工作,应主要把握三大切入点来开展指导工作:

### (一) 改变家庭教育理念,满足子女亲情需要

小姚与父母关系冷漠的主要原因是亲子之间交流缺乏和认知代沟。因此,在

与家长的沟通中,我一直告诉他们首先注意尊重孩子的自主性,不能什么都干涉尤其要避免简单粗暴的方式。小姚妈妈跟我说,其实她对孩子心存内疚,觉得这么多年亏欠她,让她来上海读书也是想好好弥补曾经缺席的亲情。但难得见面时却发现孩子都不跟他们讲话,沉迷于手机。父母看不惯这些习惯,所以会唠叨,有时候她的做法小姚爸爸又不认同,所以三个人之间会起冲突。

针对父母的困惑,我表示理解并建议他们越是这样越不能着急,要尝试多走近她、亲近她、信任她,要让小姚愿意打开心扉,接纳你们,然后再教育引导。

首先,我建议他们与孩子交流的时候,要放下自己的身段,放下长辈的架子,耐心地去倾听孩子的想法。其次,对于孩子的要求,不要动不动就以各种理由打压,相反退一步,帮助孩子出谋划策,让她去通过努力实现自己的愿望。最后,在相处过程中,尊重孩子独立的人格,不要总是要求孩子按照大人的意愿去生活,那样会适得其反。给孩子自主的空间和权利,允许孩子自己思考怎样做决定,父母承担建议者的角色。在平时的相处中,注重沟通的方式,让孩子感受到与父母的沟通是平等的,在情感认同的基础上引导和教育孩子,孩子才会向父母敞开心扉。

经过两个月的努力,小姚的母亲跟我打电话说,孩子会和她主动交流了,而且在母亲节的时候给自己发了一长段感谢和感恩的微信。小姚表示理解父母常年在外打工的辛苦,也理解对她的要求是因为爱她。一次班会课后我跟她谈心,不经意间发现她脸上有了积极、快乐、阳光的笑容。

**(二)积极开展家校沟通,共同承担教育职责**

针对小姚的内心孤独,作为班主任,我发自肺腑地关心爱护她,消除其孤独感和自卑感,让她感受到校园的温暖。我给小姚布置了特殊的家庭作业,要求她每隔一段时间,把学习生活当中的苦乐告知父母,打电话或者发微信。针对小姚喜欢写作的习惯,我还建议她可以通过给父母写信的形式,来抒发对父母的感情,分享成长的点点滴滴。我也会主动与家长联系,分享小姚在校的表现和成长,同时我不断给小姚父母灌输教育理念:他们才是孩子最好的老师,教师是代替不了父母的,父母的关心和爱才是孩子健康成长的定心剂,父母要承担起家庭教育的职责。我也建议他们要多和我交流和反馈,以便共同商量和调整对策,共同商讨孩子的教育策略和方法,通过家校协同,对孩子的学习和生活进行指导。

**(三)家校共育初见成效,留守少年阳光成长**

经过半年时间的努力和配合,我和家长都欣喜地看到,小姚在各个方面都有了很大的提高。她变得开朗了许多,不再孤僻沉默,不仅能主动地和同学交流,还在课堂上侃侃而谈,发表个人见解。校园里,她积极地参加各种活动,主动跟同学分享自己的学习笔记和学习心得,与同学的关系也变得很融洽。她还积极参加志愿服务活动,对未来的职业做规划,表示要通过努力学习改变命运,改善生活,回报社会。每天看到小姚脸上的笑容,我感到所有的付出都是值得的。

## 四、案例反思

农村留守儿童,作为中国社会转型期特殊的社会群体,已成为一种现象。他们的身心如何健康成长早已成为整个社会关注的焦点。我们作为教育工作者更应重视,也有责任教育好这些学生。我们应该洞悉学生方方面面的表现,一旦发现问题,要慎重对待,妥善处理,寻求问题的根源,与家庭一道发挥协同的力量,与学生和家长有足够的沟通,及时对孩子的问题进行引导、纠正,用大爱之心、责任心对待学生,充分发挥"家校教育共同体"的作用,为他们创造良好的教育和健康成长的环境,促使孩子健康成长。

# 陪伴是最好的关爱

上海市贸易学校　卜雯(王莹)

**摘　要**：孩子的成材是多方面因素影响的结果，家庭教育、学校教育、社会教育三者缺一不可。其中，家庭教育是一门科学，也是一门艺术。高质量陪伴，让孩子真切感受到父母的"爱"，促进孩子社交能力、语言表达能力等各方面能力的发展。

**关键词**：家庭教育　陪伴

## 一、学生背景

小浩同学平时性格内向，不善于表达和交流，成绩平平，不太喜欢参加学校和班级集体活动，在班级里属于存在感很低的同学。在和他的谈心交流中，我了解到他和他家长关系不融洽，他父母离异，母亲是外地人，父亲是上海人；母亲为了让小浩能更好生活，把小浩的抚养权给了父亲。为了让小浩感受到一个"完整"的家，他妈妈虽然离婚了，但还是和他们住在一起。小浩觉得妈妈平时工作较忙，早出晚归，几乎不怎么管他，妈妈又把抚养权给了爸爸，好像妈妈已经彻底放弃他了，这是他的一个心结。每次谈到家里情况，小浩总会泪流满面，泣不成声。

据他妈妈反映，小浩在家和父母讲话经常不耐烦，常常为了小事和父母发脾气，经常会由简单的沟通转为争吵最后来结束谈话，或者不理睬父母，经常冷战。妈妈表示自己没有办法与孩子进行有效的沟通交流，每次一说话就是争吵，吵到不可开交，然后又是不欢而散。他爸爸因为平时工作很忙，也无法关心他。

## 二、处理经过

了解了小浩的现状，我建议小浩妈妈，要多花点时间陪他，让小浩感受到妈妈的爱。

作为父母，养育孩子并不是养花种草那样，我们不仅要养育更要教育，呵护、陪伴、引导、教育，一样都不可或缺。我举了一个身边的实例给小浩妈妈：同班同学的一位家长，我经常会看到她朋友圈有更新，内容都是关于她和她孩子做过的事情，一起看电影、一起购物、一起看打球、一起照顾祖父母等，每次的事情都不一样，这位妈妈经常会把这些事情记录下来。我感到这是一件非常有意义的事，这也是我见过的比较用心的家长。"小浩妈妈，不妨您也试试，让小浩觉得妈妈没有放弃他，不管他。休息天可以多抽空陪他出去走走，做些其他有意义的事情等。您别以为这些都不算什么，在孩子眼里，你的关注比任何'良药'都有效。"

小浩妈妈采纳了我的意见，准备双休日尽量多挤出时间来陪伴小浩。我也为自己又解决了一个学生家庭矛盾而感到欣慰。没想到一个月后，小浩妈妈再次联系了我。

"卜老师，我照着您的建议去做，考虑到他学习成绩也一般，我想让他多读点书，双休日我就带他去了书城看书、买书，没想到他逛了一半就走了……"我听了后，马上意识到问题所在，我告诉小浩妈妈要从小浩的兴趣入手，如果没有真正了解到他的兴趣和爱好，那么他和你是不会有共同语言的，自然就不愿意对你敞开心扉。所以我们不能总把自己放在"家长"这个居高临下的位置上。我们要"同频"才能"共振"啊！就是说要去关注小浩的兴趣爱好，而不能简单地从家长的角度去思考问题，这样的陪伴是无效的。平时小浩喜欢打打游戏，打打篮球，可以在这些方面入手，小浩的妈妈听了非常开心，抱着半信半疑的态度说，我再去试试。

小浩妈妈心里明白她与小浩之间是非常缺少交流的，但是她内心又非常想融入孩子的内心世界里。想着小浩最喜欢的就是放学后和同学组队玩手机游戏，于是回家后小浩妈妈就提出陪他一起玩手机游戏，这样就可以通过打游戏来增进彼此之间的感情了。果然，小浩愉快地答应了。没想到才玩了几局，小浩就嫌弃妈妈游戏级别太低，不想和她组队，只顾自己找同学玩。小浩妈妈马上求助单位里的小年轻，竟然开始学习玩手机游戏了。一段时间后，小浩妈妈把自己的游戏段位练高了，准备向小浩挑战。刚开始小浩还有点抵触，慢慢地他开始愿意和妈妈的搭话了，虽然话不多但至少态度好了很多。几周后，小浩明显地开朗了起来，和父母的关系也好了很多。

正当我庆幸终于解决问题的时候，小浩妈妈又来电话了。由于小浩长时间打游戏，他在家几乎不学习，马上临近期中考试了，父母很担心小浩的学习成绩。我就指导小浩妈妈要注意时间管理，要控制他学习和娱乐的时间，可以适当地设立一些奖励措施，比如平均每天游戏时间控制在1小时内，其余时间学习，如果期中考试考得好，爸爸妈妈将会多陪伴他进行游戏或者出去旅游等。

小浩的妈妈兴冲冲地挂断电话，再次去尝试。一周后，小浩妈妈说，小卜老师这个方法效果不佳呀！前几天他还可以忍住不打游戏，后面又忍不住了，甚至还会偷偷玩。小浩妈妈再也忍不住自己的怒火，本来和谐的家庭氛围荡然无存，矛盾竟有升级的趋势，我完全能够感受到这位母亲已经心力交瘁。听着她谈起儿子时的无奈和痛苦，以及从她话里透露出的对丈夫无力教育儿子的不满，我能理解这位母亲内心的苦闷——非常绝望，甚至于想放弃对孩子的教育了。

我也陷入了沉思中……如何才能正确引导孩子调整学习和娱乐时间呢？经过几天的思索后，我决定大胆地尝试一下，我拨通了小浩妈妈的电话，和她说，既然激励的办法不管用，我们就用一个大胆的方法：您就在家里，整天陪着小浩打游戏，饭也不做，事情也不干，让小浩感受一下光打游戏是不能保证正常生活的。只有上班工作才能养活自己，那如何才能找到一份好工作呢？就需要在学校里多学技能和本领，这样才能养家糊口。我们就用这个方法来引导他。小浩妈妈一开始也很踌躇，问我会不会太激烈了？我说什么方法都试试吧，说不定就有用呢，小浩的妈妈在我再三劝说下，终于决定再做一次尝试。

这一次，小浩妈妈回到家就陪小浩玩游戏。到了晚饭时间，小浩妈妈没有像往常一样去做饭烧菜，仍然陪着小浩，直到小浩肚子饿了，才发现妈妈没有做饭，家里什么吃的也没有。妈妈还对小浩说：你饿了，就自己煮个面吃吧！又有一次，小浩在找一件洗干净的校服，却发现自己的脏校服一直在沙发上，妈妈根本没有拿去洗……最后沙发上的一堆脏衣服是小浩自己拿去洗了，还自己晾晒了出来。

小浩发现妈妈和以前不一样了，从前回到家，妈妈总是忙着做晚饭，晚上收拾房间，做家务等，现在妈妈怎么和自己一样，什么事都不做，也只顾着玩游戏。当小浩开始抱怨妈妈不做饭不洗衣服时，妈妈就这样静静地看着小浩，没有说一句话。突然之间，小浩好像明白了什么……

就这样，渐渐地小浩对于手机游戏学会了自我控制，从他律转变成了自律，学会了合理地安排时间，走出了沉迷手机游戏的困境。小浩母子之间的沟通得到了很大的改善，小浩也逐渐变得开朗、自信了起来。

小浩妈妈也表示，根据小浩的特点，采取这样的做法切实有效。通过这段时间的家庭教育，小浩妈妈看到了孩子由内而外发生了真正的转变，对我更是千恩万谢。

## 三、个案总结

  家长的陪伴其实就是孩子对爱最大的渴望。在如今生活节奏飞快的城市中，家长们的时间大都被工作占据，陪伴家人和孩子的时间少之又少，甚至有的家长忙得一天都见不到孩子，根本没有时间与孩子沟通，所以经常会通过满足孩子的物质需求来补偿对孩子的亏欠。正是因为孩子太缺乏家长的高质量陪伴，才严重影响了他们社交能力、语言表达能力等各方面能力的发展。父母对孩子的"爱"才会显得那么苍白无力。

  一个孩子的成材是由多方面因素影响的结果，家庭教育、学校教育、社会教育三者缺一不可。家庭教育是一门科学，也是一门艺术。怎样选择一种适当的教育方式是广大家长极为关注的问题。我认为家长对于家庭教育要有高度的重视，要学会科学的教育方法，不应坚持自认为正确的方法，也不要将个人的喜好强加给孩子。

  上述案例虽然只是个案，但从中可以从个性问题看到一些共性问题，从特殊性看到一般性，分析案例的同时，可以更好地了解学生的心理特点，有针对性地开展育人工作。

# 那些年被忽略的女儿
## ——一个厌食女孩的家庭教育指导

上海石化工业学校　杨晓燕

**摘　要：** 一位感觉被轻视的家庭主妇，为向世人证明自己的能力，全身心扑在工作上，成为事业有成的女强人。忽然有一天得知女儿得了厌食症，还有自伤行为，她不知所措。创业成功的自己为女儿树立了自立自强的榜样，给予女儿优渥的生活条件，可是女儿为什么不快乐呢？通过家庭教育指导，她找到了症结所在。

**关键词：** 厌食症　心理发展阶段理论　亲子关系

## 一、个案背景

小陶，女，汉族，2004年出生，中专二年级学生。王女士是小陶的妈妈，在某公司担任高管。小陶长相秀气，身高165厘米，体重100斤，使用催吐方法减肥，逐渐形成神经性厌食。该生饮食差，睡眠差，出现抑郁症状，有割腕自伤行为。

王女士得知小陶有厌食行为是在一周前。小陶过17岁生日这天王女士单独请她在外用餐，用餐过程气氛非常融洽，小陶此时告诉母亲自己已经得厌食症一年多了，感觉活着痛苦，经常有想死的冲动，但一想到妈妈会伤心，就强迫自己摆脱自杀的念头。王女士知道这件事后非常震惊，极力劝慰小陶别走极端，可以做一些能让自己开心的事。小陶提及王女士曾多次答应要陪自己去旅行，但一直没有兑现承诺，现在自己想去外地旅游。王女士于是来校想办理请假手续，并希望获得心理老师的专业指导。

在小陶读幼儿园的时候王女士与其父亲离婚，后再成家。王女士工作繁忙，没有闲暇时间陪伴小陶，对小陶愧疚，经常以多给生活费作为补偿。小陶进入青春期后，认为继父唠叨，话不投机，与继父感情逐渐疏离。小陶经常嫌弃自己长相不好看,非常在意别人的评价,比较注重穿衣打扮。小陶人际关系一般,没有知心好友,经常通过请客吃饭的方式获得同学和朋友的陪伴。

## 二、指导策略及结果

### (一) 个案分析

小陶诸多问题产生的关键在家庭抚养上,尤其是被母亲长期忽略这一情况。童年时期(3~5岁)父母离异,母亲常年忙碌无暇照顾,小陶由外祖父母抚养到小学毕业。小陶性格内向,胆子小,缺乏安全感。母亲事业心强,很少管理孩子,亲子关系淡薄,对小陶的心事妈妈一无所知或是后知后觉。小陶同学感到自己的学业表现不能让妈妈满意,而且这种感觉泛化为她认为他人的认可是难以获得的,不知道如何让别人喜欢自己,无助感越来越强烈。进入青春期小陶产生体相焦虑,更关注自己的形体,开始刻意减肥,从而导致饮食紊乱,加剧身心疾病。数月前外祖母的去世加重了小陶同学的不安全感,产生人生无意义感,频频出现自伤行为。

王女士工作的压力和焦虑延伸到对小陶的教育上。王女士说自己是在外地长大的上海人,回到上海后难以融入周围的人际圈子,经常感到亲戚和同事的白眼,包括前夫及其家人。她立志要成为女强人,在工作中严格要求自己,经常加班加点,也因此忽略了家人,导致和前夫离婚。她经常教育小陶,要学习好,要出人头地,不要被别人看不起。她给小陶设定的目标是重点高中,小陶在初二时成绩开始下滑,她那一段时间非常焦虑,但最终不得不接受了这个现实。王女士其实内心还有不甘,也时不时流露出对小陶读中职的失望、对小陶前途的担忧。

根据埃里克森的心理发展阶段理论,在学龄初期(3~6岁)主动对内疚的冲突发展阶段,由于家庭变故、隔代抚养,小陶没有形成主动性品格,对外界缺乏探究的勇气,导致今后缺乏自己开创幸福生活的主动性。

学龄期(6~12岁)勤奋对自卑的冲突发展阶段,王女士一方面没有时间陪伴小陶,另一方面对小陶学业要求非常严格。小陶和外祖父母居住,学业上没有父母的辅导,心理上也没有得到及时、有力的支持和鼓励,导致其挫败和焦虑感强烈。

青春期(12~18岁)自我同一性和角色混乱的冲突发展阶段,青少年期的主要任务是建立一个新的同一感或自己在别人眼中的形象,以及他在社会集体中所占的情感位置。小陶与同学难以建立良好的人际关系,希望借助改变体重、打扮、请客吃饭获得群体的认可和接纳,但实际效果不佳,她没有获得情感归属。马斯洛需求层次理论告诉我们,只有当人的低层次需要得到满足,才可能出现更高级的、社会化程度更高的需要。人被尊重的需要得到满足,会使人对自己充满信心,对生活抱以满腔热情,体验到自己活着的价值。小陶在家庭生活中安全需求没有得到满足,经常感觉自己毫无价值,想结束自己痛苦的生命。

**(二) 指导策略**

1. 咨询师共感母亲自立自强的品格,为家庭的付出,对小陶的关心,对小陶病情的焦虑,指出母女之间的联结是孩子痊愈的良好前提,母亲肯花时间陪伴小陶,协调工作和生活的关系,是值得肯定的做法。青春期女孩会有成长的烦恼,身心问题早发现,治愈的可能性是非常大的。同时也与王女士探讨人生成功的内涵是什么,如何正确对待他人的评价,在交流中王女士意识到自己经常焦虑,她感受的压力与小陶的压力相似,开始反省自己。

2. 建议母亲带孩子看病,与医生沟通女孩躯体疾病情况,根据医生建议合理饮食,逐步缓解暴饮暴食和催吐的情况。其间可以与小陶达成约定,给予一定的奖励,塑造小陶合理的饮食习惯。同时提醒母亲重视、观察孩子的抑郁症状,根据严重程度决定是否看精神科医生。

3. 培养良好的亲子关系。小陶非常渴望母亲的陪伴,母亲要创造机会多与孩子交流,及时了解孩子的所思所想,对孩子的人生烦恼进行指导、化解,注入更多的正能量,多肯定、欣赏孩子,让她获得更多的安全感、幸福感。家长可以多阅读青春期孩子教育类相关书籍,掌握与孩子沟通的方法,提高沟通效率。家长多陪伴孩子开展体育运动,锻炼体魄,释放压力,磨炼意志;带孩子四处走走看看,通过旅游,看自然风光,了解人生百态,让孩子了解人世间的疾苦,开阔眼界,熔炼心性。

**(三) 指导成果**

在这个案例中,小陶同学精神倦怠,无交流意愿。心理咨询师的指导对象主要是王女士。心理咨询师通过倾听王女士个人发展的经历、家庭关系等情况,指出小陶诸多问题的产生原因在家庭,其高度缺乏安全感和认同感。

王女士意识到自己与小陶的情感联结是支撑小陶走下去、帮助小陶获得自信、让小陶认识到自己价值的重要力量,因此想方设法陪伴小陶。在心理咨询师的指导下尝试高质量陪伴:每天拥抱小陶,经常和孩子一起学习、一起娱乐,主动发现和肯定小陶的优点,鼓励孩子多说自己周围发生的事,与小陶交流自己的工作上的事情,在平等民主的气氛中彼此交流看法。

王女士陪同小陶就厌食症行为就医,在医生指导下用药。王女士仔细观察小陶,了解小陶的情绪、心理、学业、朋友,她感觉到随着自己更了解小陶,参与到小陶的成长中,她更加理解小陶,对小陶的要求也更合理了,对小陶的情感纽带更牢固了,有一种母女一起掌握命运的安全感。小陶同学脸上有笑容了,厌食症状也逐步减轻,身心状况发展向好。小陶同学由于长期存在敏感、自卑、焦虑的心理特征,需要家长、学校持之以恒的心理健康辅导,该案例心理咨询师还在跟进中。

## 三、总结与反思

在本案例中,王女士表达能力好,倾诉愿望强烈,具有自我觉察力,通过咨询师的常规询问,她意识到由于自己忙于工作忽略了小陶很多年,女儿没有感受到亲情,缺乏被亲人需要、赏识的感觉。咨询师认真倾听王女士的人生经历,分析她的性格和价值观,询问小陶成长中关键事件,帮助王女士了解女儿患病的根源是家庭,家庭教育指导取得了明显成效。如有可能,咨询师可以深入了解王女士一家三口互动模式,指导继父一起参与到和谐家庭建设中。

时间一去不回,生命不能重复。每一个生命都有独特的成长脉络,曾经的生活无论给了人什么样的经历与感受,都值得尊重和接纳,立足当下,活在当下,透过新的觉察,进行新的选择。王女士从普通家庭主妇蜕变为事业女性的故事很励志,在收获名利和地位后,女儿的成长危机让她明白亲情和健康才是安身立命之本。思考女儿的教养问题,采取有效补救措施,这是女强人当前面临的重要人生课题,也是被忽略很久的人生课题。

# 随教潜入心　育人细无声

上海市工商外国语学校　钟平

**摘　要**：孩子网络成瘾是由多种因素共同造成的，学校对此采用家访、一对一帮扶、心理咨询、家庭治疗、营造健康上网的班级氛围等方法途径，使孩子和父母意识到各自的问题所在，帮助孩子与父母改善沟通模式和亲子关系，找回学习的动力，戒掉网瘾，重返学校学习。

**关键词**：网络成瘾　亲子关系　家校共育

## 一、案例背景

小宋，男，中职二年级学生，手机游戏狂热爱好者，每天回家沉迷游戏，不写作业。因父亲母亲年龄较大，且重男轻女思想严重，对他十分娇惯、纵容，管教无力。孩子打游戏晚睡，早上起不来不能按时到校上课，家长经常给孩子开医院病假单，替孩子请病假，姑息纵容孩子的行为。近期因孩子学习成绩持续下降，父亲切断家里网络，孩子与父亲爆发冲突、赌气、对抗、辱骂父亲，而且旷课在家，每天闭门在自己房间。母亲不认同父亲娇惯孩子的行为，但无法说服父亲，也只能听之任之。

## 二、案例分析

### （一）孩子网络成瘾是对家庭"反叛"的一种表达

"听话"从气质类型上看，有的是天生的，有的则是经常被要求和压抑的结果。有些家庭总是对孩子说："你要听话，不听话就不是好孩子。"言外之意，衡量"好孩子"的标准，就是"听话、顺从"。孩子在小的时候，由于弱小必须依靠父母，所以不得不压抑自己的想法和感受，听话、讨好父母，以让父母开心，因为在孩子的内心有一种信念："只要我听话，不给父母添麻烦，父母就会喜欢我。"一方面，孩子努力"扼杀"自己的想法、"压抑"自己的感受、"放弃"自己的愿望、"麻痹"自己的需求,按照家长的要求去做,最终得到一个"听话"的好孩子的称号。这样的孩子在成长过程中,要牺牲"真自我",发展"假自我",即把自己的真实一面掩盖起来。另一方面,他还要努力压抑自己的委屈和不满。一旦到青少年时期,当他有足够的力量与家长抗衡时,当他有能力不完全依赖家长时,当他意识到即使自己"我行我素"家长也拿他没办法时,就会使出他的制胜法宝——打游戏、不上学,来反叛家长。

### (二) 孩子网络成瘾是一种"退行"方式

青少年期的孩子本应该在学校读书、学习,但是,网络成瘾的孩子却通过打游戏、发脾气、让父母服务他吃喝的方式"退行"到婴儿时的享受状态。这类孩子往往背负家庭过高的期望,背不动了,就退行到更小时候的状态。家长对孩子有合理的期望,有助于孩子树立目标,产生动力。但是,期望过高,又不能及时给予孩子正强化,则会挫败孩子的积极性和成就感。

### (三) 孩子网络成瘾是失去自由的一种"僵死"状态

"被过度安排"是指有的家长生怕孩子吃苦、受罪,很能为孩子操心,一切都给孩子规划好、安排好。"被过度安排"看起来是为孩子好,实际上是对孩子的控制。这不是为了满足孩子的需求,而是满足了家长的需要。"被过度安排"对孩子来说就是被剥夺权利和自由。被剥夺权利和自由就会使孩子感到有危险存在。在感受到危险的情况下,孩子的神经系统有两种反应:一种是战斗或逃跑。战斗,孩子斗不过父母,因为父母有权力、有地位、有实力。逃跑,跑得掉吗? 跑不掉。因为孩子经济上、生活上要依赖父母。另一种就是"僵死"状态,即面临危险,什么都做不了,索性什么都不做了。孩子把自己关在屋里天天上网,闭门不出,就是一种"僵死"状态。

## 三、对策建议

一旦孩子迷恋上手机或游戏,父母就焦头烂额,即便使出浑身解数,也无济于事。孩子与父母对抗,父母之间相互抱怨与指责,家庭气氛凝固或剑拔弩张,父母的执行功能丧失致使整个家庭被困住。本案例拟从班主任的视角,从家庭动力的角度提出预防和矫正孩子网络成瘾的措施与建议,帮助家长做到提前预防、有效矫正,实现家校共育。

该生旷课多节,已经面临被退学的危险,解决该生回校上课问题是当务之急,同时也要给父母一些家庭教育指导的方法。首先父母对孩子教育的观点和态度要保持一致,其次要有父母角色的底线,对孩子的爱要有界线,不能一味纵容孩子,尤其是孩子不尊重父母、辱骂父母的行为是不能姑息的。

同时该生需要接受心理咨询或者心理治疗,大部分学生的网络成瘾只是表象,背后通常有现实原因,在真正的诱因层面上工作才能最终解决行为问题。该家庭的亲子沟通、夫妻沟通模式都存在一定的问题,难以形成有效的沟通,常常用暴力冲突的形式来表达情绪和诉求,以暴制暴,往复循环的方式是得不到良好的效果的。因而,若在征得父母和孩子同意的情况下,对该家庭进行系统治疗可能会有改善亲子关系的效果。

### (一) 从改变关系入手

第一步:改变父母。如果孩子与父母的关系以及父母间的关系不改善,父母说什么都无济于事。对于上网成瘾的孩子,父母不要期待孩子先改变。父母的情感和认知水平、自控能力高于孩子,只有父母先改变,改变原有的对待孩子的方式、看待孩子的视角,反思自己的言行,承认自己的不足,让孩子表达心中的委屈和不满,才能逐渐改善与孩子的关系。改善了与孩子的关系,孩子愿意放下心理防御,愿意亲近父母,才是网络成瘾行为改变的开始。

第二步:角色互换。尝试带孩子外出活动,如骑车、打球、跑步、旅游等。在活动中利用孩子的特长或擅长,实现角色互换,让他担当"老师"或"家长"的角色,充分发挥其作用。如"今天我来做家长"活动,每周让孩子做一到两天的家长,买菜做饭、行使家长职能,体验家长责任。

第三步:赶上学习。孩子因为网瘾已经跟不上学校的学习节奏,所以需要时间,更需要耐心。寻求学校老师的支持帮助,制订针对性的学习计划,找到适合孩子的学习方法,开展适当的补习,慢慢赶上学校的进度。这个过程中会有反复和困难,家长一定要给孩子充分的鼓励和时间、空间,帮助孩子一起克服困难。

### (二) 培养孩子的高"四感"

"四感",即存在感、愉悦感、意义感、成就感。存在感,就是父母要给孩子适度的自由,可以让孩子自己支配时间、安排事情。一个孩子在成长过程中,除了想得到关爱外,就是想得到自由。自由是一个人追求权利的象征,是一个生命独立的体现。孩子成长的过程就是一个不断争取自由的一个过程,从不到一岁想从家长怀里挣脱到不想让家长喂饭,从独自玩积木到选择和哪个同伴玩耍,从总是跟随家长外出到独自待在家里。但是,家长内心有一个假设——"给孩子自由,孩子就会学坏",因此害怕给孩子自由。失去自由的孩子,就感到父母没有把自己作为独立的个体而存在。网络成瘾就是争取自由的一种方式。

愉悦感,即孩子做什么事能感到身心愉快,如讲故事、制作玩具、手工、解决了一个问题等。

意义感,就是体验到做事情的意义和价值。如果什么都不让孩子干,什么都不让孩子参与,什么都不让孩子知道,什么责任也不让孩子承担,那么孩子就感觉不到自己的意义和价值。

成就感,就是当孩子取得成绩时,得到表扬、认可、鼓励或奖励。如果孩子取得了成就,家长却认为是应该,而出现错误就严加批评,孩子就体验不到成就感。

如果在孩子成长过程中,家长注意培养孩子的"高四感",那么就能减小网络成瘾的概率。

## 四、指导过程

### (一) 家访

该生入学的时候成绩中等,在日语专业的学习上也表现出一定的兴趣,在体育方面也经常为班级争得荣誉,总体上来讲,是个想积极上进的学生,那么是什么原因导致该生开始沉迷网络,对学习失去兴趣,与父母矛盾日益激烈呢?

我希望通过家访了解更多信息。我到小宋同学家里,父亲叫小宋到客厅,小宋拒绝,不肯出房间,并且辱骂父亲,在房间内大喊大叫。于是我劝说父亲先暂时回避,我来到房间门口,先让小宋平静下来,然后劝说他,希望他可以到客厅来谈话,小宋起初不肯应答,后来答应洗漱之后过来。经过耐心等待,小宋最终来到客厅。我首先询问了小宋在家吃饭睡觉的情况,了解他的作息时间,然后跟他重申旷课的结果,按照校规校纪的要求,他已经面临被退学的境地,表达了对他的关心和担忧。

通过与小宋的沟通,他表示自己也不想被退学,已经读到二年级了,再有一年即可毕业,今后还想去日本深造,并没有真的想过放弃学业。只是父母年龄比较大,跟自己完全不能沟通,久而久之,愈发不愿与父母交谈,吃饭也不同桌,经常自己在房间里边打游戏边吃饭,渐渐沉迷在游戏中以逃避父母。因为上网打游戏时间越来越长,父母对自己的干涉也越来越多,与父母之间的冲突也逐渐增多。因为上网时间的问题,与父母难以达成一致,因而在父亲切断网络之后,用旷课绝食等方式表示拒绝,表达愤怒。其实自己也不想这样,但是又控制不了自己的行为,专业课落下了一段时间,上课愈发听不懂,作业也没法完成。

听小宋讲述到这里,我厘清了他现在这些表现的原因,我思考了一下他目前的情况,当务之急是让他先回到学校上课,避免因为旷课次数太多被退学。他不肯回校上课的现实原因是网络问题,我与学生和家长商量用网时间,逐步减少用网时间,一下子切断网络,孩子难以适应,必会造成逆反心理,因而我们一起制定了一个用网与学习的时间表,给孩子一个适应的过程。与小宋约定好明天按时到校上课,家访就告一段落了。回校上课只是第一步,后续还需采取帮扶措施和心理咨询,才能使其慢慢改变。

### (二) 一对一帮扶

小宋在旷课期间落下了很多日语专业课,虽然因为基础好,语数英成绩未有明显下降,但是日语授课每天都是新内容,已经落下了一大截。我与家长沟通后,在征得孩子同意的情况下,家长给孩子找了日语家教,隔天给孩子补课一次,帮助孩子快速提升日语成绩,同时在班级安排日语成绩拔尖的同学,跟他组成学习小组,对他一对一帮教。小宋本身对日本留学十分向往,对日语的学习也有兴趣,因而成绩提高很快,之前落下的作业也都一点点补齐了。日语老师看到该生的进步,也对他大力表扬,希望他能再接再厉。

我与家长也约定好,要对孩子取得的进步予以及时有效的表扬,表扬要发自内心,而不是泛泛的夸奖,并且督促家长一定要遵守承诺,按照之前制定的时间表,允许孩子适度上网,不能破坏规则,给孩子一定的空间。家长非常配合,尤其看到孩子的进步,更是喜出望外。

### (三) 心理治疗

学生回校复课后,征得本人同意,学校给其安排了心理咨询师咨询,希望更好地帮助他解决目前的心理困境,帮助他建立自信,修复与父母的亲子关系。通过一段时间的咨询和辅导,小宋的情绪状态有明显的好转,慢慢放下包袱,解开心结。

孩子与父母的亲子关系并不只是孩子一方需要改变,需要三个人合力增加家庭动力,改变固有的沟通模式,因而我与小宋父母沟通,依托学校的资源,为他们安排了家庭治疗,在心理咨询师的带领下,改变家庭互动模式,寻求更好的相处之道。通过几次家庭治疗,父母的育儿观念日趋一致,能够更好地包容理解彼此,也对孩子有了更深入的了解。

### (四) 营造氛围

针对网络成瘾在班级开展"话说网络"的主题班会,在班会上同学们畅谈网络的利与弊。在一些因网络成瘾导致各种惨剧的鲜活案例中,同学们深刻体会到网络成瘾的危害性。平时多鼓励班级同学参加健康积极的活动,组织开展丰富多彩的班集体活动,从而有效减少手机上网和电脑上网的时间。

同时,班主任加强和学生的交流,倾听他们的心声;加强和学生父母的交流,信息互通,资源共享;加强班集体建设,营造健康氛围。此外,如果网络成瘾较为重度,我想依靠班主任一己之力是难有所成的,还需要借助专业心理辅导或专业治疗的力量才能使学生得到更好更及时的治疗。

## 五、结果反思

1. 孩子网络成瘾是令家长非常头疼的事,预防胜于矫正。孩子网络成瘾的因素也很复杂,不能一概而论,但是家庭因素的相互作用是不可忽视的。厘清家庭中的主要因素,从家庭动力着眼,从家庭关系入手,对预防和矫正孩子网络成瘾会有很大帮助。

经过一段时间的努力,该生能够按时到校上课,成绩也恢复到之前水平,并且定期做心理咨询,与父母的亲子关系也在慢慢的修复中,一切都在向好的方向发展。在帮助该生的过程中,我意识到有些问题不能只看表面,表象的行为通常是内心深层的反应,任何人行为的变化都是有其内在原因的,不能只在表层工作,要有耐心去等待孩子成长。

2. 在班主任工作中要注重以下几个方面:一是加强学生思想品德教育,提高学生素质。二是加强纪律教育,学生学习态度。三是注重与学生思想交流,培养学生集体主义精神,优化班风学风。在教育过程中,我也遇到了困惑和难题,网络成瘾的案例是我碰到的难题之一,现在也成了我的收获和经验。

# 张开双手感受善意　家校齐心助力孩子

上海科技管理学校　吴策来

**摘　要**："心之翼"家庭教育指导社团是上海科技管理学校"融·和"文化引领下，融合家校企社等力量，依照学校特有的"4D"心理健康教育模式，采用积极心理学，开展家庭、学校、个人等心理健康教育活动，助力学生成长成才的社团。小张就是在"心之翼"家庭教育指导社团指导和帮助下，父母改变了家庭教育的方法，在家校合力中健康成长的一个案例。

**关键词**："心之翼"社团　家庭教育指导　家校融合

## 一、把脉问题：过度保护的捆绑式家庭教育

　　小张，因为身体的原因，门门功课基本不及格，在学校没有好朋友。学校"融·和"文化引领的"心之翼"家庭教育指导社团每学期都会有计划开展家庭教育指导活动。社团老师关注到小张，是因为小张的爸爸在参加过几期社团通识性课程后，主动找到了社团老师寻求帮助。小张爸爸说，通过课程内容的学习，已经学到了很多心理健康教育的知识和技巧，但是小张是一个特殊的孩子，智力发展比同龄人慢，在班级里经常被人欺负。他为了让小张更有安全感，在每次小张发生意外情况时，都会到学校里去帮他讨说法，庇护着孩子。久而久之，没有人愿意和小张来往，身边没有了朋友，小张的性格也变得更加孤僻，在家也经常发脾气，很难相处。他希望社团指导老师能够专门针对小张的问题给予一些建设性的意见。

　　社团指导老师在和小张父母深入沟通后，意识到小张是被家长"捆绑式"过度保护而出现问题的孩子。一直以来，由于智力发展比同龄人慢，在班级里会有同学跟小张开玩笑。父母认为同学们开的玩笑大部分是带有恶意的，因此交代小张，只

要感觉到有人对他不友好,一定要反抗,要告诉父母。小张家庭内部形成了一种巨大的张力,他在家里有安全感,可以随时释放情绪,可当走出家庭,要么变成"小乌龟",要么变成"小刺猬"。而小张家庭内部的张力积蓄越多,就越需要向外、向社会去做一种快速的释放。久而久之,小张在与外界沟通时就产生了应激反应,非常容易和同学发生冲突,有的同学开始疏远他,调皮的同学拿他开玩笑,故意寻他开心。而每次发生冲突,小张的父母都会找对方去帮小张讨个"说法"。开启家庭包容的大门,习得以善意去拥抱世界的行为和观念,是帮助小张成长最重要的因素。

## 二、疏解问题:科学指导,融入集体

### (一)家校合力,转变父母家庭教育模式

促进小张拥抱世界,需帮助小张的父母解开心结,关键是要让家长意识到,他们要转变家庭教育的理念和方式。由于他们的过度保护对孩子的成长非常不利,社团指导老师多次约谈了小张的父母。家长提到最多的是孩子头脑简单,从小学到现在一直被人家欺负,他们也告诉小张,好好读书,没事不要和同学一起玩。对此,指导老师给小张的父母布置了"看电影清单",请他们回去看《奇迹男孩》《放牛班的春天》等电影。在一次"心之翼"家庭教育指导社团的活动课后,指导老师问小张父母看完电影后有什么体会,他们说:"看完电影确实能学到很多教育方法,但是那是电影里的故事,是编的,我们小张没那么好命,还是不要让他交朋友了。"当指导老师问道:"你们自己有没有同龄的朋友,有没有要好的同学?"他们回答:"有的。"指导老师接着问他们"同龄人的陪伴和帮助,是否是你们一辈子的记忆?"他们说:"小时候的玩伴最纯洁,现在依然是最好朋友!"当他们说完这些话,似乎才真正意识到在孩子成长的过程中,与同龄人善意接触和沟通的重要性。除了家庭的呵护、关心和教育外,同伴教育也是促进孩子成长的一种方式。

因此,指导老师和小张父母商讨出第一个具体教育实施办法:鼓励小张多和同学接触,可能过程中他会受很多委屈,但父母尽量少出面解决,孩子之间的关系很单纯,今天彼此不开心,睡一觉,第二天就忘记了,又是好朋友了。

### (二)科学指导,助力孩子融入校园生活

创设最好的环境帮助小张打开心扉,社团指导老师与小张的父母商量,让他加

入了校园安全巡查队,负责每天校园巡查。开始巡查时,小张会不由自主地和同学们保持一定的距离,巡查结束的拥抱仪式中,他很抵触。活动后指导老师把他叫到办公室,他开始很紧张,以为自己做错什么事,然而指导老师轻轻地拍了拍他的肩膀,柔声地夸奖他:"小张,第一次巡视,你做得最棒,一直是昂首挺胸,保持良好的姿势走路,告诉我怎么做到的?"小张一边擦着额头的汗,一边低着头着急地说:"爸爸妈妈让我听老师的话。你说在我们巡视时,要昂首挺胸的!"指导老师笑着说:"小张同学,这么听爸妈的话,这么听老师的话,很棒!能不能把头抬起来,看着我,告诉老师,巡视的时候,为什么和同学们保持那么远的距离呢?"小张急急地说:"爸妈让我和同学保持距离!只要不和他们接触,就不会有同学之间的不愉快。"指导老师说:"老师知道你特别听父母和老师的话,那我们先不和同学语言交流,明天要在拥抱仪式中尝试和每个同学拥抱,你愿意去做到吗?"小张回答:"那我……试试看。"

当晚,巡查队的指导老师也给小张父母去了电话,告诉他们小张的良好表现,并且请他们今晚在家里帮助小张练习拥抱。第二天的巡查结束,在指导老师的鼓励下,小张同学拥抱了每一位当天参加巡查的同学。在家校的共同努力下,小张慢慢打开了紧闭的心扉。

巡查队的同学们都非常团结友爱,乐于助人,指导老师请巡逻队的同学们尽量多和小张同学接触。在同学们的热心帮助下,小张也找到了拥抱世界的大门,从最初的互敬拥抱,到后来慢慢地卸下了心防,渐渐地融入集体之中。

每天巡查中,指导老师都会拍摄他们的一举一动,及时发朋友圈并附言:这是一群特别可爱的孩子!我为你们骄傲!小张父母看到孩子和同学们的关系越来越好,也更加体会到,他们以前将小张牢牢地保护于自己的羽翼之下,不利于小张的成长。小张的父母也从最初悄悄地跟在小张后面,偷偷地观察小张有没有被欺负,变得越来越放心小张一个人在学校学习和生活。

## 三、解决问题:家校融合　助力成长

在"心之翼"家庭教育指导社团的活动中,小张的家长特别活跃,与参加活动的家长分享孩子成长的故事,同时渴望学校在学业方面给予孩子更大的帮助。父母放手让小张参加了巡查队,而他也将融入集体所获得的人际交往能力运用到学习中,从开始不敢问老师问题,到后来在系主任、班主任和其他任课老师的辅导下,开始学会主动发现问题,他的成绩也从入学第一学期8门课程有6门不及格,到不及格的课程越来越少,到二年级下学期门门课程都及格,有的功课考得还不错,获得了学校颁发的"进步奖"奖学金证书。小张爸爸是制冷高级技师,看到小张的专业课成绩越来越好,也利用自身专业知识和工作资源,开始在周末、假期带小张到工作场所进行实践操作。看着他成长的系主任、班主任和社团老师都在当面和身后夸奖小张的进步。

  经过大家三年的不懈努力,小张不仅在文化知识、技能方面得到了长足的进步,而且他在学校里有了几位知心的朋友。当小张父母和老师看到小张和他的小伙伴一起成群结队走出校园时,他们知道小张正在健康成长!

  转眼小张即将毕业,2020年5月,他收到了上海城建职业学院制冷专业的预录取通知书,他的父母第一时间把好消息分享给了社团指导老师和小张的班主任。我们相信,在父母勇敢放手后,拥抱过世界、感受到世界善意的小张,一定会在努力奔跑的人生路上获得成功!

# 架起亲子联结　家校携手育人

上海科技管理学校　李丽

**摘　要**：中职生由于文化基础相对薄弱，又身处青春敏感期，容易产生自卑抵触情绪，同时家长缺乏科学的家庭教育方法，更加剧了孩子逆反的心理和行为。家庭教育是人生第一课堂，父母是孩子的第一任老师，学校和班主任是开展家庭教育指导的主阵地，要加强对家长的科学指导，发挥家庭教育的作用，使家校形成合力，助力青少年健康成长。

**关键词**：家庭教育指导　家校携手　真情沟通

## 一、案例背景

今年8月接新班后，我在查阅档案、实地家访的过程中，对班级学生的成长环境、家庭背景有了一定的了解。其中给我印象最为深刻的是小A同学。

初次见到她是在开学的第一天。还记得暑假和家长约定好家访时间，等我到她家楼下准备进电梯时，小A妈妈和我说孩子昨天去崇明的同学家了，没赶回来，我一直将信将疑。直到开学后的几周，在和孩子的聊天中，她不经意提到自己那天其实是在家里的，只不过当时暑期染了头发，而我前一天刚在学生群、家长群提到过学生的仪容、仪表等问题，所以她觉得还是暂时不要见我。

开学的第二天，家长就帮小A请了假，之后的几周也频繁请假，为此我和小A家长多次进行了沟通，才知道由于孩子家在奉贤南桥，父母长期忙于工作，所以从小学开始她就长期借宿在虹口的姨妈家，很多事情也不愿和妈妈讲，和姨妈的关系甚至比妈妈还要亲。有一次，小A妈妈在和我通话的过程中，还为此伤心，觉得女儿和自己不亲。据她自己说，初三这一年她是在社会上玩了一年，脱离了学校的约束，结交了很多"朋友"，和班里其他同龄的孩子比起来，明显世故，觉得班里的同学很幼稚，因此，她在班里也没有知心的朋友。

开学一个月左右,小 A 妈妈给我打电话说小 A"男朋友"嫌弃她是中专生,和她分手了。后来她自己也找到我说要住宿,这样可以有更多的时间学习,希望将来可以考上大专。为了鼓励她认真学习,在和家长明确住宿要求后,我就同意了她的住宿申请。住宿后,她和我的交流更密切了,我们的关系也更进一步,她也经常来找我谈心。

开学初,小 A 妈妈曾带小 A 去医院做过心理检查,医生并没有明确的诊断,只是她自己偶尔会感觉到情绪低落、心情压抑。虽然她时常缺勤,但期中考试总的成绩还不错。学期初,她就和班级同学一起递交了入团申请书,团课考试她没有通过,为此她情绪波动很大。尽管现在她偶尔会请假,但相较之前已经好了很多。最近小 A 妈妈打电话告诉我她要长期到外地出差,让我把孩子的姨妈邀请进家长群,并和她对接。第二天我和小 A 讲了这件事情,小 A 马上当着我的面打电话给家长,家长说自己在南桥装修房子,并没有到外地出差。

## 二、案例分析

父母是孩子的第一任老师,父母的言传身教、一举一动都影响着孩子的成长。小 A 同学的父母无疑是失职的。他们对孩子过于溺爱,和老师已经提前约好家访时间,就因为孩子不愿意见老师,家长就帮着孩子一起说谎,为了逃避监护人责任,谎称自己要出远门。家长的言行对孩子产生了负面的影响,家长的教育不当,对孩子的健康发展已经造成了不可逆的影响。

小 A 同学由于初三一整年脱离了学校的管理,自由散漫,染上了社会上的一些不良习气。父母长期没有陪伴在孩子身边,一方面对她充满愧疚,通过过度的溺爱来弥补,另一方面有时又很粗暴、严格地对待孩子,经常要求她做一些不愿意做的事情。所以家长和孩子的关系不是那么和睦,甚至对立。小 A 妈妈在家访的时候就和我说实在是没有办法,不知道怎么和孩子相处。

## 三、案例实施与结果

小 A 同学的家长在孩子成长的过程中,处于长期缺位的状态,长期把孩子的监护权转移给姨妈,在某种程度上是失职的父母。鉴于小 A 的成长环境和家庭教育方式,我制定了以下指导策略:

## （一）建立家校联系，达成家校共识

我和小A同学的父母建立起联系机制，架起孩子和父母之间的桥梁，找到二者的交集，使家长和孩子能够"同频共振"。为了达成家校共识，我定期向家长反馈孩子在校表现，推荐家庭教育相关书籍、文章及视频。本学期我参加了"上海市家庭教育指导师"的主题培训，课后我经常向家长分享家庭教育心得，指导家长开展科学的家庭教育。在和家长的沟通中，我多次向家长提到青春期孩子的心理特点，希望家长不要过度溺爱和干预孩子的决定，通过民主协商和平等沟通的方式来达成一致，改变以往的教育方法。

## （二）充分发挥特长，鼓励表扬为主

为了鼓励小A同学发挥英语学科优势，在和她商量之后，我安排她担任英语课代表，并负责班级的英语早读。此外为了规范仪容、仪表，我还鼓励她加入了校风督察队。经过前期制定早读内容、确定早读形式再到订立标准，一周后早读已经可以有条不紊地开展了。每次的英语早读，她都会提前在班级群发布早读任务，在单词默写后还认真督促同学订正，对于基础差的同学，直接找一个范本让他抄写一遍。每次当我到教室门口时，小A同学已经在带着大家按计划开展早读了，结束后会安排组长批改、统计每位同学的分数，并督促不合格的同学重默。在和她的定期谈话中，我及时肯定了其英语早读的表现，同时也提出了进一步的要求。加入校风督察队以后，她在仪容仪表上，也有了很大的改变，从最初的化妆、戴耳钉、不穿校服、不佩戴胸卡，到现在已经成为班级的仪容、仪表标杆。

## （三）用爱传递真情，家校共助成长

亲情的缺失，难免会使孩子对社会产生不满情绪。作为教师，我们要尽力给予孩子关爱，用班级的爱来温暖孩子的心灵。在小A同学住宿后，我经常到宿舍去看望她，关心她和室友相处的情况。教师还要善于在班主任工作中立德树人，引导学生形成正确的价值观。一次课后，任课老师告诉我小A同学在课上玩手机，经提醒后仍不改正。课下我找她了解情况，她说觉得老师上课太无聊了。我引导她站在任课教师的角度，如果发现有学生玩手机而不加制止，这是老师的失职。经过批评开导，她认识到作为学生要遵守校纪校规、课堂纪律，尊重老师。

一个学期下来，小A和父母的关系亲密了不少。在每周的返校日，父母都会开车送她来学校，也会和我进行沟通孩子的近况，并商讨下一次家庭会议的主题及细节，亲子关系也随着时间的流逝而趋于亲密。小A还经常分享家庭聚会、家庭会议的照片给我,父母也经常出现在她的朋友圈当中,她脸上的笑容也比往日多了起来。尽管父母偶尔还是会苛求于她,但是她也能够理解父母,而不是像以前一样和父母大吵一架离家出走,一切都在朝着好的方向发展。

## 四、案例总结与展望

在和小A家长沟通的过程中,我也发现自己存在家庭教育方面的专业知识欠缺,对中职生行为背后的动因缺乏了解和分析,对家长开展家庭指导的方法和技巧也很单一等不足。但是我相信无论是和家长的沟通还是和孩子的沟通,最重要的是要善于倾听,善于共情,善于换位思考,这是家校合作共同育人的基础。

正如著名教育家于漪所说:"教师要做'燃灯者',自己心中首先要有一盏明灯。"而我认为这盏明灯正是对学生发自内心的关爱。我一直坚信:教师应该成为点亮学生生命的光。为此,我也一直以有理想信念、有道德情操、有扎实学识、有仁爱之心的"四有"好教师标准,严格要求自己,不断鞭策自己,努力践行"一辈子做老师,一辈子学做老师"。

作为一名中职校的教育工作者,在今后的工作中,我会积极参加各级各类的家庭教育的相关培训,提高专业水平,密切关注学生的家庭生态,善于将学生综合素质提升与职业教育培养的目标相结合,善于把教师的科学引导和学生的主动参与、家长的配合相结合,家校携手共育人。

虽然成长的路上还会面临各种各样的挑战,但我坚信随着《中华人民共和国家庭教育促进法》的实施,学校、家庭和社会会形成一个更加紧密的促进青少年健康成长的教育体系,我们只要有"虽千万人,吾往矣"的决心,就一定可以直济沧海!家校携手,为党育人,为国育才。

# 专业赋能　架起家校共育同心桥

上海市材料工程学校　杜赟

**摘　要**：教育是一个完整和谐的生态系统，学生是种子，家庭是土壤，教师是园丁，社会是环境；种子饱满，土壤肥沃，园丁辛勤，环境适宜，才能为学生的健康成长提供有力保障。本案例侧重如何充分发挥家庭的重要教育功能，实现学校教育和家庭教育的有机结合，探索有效的家校共育模式，使家庭教育和学校教育保持有效沟通，形成育人合力，促进学生在品德、学业以及身心各方面的良好发展。

**关键词**：家校共育　工作室　成长计划　教育反思

习近平总书记说："家庭是社会的基本细胞，是人生的第一所学校。不论时代发生多大变化，不论生活格局发生多大变化，我们都要重视家庭建设，注重家庭、注重家教、注重家风，使千千万万个家庭成为国家发展、民族进步、社会和谐的重要基点。"家庭教育工作开展得如何，关系到孩子的终身发展，关系到千家万户的切身利益，关系到国家和民族的未来。而家庭教育也不是一蹴而就的，让我们携手共进，跟上孩子成长的脚步，让家庭成为孩子坚实的后盾，让家校合作美好契合！

## 一、案例描述

小T同学刚进校的时候，比较内向，平时不怎么说话，在班级里是若有若无的存在。在一年级的专业基础课美术基础课上，小T每次作业都是第一个完成，而且画作比大部分学生画得都要好，看起来像是有基础，学过画画的。可每次当让他再精修一下时，他总是带着一副自满的口气说："这样就可以了，这已经很好了！"但从专业的角度看，他的画只能看大概，仔细看没有细节，没有结构。

"这样就可以了",上课走神,不愿意画……种种表现怎么看都与中考考分班级第一的他对不上号!我经常思考如何帮助他在专业学习上进行提升。

## 二、教育策略

### (一) 家校合力,共同托起明天的希望

在一次家长会上,我得知小T的父亲是上海知名的室内设计师,并且拥有自己的设计公司,曾经参与设计施工世博会多个场馆、各类大型酒店等项目。但是平时项目多,工期紧,基本与孩子无交流。但是,因从小的耳濡目染,小T很喜欢画画,立志要做一名优秀的室内设计师。

于是,我首先与小T父亲进行了长时间的交流,通过与我的沟通,小T父亲意识到,孩子的教育不能完全靠学校与老师,家长工作再忙,也需要去与孩子交流沟通。他答应我,每周分出一点时间给小T,去了解他,帮助他。

然后,我从小T着手,去了解他。这位喜欢画画的人不爱听课,肯定有原因。在与小T的多次聊天中得知,原来初中时他已经学过素描、水粉,现在再去画这些基础美术的内容,感觉很枯燥,觉得很无聊。

是的,对于他这样基础很好的孩子,没有必要把时间浪费在最基础的教学目标上。在小T父亲的建议下,我为他单独制定了美术课的教学计划,由他父亲提供自己的创作选题《南官帽椅》。而且小T决定画一张近乎1∶1等比例的"南官帽椅",这是一张整开的画面,椅子高度近1米。

在接下来的美术基础课上,小T成了一道靓丽的风景线——独自一人在角落里创作。在这张画的绘制过程中,小T的草图画了三遍,前两遍都被我否定。小T向他父亲诉苦,但是他父亲完全赞同我的教学方法,我们一起向他展示了三张草图,分别解释了画面上出现的问题——形、结构、细节表现,引导他在追求精准性的前提下,既要表现出画面的美感,也要在看细节的时候能够看到绘画的线条。

"若是想将这幅作品以写实的方式表达出来,是否应该上色处理?"

"木纹方面的细节需要怎样的技法才能变得活灵活现。"

"实体椅子的制造结构有些许不精确,是保留这样的'不完美',还是进行修改?"

"椅子的高光部分无法自然体现。"

我通过不断指出缺点，让小 T 知道自己画作的问题，然后让他自己决定解决方案。小 T 也多次回家向父亲诉苦，但在家长的不断鼓励下，他一次次对画作进行修改。最终这张超大的精细素描作品获得"文明风采"非舞台作品上海一等奖、全国一等奖。

### （二）家校共育，融入工作室和班集体

在这次的接触中，我认为小 T 同学虽然不太说话，比较内向，但是他对于专业课的学习兴趣已被完全激发。所以在家长的支持下，我让他加入了我校建筑装饰工作室。这是一个由建筑装饰专业教研室负责指导工作，以真实企业案例开展真实设计工作的社团。工作室不单是完成设计工作，还有基本的美术创作，也有雕刻、设计等活动项目。社团内也有几名小 T 的同班同学，慢慢的，他们因创作项目的原因逐渐开始交流了。

正因为小 T 逐渐开始与工作室的其他同学交流了，我觉得可以让他多参加学校的其他社团活动，让他变得更开朗。在一次和小 T 父亲的交流后，家长很支持我对小 T 的带教计划，于是我带着小 T 他们参与了室内设计微课的制作、参与了我的一次信息化教学比赛、作为志愿者参加了我校的职业体验日项目、作为志愿者跟着我走进上海大世界辅助我进行核雕教学等。

在之后两年的专业学习中，小 T 也逐渐从融入学生群体，转变为能领导一个小团队进行专业项目的设计与制作。慢慢的，小 T 开始为班级服务了，同学们也都看在了眼里。二年级的时候，通过班级投票，小 T 当选班级团委书记。

### （三）专业赋能，家校共育显成效

当选团委书记之后，小 T 在班级中的事情就更多了，中职易班的活基本就让他负责。每一次他都能很好地督促同学完成易班的选修课，带领学生积极参与易班活动。

在我的建议下，小 T 父亲让儿子利用业余时间参与公司的项目，让小 T 逐渐融入设计师团队之中，同时把公司真实在建项目，由小 T 导入我校装饰工作室中，带领工作室同学共同完成项目。经过一段时间的工作室工作，我又建议小 T 父亲向学校的学生及小 T 提供暑假实践的岗位，具体工作可以在上课期间或利用双休日等休息时间去完成。通过与小 T 父亲的研究讨论，我校与公司签订了校企合作协议，决定开展建筑装饰工作室与公司的合作带教活动。这一举措，不仅使我校其他

同学得到了很好的工作锻炼的计划,小 T 同学在教师与企业教师共同带教下完成的"友华国际旅游城"设计方案,获得项目投资单位缅甸、中国澳门、中资三方的认可,顺利为校企合作公司中标该项目。

中专三年,我看着小 T 从性格内向,逐渐开始能够与人交谈,不再沉默;从二年级开始,作为志愿者连续参加了学校的职业体验日项目,他与来体验的学生及家长交流,从开始的生疏交流,到之后熟练地指导学生,能独当一面;他也参加了我在上海大世界的核雕教学工作,由于核雕的特殊性,核雕只能进行师带徒的教学方式,体验者只能围着老师,看老师的操作。所以我让他负责了 4 个体验者的教学工作,那个时候的他俨然一位很老练的讲师,一边操作着核雕工具,一边进行着讲解,完全感受不到他是一位内向的、不爱说话的学生。

在三年的中专学习过程中,小 T 还荣获上海市第十三届文明风采职业规划类创新设计优秀奖等各级各类荣誉近 10 项;参与上海洛根设计工作室多个项目,如缅甸友华国际旅游城的整体设计,链塑网总部的 PPT 汇报方案和施工图及效果图制作,上海车墩影视基地七重天部分展厅的整体设计、PPT 汇报方案、施工图及效果图制作等。目前小 T 已通过了专升本考试,就读于上海建桥学院环境艺术专业本科。

小 T 毕业之后,他父亲特地来找我,感谢我这些年对小 T 同学的培养。"老师,真的太感谢你了,他在初中期间,曾被诊断为有轻微自闭倾向,我们作为家长都不敢和您说。但是在您的多年指导和带教下,他向着您给他制定的目标前进,已经走出了自闭。现在与我们家长的交流也多了,在专业上也有了很大的提高,现在已经能参与我公司的项目设计,他主持设计的项目也被甲方选中。"

## 三、教育反思

在查阅有关自闭症的信息之后,我发觉,我对小 T 同学的带教,正好符合普蕾成长计划的理念,这是以心理学中儿童游戏治疗的理念技术、方法和工具为主来获得信息,对孩子的心理状态、行为等心理现象做全面、系统和深入的客观鉴别、评估与训练的系统过程。

我对小 T 同学的带教,先以绘画一张作品,为游戏目标,然后带动他参与装饰工作室;参加职业体验、当上海大世界志愿者;评选他为团支书,为班级进行服务工作。这些事情,都在一步一步地带着他走出自闭,做更好的自己。通过这些年的带教,符合普蕾成长计划的实施,我训练了他的自控能力、思维能力、规则意识、适应能力、社会能力、协调能力、表达能力、自信心、身体素质、抗挫折能力、独立性、坚持性、胆量等多项能力。

而家校共育的形成就是由于我和小 T 父亲的交流沟通,第一次改变了家长对孩子的学习生活的态度,第二次家长参与了我对小 T 的培养培育过程中,第三次则是因为小 T 的原因,家长的设计企业和学校工作室全面合作,使培养培育不再是受惠小 T 一人,整个工作室的所有学生,甚至是室内设计专业学生都通过在建真实项目的设计制作,提前适应并提升了专业岗位能力,也培养了职业素养。

家校共育结出成果是一个长期的过程,如同一朵花,从种子到开花需要常年的呵护与陪伴。我们教师愿与家长们携手,成为学生健康成长的"护花使者"。

# 成 长 的 烦 恼

上海市商业学校　李雪晖

**摘　要**：本文通过剖析典型案例，阐明了中职学生正处于人生中非常重要的时期——青春期，具有自我意识的明显加强，独立思考和处理事物能力的发展，心理和行为上表现出强烈的自主性、波动性等特征，需要学校和父母根据这些特点调整家庭教育和指导方式。

**关键词**：父母亲职能力　情绪情感　负面语言　人际交往

## 一、案例呈现

"我是一个糟糕的人，考不上高中，没有好的朋友，也没有人关心我。除了英语之外，其他科目我都学不好，我有很多心里话想说，但也不知道跟谁说。我和爸妈关系不好，和同学关系也不好，大家都不喜欢我，我感觉自己一会儿特别开心，一会儿又特别不开心，我是不是真的心理有病，我该怎么办？"这是一年级学生小林发给心理咨询中心邮件中的一段话，从中我感到这个女孩对自己深深地否定、迷茫、无助、孤独和一种莫名的无奈。

为了帮助小林，走进她的内心世界，我把小林约到了心理咨询中心，在建立了信任关系后，小林和我讲了她的困惑。她告诉我，中考失利没有考上高中，爸爸妈妈告诉她："考不上高中就考不上大学，上个职高这辈子都完了。"所以，她觉得自己糟糕极了，因为自己的失误导致这辈子都完了，心里特别自责。前两天因为这个事情还和父母大吵了一架。

这天放学，小林和父母抱怨了几句学校食堂的饭不好吃，妈妈说："谁让你不够努力没有考上高中，这只能怪你自己。"小林本来就心情不是很好，听到妈妈这样讲话顿时暴跳如雷："你有完没完，你以为我愿意吗？我就这么差劲行了吧，我活该考不上高中！"听到这样的话，爸爸也非常生气，对着小林说了一句："真是不求上进！"

紧接着,妈妈继续说道:"我和你爸每天辛辛苦苦地工作,你就这么回报我们?现在长大了,翅膀硬了,说你两句都不行吗!"小林边跺脚边大声喊道:"不行!不行!就是不行!你们就是看不起我,你们就是不喜欢我,我走行了吧!"她的情绪非常激动,头也不回地走出家门。

小林告诉我,当时自己一个人走在空荡荡的大街上,爸爸妈妈平时指责她的那些话像潮水般涌来,"你怎么这么没出息""你真是不求上进""你怎么总是歇斯底里""我看你就是心理有病",小林心里难过极了,蹲在角落里抱着自己哭得泣不成声。听着小林的描述,我有点心疼这个瘦弱的小女孩。于是我决定从家庭和学校两方面入手来协助小林,帮助她拨开眼前的迷雾,协助她度过眼前的困难和障碍。

## 二、专业介入

### (一) 家庭方面

小林与父母之间的矛盾与父母不了解青春期孩子心理发展特点,不懂得如何与青春期孩子正确沟通有关,我将从以下几个方面来提升小林父母的亲职能力。

1. 帮助小林父母了解青春期孩子情绪情感的发展特点。
2. 帮助小林父母意识到父母语言的力量,觉察自己的语言模式,学会多用正面语言与小林沟通。
3. 帮助小林父母转变教育观念,打压和批评并不能使孩子改变,在孩子遇到困难和挫折时,父母应在身边鼓励和支持孩子,协助孩子渡过难关。

### (二) 学校方面

1. 运用"正常化"的方法让小林认识到自己并不是心理有病,仅仅是青春期正常的情绪特点而已。
2. 为小林搭建起社会支持网络,加强同辈群体的支持。
3. 运用罗森塔尔效应及时强化,借助老师的力量提升小林的自我价值。
4. 根据班杜拉的自我效能感理论,让小林在参与班级活动中提升自身自我效能感。

## 三、具体步骤

### (一) 家庭方面

我到小林家中进行家访,在与小林父母的沟通中,小林的父母也和我讲了他们的困惑。他们觉得小林情绪很不稳定,经常歇斯底里,他们不知道曾经乖巧的女儿怎么现在变得无法沟通,不可理喻。针对小林父母的困惑,我与小林父母一起分析了小林情绪波动较大的原因。

其一,小林目前正处于青春期阶段,此时小林的情绪、情感更强烈,具有冲动性和爆发性。他们情感更加丰富,富有朝气、容易动感情,也容易被激怒,甚至会由于一时的冲动而不顾一切。所以,小林常常会因为爸妈的一句话而暴跳如雷。其次,青春期的孩子情绪情感不够稳定、具有两极性,容易从一个极端走向另一个极端,所以小林常常一会儿开心、一会儿不开心正是反映出了这一情绪特点。同时,中学生情绪具有心境化和持久性,许多不良情绪(如焦虑、抑郁、烦躁、失望等)往往具有弥散性的特点。小林由于中考失利这件事情导致心情不佳,看什么都觉得心烦,在一定程度上也影响了她与父母之间的关系。作为父母,我们要学会共情孩子的感受,并引导他们学会正确处理自己的情绪。

其二,父母是孩子的第一任老师,家庭是孩子的第一所学校,往往孩子与人相处的方式、处理情绪的方式大多也是从父母处习得的。在家中,爸爸妈妈也不太善于处理和控制自己的情绪,无论是处理夫妻之间的矛盾,还是教育小林,常常用大喊大叫的方式,小林在潜移默化中学会了用激烈的方式来处理矛盾。当我讲到这里时,小林的父母连连点头,连忙说:"李老师,你说得太对了,我们经常指责孩子情绪暴躁,其实我们自己做得也不好,真的该好好反思一下。"作为父母,我们要控制好自己的情绪,用平等、尊重的方式与孩子沟通,以身作则为孩子做好榜样。

其三,在与小林沟通的过程中,父母常常用负面的语言和指责的方式,诸如:"你怎么这么没出息""你真是不求上进""你怎么总是歇斯底里",这很容易激起小林的情绪。在沟通中,小林的父母告诉我:"李老师,我们也是希望用这些语言能激励她好好努力。"我告诉小林的父母,负面语言不仅不会激励孩子,反而还会让孩子不相信自己,觉得自己没有价值,进而自暴自弃,比如,小林说的那句:"我就这么差劲行了吧,我活该考不上高中!"这句话的背后,孩子表达的是一种深深的挫败和自责,此时,父母要做的是读懂孩子语言背后的含义,给予鼓励和支持,而不是继续指责和否定她。紧接着,我教了小林父母如何用正面语言和小林进行正确沟通。

随后,我继续剖析孩子的内心世界,每一个人都向往美好,对于没考上高中这件事情,小林自己已经非常难过和失落了,作为父母和老师,我们应该在身边鼓励和支持孩子。我在转化了小林父母对中职学校的偏差认知后,继续教小林的父母如何利用 ABC 理论及榜样的力量,协助小林转化对中职学校的偏差认知,重拾信心。

### (二) 学校方面

我一方面利用班会带领同学们做职业生涯规划,引导学生加深对专业的了解。在班会上,邀请我校两位优秀校友为同学们分享自己的人生经历,让大家感受到中职学生通过自己的不懈努力,也可以拥有美好的未来。其中一位校友的分享对小林触动很大,下课后,小林和我说:"老师,我相信只要我不放弃自己,我的人生就不会完了!"看到小林眼里闪烁着光芒我开心极了。在和小林聊天的过程中,我告诉她这个年龄段情绪不稳定是非常的现象,并不是你有心理疾病。但是我们要学会调节的自己的情绪,否则会伤害到他人,我接着给小林讲解了几种调节情绪的方法,也鼓励小林积极参与各种集体活动。另一方面我帮助小林寻找和捕捉自身的亮点,培养她的自信。我私下找到了任课教师跟他们沟通了小林的情况,请他们在课堂中多给小林鼓励和关注。

在下学期,小林的学习成绩有了很大的进步,与父母的关系也融洽了不少,在班级里组成的志愿者服务小队中她还自荐成为队长。看着小林和父母的关系越来越亲近,也慢慢找到了自己的人生方向,我心里开心极了。但与此同时,我不禁陷入思考,如何能够帮助更多像小林一样的学生呢?

## 四、问题分析

小林同学的问题反映出了中职学生普遍存在的问题和困惑,具体分析如下:

第一,小林面临的困惑与父母亲职能力不足有关。青春期是亲子关系最敏感的一段,青春期的孩子较之前发生了很大变化,对父母亲职能力的要求也在不断增加。作为青春期孩子的父母,尤其要了解孩子的心理发展特点,用平等、尊重的方式,在人生方向、人际关系、个人成长等诸多方面引领孩子,协助孩子度过青春期这一重要时期。如果不懂孩子的内心,很容易因为彼此的不理解而争吵不断。小林与父母之间正处于这样的关系,小林中考失利,此时父母并不了解孩子内心的苦闷,不但没有用正确的方法支持孩子,反而给孩子灌输了不少负面的想法,而且常常用这件事情指责孩子,导致亲子关系出现了问题。

第二,小林面临的困惑与青春期情绪情感发展特点有关。中职生正处于青春期阶段,情绪情感更强烈,具有冲动性爆发性,与此同时,他们的情绪情感不够稳定,容易从一个极端走向另一个极端,具有两极性。案例中,小林因为妈妈的一句话而暴跳如雷正是反映出了这一特点。同时,中学生情绪具有心境化和持久性,许多不良情绪(如焦虑、抑郁、烦躁、失望等)往往具有弥散性的特点。小林由于中考失利这件事情导致心情不佳,长时间看什么都心烦,这一定程度上也影响了她与同学和父母的关系。

第三,小林同学受到非理性信念的困扰。根据美国心理学家埃利斯创建的情绪ABC理论,A表示诱发性事件,B表示个体针对此诱发性事件产生的一些信念,即对这件事的一些看法、解释。C表示自己产生的情绪和行为的结果。人的消极情绪和行为障碍结果(C),不是由于某一激发事件(A)直接引发的,而是我们对于这件事情不正确的认知和评价所产生的错误信念(B)所直接引起,错误信念也称为非理性信念。所以,真正影响小林的并不是中考失利这件事,而是来自社会对于中职学校的偏见以及父母灌输的"上个职高这辈子都完了"等非理性的信念。

第四,小林正在面临自我同一性的发展危机。根据美国著名心理学家埃里克森的社会性发展阶段论,12—18岁是一个人一生中非常重要的阶段,同时也可能是人这一生中最困难的时期,此时的发展危机是自我同一性对角色混乱。此时学生开始深入探索一个非常重要的问题:我是谁?我未来要如何发展?我要如何适应社会?如果这些问题想明白了,他们的自我认同感就形成了,理解了自己是怎样的人,接受并欣赏自己,并知道自己将来要成为一个什么样的人,他们就会朝着自己的方向努力。小林同学正处于自我同一性形成阶段,中考失利导致没有进入普通高中的失落,对专业的迷茫和不了解,同学们的负面评价,这一切都让小林对自我产生了怀疑,她开始不断否定自己,对未来的发展感到迷茫和不知所措。

## 五、案例总结

通过小林的案例我深刻认识到,中职学生正处于青春期阶段,此时的他们正处在心理上脱离父母的时期,情绪也不够稳定,特别需要父母转变教育方法,用平等和尊重的方式与他们沟通。作为老师,我们一方面应多给家长普及家庭教育知识,协助父母学会正确与孩子沟通,另一方面通过自己的耐心、爱心以及专业的方法协助学生走过这一段时光,完成成长的蜕变。在日后的工作中,我计划针对家长开展解读青春期孩子心灵密码、如何与青春期孩子沟通等家庭教育讲座,针对学生面临的困惑开展系列活动,如职业生涯规划、认识自我、如何控制情绪、如何正确进行人际交往等主题活动,调动学校、家庭、社会等多方力量,助力学生全面成长。

谁的青春不迷茫,有多少人在跌跌撞撞中停滞徘徊、摸索成长。让我们一起努力,在学生迷茫困惑时伸出温暖的手,成为他们的人生导航,家校合作,一起携手同行,助力学生健康快乐成长,拥抱青春的生机与美好!

# 跨越内卷　携手前行

上海市城市科技学校　方莉

**摘　要**：在不断内卷的外部环境裹挟下，学生往往承受了巨大的学业压力，家长也非常焦虑。本案例以家庭教育指导为突破口，帮助家长缓解焦虑情绪，指导家长认清孩子的优势，提供给家长科学的教育方法，使孩子形成积极向上、乐观进取的精神状态，助力他们健康成长成才。

**关键词**：家庭教育指导　家校协同　疏解焦虑

## 一、案例概述

梅雨季的午后闷热、潮湿，学校教室的墙壁也汩汩冒汗。办公室里尖锐的电话铃声预示着这是一个不平凡的日子。"方老师，麻烦您赶紧到我们办公室来一下！我们这里有个学生的情况不太理想！"这一来自资深专业系主任的电话让我内心忐忑不安。我一路小跑过去，在办公室门外就听到啜泣的声音。进门后，看到一名中长发女生低着头，整个脸都埋在头发里。专业系主任严肃又紧张地对我说，这名女生课间来到了主任办公室，并告诉主任自己要崩溃了，随后号啕大哭。

我仔细打量这名女生，身材纤细、肤质白皙，穿着全套夏季校服，校服干干净净，运动鞋来自一个知名品牌。我轻轻地抚摸她的背，安抚她的情绪，她慢慢地抬起了头，哭得双眼又红又肿。我安安静静地陪伴着她，时不时地给她递上纸巾，大约十五分钟之后，她开口喊了我一声老师。我朝她点了点头，温和地说："发生什么事了？"她开始慢慢讲述她的故事……

她叫乐乐，父母给她取这个名字，就是希望她能开心快乐。她的父亲对她既严厉又深爱。乐乐目前是中职二年级学生，家住青浦，离学校有30公里的距离，但是父亲并没有让她住宿，而是每天开车接送她。父亲对她的日常学习特别关心，要求也特别高，如果考试成绩略有下降，就会讽刺、挖苦、嘲笑她。随着三校生高考的日子越来越近,乐乐觉得心理压力越来越大。她认为,以目前自己的水平,可以考上民办本科,然而父亲对她寄予厚望,要求她必须考上公办本科。每天在送乐乐上学的路上,父亲能叨叨一路,那一字一句就像一阵阵枪林弹雨,将乐乐打击得近乎崩溃。

得知了大概的情况,首先我安慰和肯定乐乐,能积极地寻求老师的帮助是正确的。面对压力和情绪,不能一味地独自承受,需要合理地、科学地疏解,能鼓起勇气来到主任办公室是非常了不起的。听了我这番话,乐乐安静下来。我继续问乐乐,"来自父亲的压力,你有没有告诉过他?"乐乐迟疑了一会,迅速地眨了几下眼睛,啜泣着说,"我的爸爸是一个特别强势的人,他从来不听别人的话,每次我有什么方面做得不够好或者与他争辩,他就会辱骂我、讥讽我、嘲笑我,我也没法反抗,每次只能哭。然后过了一段时间,他又会向我真诚地道歉,请我原谅他。"乐乐的眼泪止不住地流下,"爸爸是某个单位的领导,他身边朋友的孩子都特别优秀,他觉得我给他丢脸,怎么连公办本科都考不上?"

## 二、案例实施

### (一)了解情况,精准指导

针对乐乐的情况,我决定针对乐乐家长开展家庭教育指导,我诚意邀请了乐乐的父亲来学校。乐乐的父亲衣着考究,看上去精明能干,在事业上也小有成就,对自己的要求非常高,望女成凤的心态使他对女儿也高标准、严要求。我听他诉说着对女儿的期望,字里行间裹挟着浓浓的焦虑,一浪又一浪地扑面而来。"别人家孩子都在不停补课,她不补课怎么行?我朋友的孩子哪个不是985和211?各个都为家里争气,只有她,给我丢脸。不好好读书,以后连工作都找不到,怎么养活自己……"

我和气地问他,"最近有一部挺火的电视剧叫《小舍得》您看了吗?"很显然,他被我这个似乎不着边际的问题给问懵了,愣愣地说,"啊,这个啊,我知道,稍微看了点。"我接着道,"那您觉得子悠妈妈的教育方法怎么样?"乐乐爸爸顿了顿,慢悠悠地说,"方法可能不恰当,但是出发点绝对是正确的,一般的家长能花时间、花精力、花金钱来教育孩子已经是很了不得了。"我客气地说,"那我给您介绍几种教育方法试试,也许能让您的时间、精力、金钱都花得更有价值……"

我给乐乐爸爸分享了自己的观点:每个人都有自己的特长和天赋。作为父母,最重要的是帮助孩子认识自我,发展自我,成就自我。乐乐虽然在学科成绩上并不十分突出,但是她在艺术方面有一定的天赋,又特别感兴趣,也取得了一定的成绩,拥有较多考级证书。不如发挥孩子的特长,帮助孩子进行 SWOT 分析,及早进行合理的生涯规划。乐乐爸爸有些犹豫,但仍然答应,愿意回去试一试。

我也向他推荐了《原生家庭》一书,说服他研读一下,了解家庭对人格的形成有至关重要的作用。家长需要学会科学的方法,而不是一味地把自己的想法强加在孩子身上。作为父母要多关注乐乐的情绪和心理状态,而不是仅仅关心她的成绩。学习成绩只是评价标准中的一个维度,并不能单以成绩来判断孩子的"成败"。家庭氛围和谐融洽,能促进孩子身心健康发展。孩子的成长成才是多元化的,成功的途径不是唯一的,不要成为内卷的牺牲品。

### (二) 及时跟进,持续指导

过了两天,我向乐乐父亲询问乐乐的情况,同时也把我们家长学校的系列课程推荐给了乐乐父亲,通过对专业化讲座《家长如何与孩子有效沟通》《成长型思维助力幸福人生》《青春期的需求与特点》《家长如何与孩子一起成长》等的阅读和理解,乐乐父亲反思了他以前用简单粗暴的方式来教育孩子的缺陷,认识到平时要多多鼓励、肯定乐乐,不仅能使她的自尊心、荣誉感得到满足,更能让她感到愉悦和鼓舞,会对爸爸产生亲切感,相互间的亲子关系也会大大改善。

除了电话和微信,我也进行了一次家访工作,由于前期在微信和电话中的沟通较为顺畅,乐乐家长对我的认可度也比较高,因此家访工作也比较顺利。在家访中,我告诉乐乐家长:在学习上,与其嘲讽她不如鼓励她,针对乐乐在某些课程中的薄弱环节,可以给予她指导,比如帮助她整理笔记、梳理知识点、寻求名师专业解答等。在生活上,也要给予她一定的空间,对她充分信任和支持。父母应该是孩子最温暖的港湾,千万不要让自己成为孩子的"噩梦"。在我的开导下,乐乐父亲尝试着和乐乐一起制定合理的学习计划,例如用表格法,以一周为单位,制定好每一周的学习目标,围绕这个目标认真去实施,并配上完成期限和重点排序。这样一来,每一周学习的计划和增量就清清楚楚,后期也能针对薄弱环节进行缺查补漏。

### (三) 沟通交流,多面指导

除了与乐乐家长保持密切联系之外,我也定期与乐乐进行交流:首先要认清自己的优势，发挥长板效应。当代社会需要各种各样的人才，拥有自己的技能和特长是提升自己竞争力的关键一招。清晰地认识自我，进一步提升自己的长板，提升差异化竞争能力，是跨越内卷的重要一步。其次要使自己的认知合理、积极。正如伊壁鸠鲁所说，人不是被事情本身所困扰，而是被对该事情的看法所困扰。认识积极的人先改变自己。父母确实给你很大压力，但如果你能换一个角度看，父母也是你成长道路上的强大助推器。再次，改善自己的学习方法。如果目前的学习方法不能使你有进一步的提升，那么要思考一下，有没有其他更好的方法来帮助自己提升，比如用思维导图的方法代替死记硬背。同时通过设定长期和短期目标，配合自己的实际行动，逐步提升成绩。最后要常怀感恩之心。感恩父母这么关心自己，希望自己成长成才，虽然他们用的方式方法可能不正确，但是出发点是好的，要理解他们的苦心。与此同时，也可以和父母积极沟通，向他们表示自己理解他们的苦心，但也请他们在教育的过程中尊重自己。

## 三、案例成效

我持续关注乐乐及其家长，通过学校"诚心诚意"项目促使乐乐爸爸每日学习（该项目为我校家庭教育指导的特色项目，每日一篇推文和心灵寄语推送给家长，帮助提升家长的家庭教育指导能力）。在一个学期的努力下，乐乐的成绩有了一定的提高，最重要的是，她的脸上逐渐有了笑容。当然，焦虑的情绪仍然会伴随着她和父亲，但令人欣慰的是，他们似乎已经能和焦虑"和平共处"。

在这个快节奏的时代，每个人似乎每时每刻都在不停"赶路"，一天24小时，恨不得每一分每一秒都被安排得明明白白，否则就是"虚度光阴"，然而人的精力是有限的，每天的精力值用完了就需要"充电"，因此，学会保护自己的注意力和情绪资源非常重要。我们可以尝试把情绪写在本子上，写下即放下，然后把焦虑安放在本子上，集中注意力，看你的书，做你的题，与焦虑和平共处。利用最少的时间调整情绪，多做有意义的事情。知足常乐，放松心情，保持乐观的心态。乐乐现在就有一本《青春笔记》，里面安放着她的喜怒哀乐。

学会控制情绪的乐乐也正确认识到焦虑是对未来一切不确定而产生的煎熬感。在一次关于"如何面对焦虑情绪"的主题班会上，乐乐勇敢分享了自己的观点："适当的焦虑是前进的动力，而过度的焦虑会让生活变得毫无意义。人生的路，应当越走越宽阔。如果在一条路上越卷越深，请别忘了，我们最初努力的动机和目的。机会总有很多,人生的目的并不是越高、越快、越多,而是找到适合自己的位置,了解自己的真正优势,追求差异化竞争,才是对抗内卷化的最好方法。"她的这一举动也让班级同学对她刮目相看,大家都感受到了这个女孩的成长。目前乐乐是中职三年级的学生,成绩虽然不是特别出类拔萃,但是也比较稳定,重要的是她和父母一起经过慎重考虑决定报考某艺术类本科,这给了她精神上最大的鼓励和积极向上的内生动力,衷心祝福乐乐能如愿进入心仪的高校。

2021年10月23日,十三届全国人大常委会第三十一次会议通过的《中华人民共和国家庭教育促进法》在总则第四条中明确指出:"未成年人的父母或者其他监护人负责实施家庭教育。国家和社会为家庭教育提供指导、支持和服务。"这一法条规定明确了家庭教育促进法的立法宗旨是为父母承担家庭教育主体责任赋能。作为教师、作为德育工作者,需要为家长提供专业的指导建议、专业的家庭教育方法,帮助父母成为自觉的、有实践智慧的教育者,家校携手,共育人才!

# 上善若水　润物无声

上海市城市科技学校智能工程系　段亮晶

**摘　要**：父母是孩子的第一任老师，家是孩子品性得到熏陶渐染的第一个环境，在一个人的成长中，家庭教育起着举足轻重的作用。如何创造良好的家庭环境，助力孩子健康成长，学校和教师有责任指导家长科学教育孩子，形成良好的家风，家校协同共育孩子成长成才。我在担任班主任时期，积极开展家庭教育指导，引导家长改变家庭教育方法，以亲情架起父子沟通的桥梁，家校合力帮助孩子走向成熟。

**关键词**：家庭教育指导　亲情润物　家校协同

习近平总书记说："家庭是社会的基本细胞，是人生的第一所学校。不论时代发生多大的变化，不论生活格局发生多大变化，我们都要重视家庭建设，注重家庭，注重家教、注重家风。"孩子是父母的希望、家庭的未来，我们教室里的每一个学生，都是他们各自家庭的整个世界。如何把话说到孩子心里去，怎样帮助孩子们在未来遇到更好的自己，是我们老师和家长都非常关注的问题。父母是孩子的第一任老师，是孩子降生到这个世界后最先看到的人，也是最关注孩子成长的亲人。家，是一处避风的港湾，是孩子品性得到熏陶渐染的第一个环境，也是最能无声润物影响到孩子成长的环境。在一个人的成长中，家庭教育起着举足轻重的作用。

## 一、问题由来

小沈是我班级一名英俊帅气的男生，顶着一头有些许黄、些许卷的头发，几乎没有梳理整齐的时候；经常不穿校服，理由是校服"材质不好，让人不舒服"；和人说话时，神情里带着几分漫不经心和几分看透人情的讥诮；打开他的初中档案,档案里的证件照眼神里满是叛逆和桀骜不驯。军训第三天,他故意在教室大声呼痛,假称崴脚,老师赶紧联系家长,他爸爸听了后,沉吟了一会儿说:"老师,没有的事,早上出门的时候好好的,你帮我转告他,我可以如他所愿,打断他的腿。"我惊讶不已,既惊讶于学生对我表演式的欺骗,也惊讶于孩子父亲说"打断腿"的言辞。其后又有一天,小沈低烧,学校医务室开具一张体温37.8℃的回执单给他,并嘱咐他尽快去医院看一下。我打电话联系家长带孩子去看病,他爸爸称这皮孩子根本不用管,随他烧去,都是自己作出来的。作为老师,我很心疼孩子,一直跟进照顾他,直至完全退烧才放心。没想到,一周后,小沈在体育课上把医务室的体温测量回执单拿出来给体育老师,试图以此逃避跑步。体育老师看到单子上写着一周前的日期,让他来找我。我听说事情原委后,又气又恼,感觉对他的关怀和爱护都白费了,这孩子的聪明完全不用在正道上,一天天地忽悠老师倒是很来劲。

## 二、问题分析

为了更好帮助小沈,我一次次与他谈话,对他的家庭情况越来越了解。原来小沈六年级时母亲去世了,之前缠绵病榻多时,而父亲既要工作赚钱,又要照顾妻子,时间久了,夫妻偶有争吵。当时在上学的小沈并不能理解父亲的为难,加上其后母亲辞世,生前种种都成了无法挽回和弥补的遗憾。母亲离世后,父亲想再婚,正值青春期的小沈从情感上没办法接受,在准继母进入家庭后,没有给予足够的支持和配合,后来婚事未成,此事成了父子两人心中都不能释怀的结。小沈的种种异常举动,都来源于缺爱。从客观上来讲,希望得到关注是单亲家庭子女的特征之一。一方面从家庭的角度来讲,由于孩子失去了对自己无微不至关怀的母亲,父亲又工作忙碌、疏于关心,孩子在情感上空落无着,所以,孩子特别希望得到他人关注。为了引起老师的特别关心,他才一再强调自己身体不适;为了引起同学关注,他才故意在人多的时候大声说话。另一方面这种"哗众取宠"也来自青春期本身,十五六岁的孩子本来就处于表现欲特别强的时期,如果缺少有效引导,他们说话做事就会不考虑方式,不注意场合,行事不计后果,随意性大。试图以特立独行的言行举止让老师和同学感觉到他的存在,关注他,这是被家长忽略的一种缺乏安全感的表现。

## 三、问题解决

**（一）坦诚相见，解开心结**

鉴于小沈的现状，结合他的家庭环境和成长经历，我在解决问题时，先主动和小沈爸爸取得联系。家庭是孩子成长的第一个环境，家人之间亲密关系的处理是孩子接触到的第一重人际关系。多萝西·诺尔特的研究著作《学习的革命》中写道："如果一个孩子生活在批评中，他就学会了谴责；如果一个孩子生活在恐惧之中，他就学会了忧虑……"被温柔相待过的人才能感受到温柔的力量，被爱滋养的人才能把爱传播下去。小沈的父亲是一个典型"刀子嘴豆腐心"的人，他内心其实非常爱妻子和孩子，日夜辛勤工作，只是想让妻子得到更好的治疗；每次争吵，也是希望妻子多养身体，少为杂事烦心，但没有理解妻子自知时日无多，想安顿好每一件事的心情；对小沈，他也是充满了父爱的，只是孩子越来越大，生活里需要他照顾的地方越来越少，加之从事长途大巴车营运，早出晚归，父子两人日常交集较少，父子之间才会越行越远，甚至生疏。

其后，我又和小沈推心置腹谈心，转达了小沈父亲的心意，并引导小沈理解父亲的艰难与不易。小沈坦诚地说："老师，其实我不反对爸爸再婚，就是当时不懂事，接受不了。以后我会成家，他总不能一个人过一辈子。"

当彼此的心意被对方知悉后，父子之间针锋相对的状态自然而然就化解了。父亲在儿子心中有了猛虎嗅蔷薇的铁汉柔情，儿子在父亲心中有了成熟懂事的男子担当，父子两人都朝着对方跨进了一大步。

**（二）智慧沟通，助力成长**

小沈父亲本来是个有点传统的家长，他知道孩子必须要管教，但苦于不能有效进行亲子沟通。在家中，经常会不知不觉对孩子用命令式的语气讲话。如"你是怎么回事，你怎么可以用这种语气和我说话，我是你老子！"等，这些话本意都是为了教育孩子，但因为表达方式过于生硬，容易激发孩子的逆反心理，导致小沈有时故意和父亲对着干。所以，我和小沈爸爸说，在亲子沟通中，家长非常有必要放下高高在上的姿态，学会平等地与孩子交流。寒风呼啸只会让孩子的心灵外套越裹越紧，和煦暖阳才能让孩子逐渐卸下防御。为此，我特意引导小沈父亲去小沈兼职的地方看看，看一下在家庭范围之外，孩子是如何坚强又富有生命力地生活的。当父亲看到小沈晚上十点还在后厨帮忙打扫,听到小沈很尊敬地请教主厨时,这个平时生硬强势的男人也忍不住背过去偷偷拭去眼角的泪水。

在家庭里学会倾听和沟通是助力孩子成长成本最低但效果最好的一种方式,到底该如何沟通呢?家长和孩子在我的强烈推荐下都看了《非暴力沟通》一书,好好说话是我们智慧去爱的第一步。小沈父亲看了这本书后,尝试着在生活中改变说话方式,虽然这种改变对他而言是别扭的。他有意识改掉了那种攻击性很强的话,开始从正面多给孩子肯定。小沈业余学着炒股,父亲从原来的骂、嘲讽,到现在假装漫不经心其实急切万分地问:"最近股市行情怎么样?"也会直陈心声,"只要不影响学习,你愿意试水一个新事物,爸爸都是支持你的。能挣钱当然好,亏钱也没关系,就当交学费。"小沈听了,心里暖融融的。

### (三) 宽容忍让,相互促进

两代人生活在一起,有观念不一致的地方是很正常的。家长身上有一个时代的印记,孩子成长经历的是另一个新时代,两代人要冷静地看到这些不同。另外,孩子受阅历和视野的限制,难免有犯错的时候。这时候,老师和家长一定要压住心中的怒火,不能被愤怒的情绪所支配,需要对孩子多一分宽容和忍让,合理引导孩子认识错误,走向成熟。

孩子也要正视父母的成长环境,发生观念的冲突和矛盾,对父母的言行也要多一分理解和忍让。人无完人,无论父母还是孩子,都是凡夫俗子,不可能每一件事情、每一句话都做到无可指摘。接受"不完美的父母""不完美的孩子"是我们人生的必修课,海纳百川,有容乃大,参差多态才是美的本源。对于实在达不成一致的争议,父子两人可以暂时搁置争议,暂时冷处理,时过境迁后,可能会发现之前的争议根本不值得争吵,很多事情,时间自然会给出公正的答案。

## 四、教育效果:家庭和睦,收获真心

在日常生活中,我对小沈更加关心了。当他头发凌乱时,我不会直接批评他,而是悄悄地把我的梳子放在他桌上,叩击几下桌面以作提醒;当他没有穿校服时,我帮他从住宿的同学那里借一件校服过来;当他没有带胸卡时,我把他带到食堂刷我的饭卡吃饭。

一段时间过后,我发现小沈的变化特别大。在课堂上,他不再大声吵闹了,总是温和地回答老师的问题,亮亮的眼神随时关注着老师的进度;课下,他会偶尔走进我办公室,笑嘻嘻地问:"段老师,你有没有什么吃的?"我会特意买一点小零食放办公桌上,等着他,有时候,他也会带一些小零食放在我办公桌上,说和我分享。放学后,他去松江竹筷子餐厅打工,因勤劳肯干,悟性又好,得到主厨的欣赏,偶尔会传授一招半式给他,他学了后在家练习,嘴上说着请爸爸品鉴他的手艺,其实温和的神情早已把他对父亲的爱显露。偶尔,他会问起我一些老歌,如任贤齐、朴树、周杰伦等为人熟知的成名曲,我想,这些应该是他爸爸车上的音乐吧。他和班级同学的关系也越来越好,有同学在他的经验传授帮助下,找到了假期的兼职;数学小测试之前,我看到他和几位同学脑袋聚在一起,不是玩游戏,而是在攻克数学难题,我赶紧把这幅场景拍了下来,发给家长。还有什么能比孩子醉心学习更让父母觉得欣慰的事情吗?

"上善若水。水善,利万物而不争,处众人之所恶,故几于道。""不是锤的打击,而是水的载歌载舞,使鹅卵石臻于完美。"中国的老子和印度的泰戈尔对水的描述大概就是我们教育的真谛。

家校教育的征途,有两条路可走:"一条路像水一样温润甜美,轻松愉悦。路的尽头是必然的成功。一条路像捶一样生冷冰凉,忿恨敌视。路的尽头是偶然的成功。"好的教育是持之以恒的艺术,不是一蹴而就,来不得任何急躁、暴躁、心躁。所以我们必须要有耐心、恒心,在如水柔情里载歌载舞,让孩子逐渐拥抱更好的自己!

# 家校合力　共促成长

上海鸿文国际职业高级中学　王彩红

**摘　要**：家校共育是学生教育工作的一个重要组成部分。学校教育不能代替家庭教育，家庭教育的缺失也将导致学校教育不能正常开展。家庭教育和学校教育需要紧密合作，相互协调，真正发挥在教育中各自的作用，才能培养出健康成长、具有良好职业素养的技能人才。本文通过个案分析展示了家校合作对学生成长带来的成效。

**关键词**：家庭教育指导　家校共育　健康成长

随着社会的进步和发展，越来越多的学校意识到家校合作也是学生教育工作的一个重要组成部分。如今的教育实践表明，家庭、学校和社会在对学生的教育过程中意义非凡，缺一不可。教育家苏霍姆林斯基就家校合作问题提出过这样的看法："学生的教育需要学校教育和家庭教育共同努力，学校教育不能代替家庭教育，家庭教育的缺失也将导致学校教育不能正常开展，只有学校教育没有家庭教育，学校也不能培养出健康和完整的人才。"家庭教育和学校教育需要相互补充，取长补短，真正的发挥其在教育中的重要意义。本文通过个案分析发现家校合作对学生和教学带来的效果。

## 一、案例家庭背景

小魏，男，出生于上海，他有一个双胞胎哥哥，在本校的其他班级。八年前，他的父亲由于组织房产诈骗进了监狱。他的母亲曾吸食毒品，后来在国家的帮助下，成功戒毒。小魏的母亲患有夜盲症并伴有哮喘，健康状况不容乐观，不能出去工作，只能在家照顾兄弟两人。家中有爷爷奶奶，他们是罗店本地的农民，还有一个精神不太正常的姑姑，生活主要是靠亲戚和上海低保救助。小张与母亲关系不好，经常与母亲吵架。小时候，他的母亲经常以打骂的方式教育孩子，现在孩子长大了，母亲也无能为力。小魏的母亲为此很是苦恼，不知道该如何管教孩子，经常以泪洗面。

## 二、案例描述

小魏高高瘦瘦,看起来文质彬彬。刚开始,我认为他是一个品学兼优的学生,实际上他在班级成绩倒数,并且作业经常不交。他隔三岔五就会找各种理由请假。由于基础不好,他上课只是呆呆傻傻地坐着,虽然人在教室,可思绪早已飞出千里之外。小魏的注意力经常不能集中,每次刚写一行字,就要想着跟别人说两句话,通过与家长沟通了解到小魏患有多动症。入校仅仅半年,小魏就成了学校头疼的"问题少年"。

我第一次在他们班上课的时候,本想随机提问一个同学回答问题,不料同学们就开始起哄,一致推荐小魏回答问题。我本以为他是班级推荐的优秀代表,可是结果却令人诧异,他甚至连拼音都不熟悉。其他同学在做课堂练习的时候,小魏就在座位上坐着,等着抄同学的作业。

我在家访过程中,小魏母亲不断哭诉,不知道怎么教育两个孩子。她觉得现在孩子还没有成年,让他们出去打工也不放心,她更害怕孩子出去以后,沾染不良习惯如抽烟和吸毒等。同时,小魏母亲还讲述孩子经常夜不归宿,出入网吧频繁,庆幸的是她目前没有发现孩子有吸毒的现象。据小魏母亲讲述,小魏放学回到家后就一直拿着手机,沉迷于网络游戏不能自拔,母亲有时候喊吃饭也不吃,更别提做家务了,有时候甚至无缘无故发脾气。

## 三、案例分析

经过研究与分析,我们发现小魏的行为表现与他的家庭有很大关系。第一,在孩子成长的关键时期缺失父爱,导致孩子性格上有缺陷。第二,小魏的母亲曾有不良嗜好,并且文化水平较低,不能对孩子进行正确的引导。第三,小魏母亲从小对孩子的教育的方法不合理,单纯靠打骂来管教孩子,导致他们长大后,有严重的逆反心理。第四,家庭没有稳定的收入来源,导致孩子内心极度自卑,不愿与人接触,感觉别人做的任何事情都是出于对他的同情,因此,他不愿意与其他人接触,并且自暴自弃。

## 四、案例指导

由于小魏的行为表现与家庭教育存在很大的关系,因此,学校决定以小魏的母亲为切入点,对其进行教育指导,坚持以家庭教育为主,同时,学校也采取相应措施,帮助班主任和任课老师对小魏进行特殊教育,实现学生行为上的转变。我们希望能够从家庭和学校两方面出发,帮助小魏养成良好习惯,健康成长。

### (一) 家庭教育

#### 1. 利用互联网+手段加深与家长的沟通,鼓励家长

通过微信或者QQ加强与孩子家长的联系,经常与家长交流教育孩子的方法,鼓励小魏的母亲。虽然父爱的缺失对孩子造成的影响是不可避免的,但是这时候,作为孩子的母亲需要给予孩子更多的关心与爱护,不能一味地责骂孩子,我鼓励小魏的母亲从现在开始改变教育方式,用爱去感化孩子,逐渐纠正孩子的不良习惯,让她相信教育方式的改变能够帮助孩子更好地成长。

#### 2. 以身作则,不断提升自我

家长是孩子最好的老师,家长的习惯在很大程度上影响着孩子的言谈举止。作为家长,应该不断地提升自我,终身学习,不断进步,为孩子树立良好的榜样。家长只有言传身教,不断提高自身的素质,才能给孩子创造一个良好的家庭氛围。小魏的母亲自身有戒毒的经历,是一个具有坚强意志力的人。我们鼓励她先定下一个短期的目标并努力去实现,在家庭中为孩子树立一个好榜样。

#### 3. 配合学校工作,做好学校教育的辅助者

家长要理解学校,支持学校并配合学校的工作。学校是主要的教育者,但是家长不能认为学生就交给学校,一直不闻不问。学校主要帮助学生学习文化知识,储备社会经验,但是在性格和品德培养方面,学校教育不能代替家庭教育,家长要重视孩子性格的培养,培养孩子的意志力,帮助孩子以后更好地适应社会。同时孩子能够完成学校的要求,也需要家长的配合。家长需要多跟学校和班主任沟通了解学生的在校情况,并且在家中监督和提醒学生完成学校布置的任务,同时多跟班主任沟通学生在家里的情况,让学校更加全面地了解学生的优点和缺点,以便在学校对孩子进行有针对性的教育。

### (二) 学校教育

#### 1. 特别关注,培养良好习惯

小魏在学校看似厚脸皮,实际上也想得到老师和同学的关注,因此,我们也与各科任课老师沟通,关注孩子的课堂表现和课后作业情况。班主任每周也会

询问小魏的上课情况，及时帮助小魏解决课堂上遇到的问题。虽然小魏成绩不是特别理想，但是，他在学校对老师是比较尊重的，而且责任心也比较强，因此，班主任尝试让他担任小组长，如果他做得好，再安排其做课代表甚至班委。

2. 发挥特长，展示自我

鼓励小魏积极参加学校的各种活动。班主任发现小魏热爱篮球，当有类似的体育项目时，便积极鼓励他参加比赛。在比赛中小魏展示了自我，也培养了他的集体荣誉感。同时让班上同学发现小魏的优点，安排优秀的同学帮助小魏解决学习上的问题，让班级同学不再嘲笑和歧视他。

3. 运用现代科学手段，培养学生良好习惯

随着互联网的发展，手机越来越普及，并且用途也越来越广泛。计划把互联网手段融合到家校合作中去，比如运用 APP 时间管理法——番茄工作法，帮助小魏集中注意力，规划好他的课后时间，提高学习效率。目的是帮助小魏培养良好的生活和学习习惯，从而能够更好地融入社会。

## 五、案例成果

1. 学生重拾自信，融入集体

经过班主任和任课老师的不断的努力，小魏的学习成绩有了很大的进步，而且还担任了班级的干部。由于在学校组织的篮球赛中表现突出，还被选入校篮球队，同学们不再像以前一样嘲笑他，不再认为他一无所知，在班级里他也露出了自信的笑容。

2. 以身作则，成为优秀辅导学长

经过一年的努力，小魏在各方面表现优秀，还被选入了我们学校的体卫组中工作。在新生的军训中，担任辅导学长。他以身作则，鼓励学弟学妹们要对自己严格要求，并且将自己改变的经历讲述给学弟学妹们。他鼓励学弟学妹们不要放弃自己，不断努力，只要想改变，任何时候都不晚。

3. 按时回家，尊敬爱护家人

家长改变了以前与孩子的相处方式，不再无理由地责备孩子，而是跟孩子经常沟通，并且经常通过微信等现代手段和老师沟通孩子在家里和学校的情况。小魏现在没有出现无故不回家的状况，也不再沉迷于网络游戏，逐渐养成了良好的学习和生活习惯，在家里经常帮助母亲做家务，也知道关心家里长辈。

## 六、反思与优化

### 1. 建立完善家校合作机制

学校虽然每月都有家访,但是班主任的精力有限,不一定能够顾及所有的学生。而且现在生活节奏很快,家长工作压力也很大,他们并没有那么多时间去关注孩子并且和老师进行沟通。因此,建议学校拓宽家校合作途径,比如每月设置一定数量的实地家访,另一部分进行线上沟通或者通过腾讯会议开展家长会的方式与家长进行沟通,传达学校的工作理念,让家长理解并且支持学校工作。

### 2. 开展家长学校,提高家长的整体素质

通过了解学生的家庭情况,我们发现很大一部分问题学生的家长都很忙,并且有很多家长从事的都是社会底层的工作,有的甚至上夜班。他们没有时间与孩子进行良好的沟通,导致孩子在性格上发展不是特别健康,学习成绩也不理想。这部分家长由于本身知识能力有限,不能够给孩子做好榜样,对孩子在性格发展和为人处世上有着较大的负面影响。因此,建议开展线上的家长学校,定期对家长培训,让家长利用空闲时间学习教育学和心理学方面的知识,提高家长的整体素质,后期可以更好地配合学校,共同教育学生。

### 3. 保证家校合作的主体地位

家校合作并不是班主任一个人可以完成的任务。班主任事务繁杂,可能没那么多时间顾及每个学生,建议学校综合考虑班主任的工作量、任务安排以及班主任的精力,不要让班主任一个人承担起家校合作的重任。建议学校鼓励各科任课老师共同担起家访的责任,全员育人,让每个教师感受到家校合作是他们的一个本职。在学校推广先进人物,号召教师学习,宣传家校合作对班级和教学带来的改观,保证家校合作的主体地位。

### 4. 提高教师与家长的合作艺术

教师在与不同层次家长沟通过程中,应该注意沟通艺术。学校可以为教师提供相关课程,如与家长的沟通技巧以及班主任工作经验等,创造良好的家校合作氛围。教师不仅要不断提升专业知识,并且还要不断拓宽知识层面,以提升教师的整体综合素质,帮助教师用合适的方式与家长进行沟通交流,以保证家校合作工作的顺利开展。其次,教师要本着平等的态度与家长沟通和交流,尊敬和理解家长,多讲述学生的优点,肯定学生的进步,再逐步提出家长在教育过程中存在的问题,与家长双向沟通,互相促进。

# 家校联动共建　齐奏育人乐章

沪东中华造船集团高级技工学校　龙婉婷

**摘　要**：家庭教育是教育的起点与根基，学校是家、校、社"三位一体"教育体系中的主阵地，作为老师，我常思考如何让学校教育和家庭教育形成合力，为每一位同学的全面发展助力。着眼于我校学生的实际情况，我做了一些探索，以阅读和征文演讲为突破口，借助文学社团的平台，启发学生阅读，动员家长参与，借助家庭力量，挖掘红色故事、传承红色基因，家校联动共建，齐奏育人乐章。

**关键词**：家校共建　阅读引领　文化育人

## 书香满溢共建家校桥梁

阿根廷盲人作家博尔赫斯曾说："上天给了我浩瀚的书海和一双看不见的眼睛，即便如此，我依然暗暗设想，天堂应该是图书馆的模样。"这句话给了我极大的鼓舞和震撼。多少人拥有着健康明亮的眼睛，却常常屏蔽了书籍，疏远了阅读。我校每年开学第一天就会布置"阅读成长交流活动"，组织全体同学去图书馆借书，每人最多借三本，至少借一本，学期末时每班举行读书交流会，让同学们把所借书的主要内容和阅读后的心得感受与全班同学分享，并且谈一谈下学期的阅读计划。作为一名语文老师，我该如何引导同学们去开心快乐地阅读呢？面对复杂的学生群体，有时真的需要动一番脑筋。

开学第一堂语文课，我走进了结队扶贫的滇西云南班，这些孩子有的质朴但极度自卑，有的文化水平较低，有的在行为规范上存在缺陷。他们几乎没有什么阅读量，当我说到下周学校组织大家去图书馆借书时，同学们有些自嘲地摇摇头，有些低头不语，有些起哄大叫"哇，是嘛"。

我想这种种表现或许都源于内心的不自信，他们从未想过自己真能像模像样地去阅读一本书,总以为那是文化人干的事,有些同学甚至觉得老师是在嫌弃他们云南人没有文化。但深入了解之后才发现他们对阅读的不屑和轻视源自家庭教育中亲子阅读的缺失,大多数人的父母文化水平为小学,甚至有不少父母目不识丁,家里连一本纸质书也没有,从小到大家庭在购买书籍上的开支几乎为零,所以阅读对他们而言是从来没有过的。对此,首先,我分享了自己的求学路,告诉他们老师是中考落榜生,家庭条件一般,读书时靠着学校免学费、补贴生活费才完成高中学业走向高等学府。这样稍稍拉近了与他们之间的距离,然后把我校张冬伟、张翼飞等大国工匠、上海工匠的成才之路告诉他们,原生家庭的好与坏并不是成败的唯一决定因素,关键在于个人后天的努力,只要肯努力,工人也能成为大国工匠,而阅读正是汲取前人智慧的捷径,是走向成功的阶梯。课后我与部分云南学生家长进行了电话沟通,多数家长的反应让我震惊:首先他们大多比较自卑,对阅读的意义毫不知情;其次对阅读甚至对教育抱着无所谓的态度;再次他们也渴望自己的孩子走出大山,做有知识、有文化的人,但都觉得那是在做梦。此外,当我说到建议假期里父母与孩子共同阅读时,很多家长都笑了,说被邻居知道了要笑话他们附庸风雅,装模作样。

之后很长一段时间我坚持在阅读课上、在文学社团中启迪他们,和他们共同欣赏一篇篇诗歌、散文、短篇小说、人物专访……一学期下来,从起先我的一言堂到有同学愿意举手发言,再到后来有同学反驳我的观点提出自己的看法,这种变化令我甚感欣慰。与此同时,我们建立了一个家长阅读群,将部分有智能手机或者有微信的滇西学生家长拉进了群里,经常在群里分享我们文学社课上的一些教学片段,每次课后我会写一些课堂反馈和小结发到群里,针对部分学生存在的阅读难题寻求家长的帮助,并将我们近期学习的读本告诉家长,让家长有时间到网上了解读本大致内容,或下载有声读物听书熟悉内容。同时我鼓励学生定期和父母交流读本内容,当孩子们发现家长竟然也知道读本内容,他们感到十分激动,不少同学会在社团课上向我反馈家长的进步情况,孩子们和家长之间仿佛也有了一种默默的共鸣。

寒假前我校组织班主任老师送滇西学生返乡,有位老师带回一本书,说是同学家长送给学校的礼物。翻开后,我不禁热泪盈眶,卷边、泛黄、陈旧不堪,朱红色的封面上勉强能识别"毛泽东选集"几个字,首页是用圆珠笔写得歪歪扭扭的名字。这本书是家长捐赠给学校图书馆的,这是他们家唯一的一本课外读物。

原来,在校学习的这段日子,孩子们经常会像讲故事一样将自己读到的故事告诉家长,还会谈论起哪部电视剧是某某作家的同名小说改编的,小说中的故事结局和电视剧有哪些不同等。当父母把这些和同村的父老乡亲们说起时,非但没有被嘲笑,反而得到了夸奖和羡慕,所以家长觉得阅读是有用的、受益的。因此,他要把家里唯一的一本课外读物捐赠给学校,为学校图书馆添砖加瓦,并表示以后若是有闲钱会买些书和孩子一起阅读。

滇西学生、家长对阅读态度的转变使我认识到,通过阅读提高文化素养是打开孩子们心灵之窗的钥匙,每一位孩子都是可塑之才,问题学生傲慢、冷漠的根源或许是家庭教育的缺失、家长关怀的缺失,当家长参与了阅读讨论,给予同学们正向反馈,同学们在感受到了来自家庭的支持后,才有了更多向好转变的动力。

## 故事飘香共承红色基因

借庆祝建党百年的机会,在学生科的组织下,我开展了"传承家庭红色基因,筑牢家庭时代记忆"的征文演讲活动,不少家庭感人的故事纷纷被发掘。其中,机电贯通191班的小崔同学讲述的《爷爷与大军的故事》最让我感动,朴实的文字与话语让蒙尘的英雄故事再现,也让家庭的红色基因得以传承与发扬。我与小崔同学商量,让他在早操后为全校同学讲述这个故事,让红色基因在校园的各个角落流淌,在所有同学心中扎根,进行一次生动的爱国爱党教育。

小崔认真采访了爷爷后得知,爷爷是1947年入的党,作为军人的他经历过解放战争,见证过新中国成立,参与过三线建设,直面过改革开放。他坚守电力岗位几十年,在他的影响下,小崔爸爸也成为一名电力人,爷爷曾在步入手术室前将爸爸赶回一线抢修,因为在他心中人民永远是第一位的。

然而,岁月的洗礼彻底而残酷,英雄的暮年失落而孤独。小崔说:"我曾一度怀疑爷爷失忆了,因为他总爱讲重复的事,讲得最多的就是1950年江川匪首金绍云叛变杀害大军(解放军)的事:'你不知道,他们多残忍,前一秒还活蹦乱跳的,下一秒就……那血都流到……'爷爷讲不下去了,每次停顿和哽咽的地方都一模一样,我已经会背了,因为听了无数遍,所以我总是无情地打断他,然后开溜。一天,爷爷又要给我讲大军的故事。'爷爷,我做完作业再听您讲啊,您等等哈。'说完我就钻进房间打游戏了,过了不知多久,我以为他老人家早就休息去了,可爷爷竟还在等我,突然,我无比心疼和内疚,他也曾是大家的英雄啊。于是,我随爷爷动情哽咽,满怀着对英雄的尊重与敬仰听完了这个故事。"

1950年江川和平解放,解放军征粮队进住江川台桥镇(现前卫镇),"大军"是一名共产党员,天天教爷爷唱歌、认字,给他讲故事,在爷爷幼小的心中党和"大军"就是他的亲人。往事一遍遍敲打着沉睡的记忆,每一次都撕心裂肺。或许正因为如此，爷爷总是不厌其烦地教育小崔珍惜现在的幸福生活，也总是一遍遍督促小崔爸爸带他参观各地的烈士博物馆。此刻，我们读懂了爷爷的重复与唠叨，那是感恩，是怀念，是拥护。

如今，小崔代替爷爷讲着大军的故事，一字一句都有爷爷的味道，烙上了党员的印记，一言一行都以爷爷为榜样。在专业学习的路上，小崔会因为一根接错的电线拆掉整个线路，会丢掉画错一笔的图纸从头再来，会清空整页代码力求更完美的编程，因为他始终记得爷爷说过，没有一个工匠是将就来的。做好中职学生，学好船舶技术，传承工匠精神，争做船舶行业优秀接班人是他从爷爷那里临摹而来继续书写大军故事的坚实笔体。

小崔讲述的故事得到了较好的回响，小崔爸爸还打电话给我补充了不少关于大军故事的细节。之后更多的家庭红色故事被同学们挖掘出来了，原来不少家庭都有事迹、有故事，原来他们就在我们身边。全校一时间掀起了讲红色故事的热潮，大家都想把自己身边的、家庭里的动人故事分享给更多的人，因为在他们心中已经形成了热爱、尊崇英雄的意识。此后，我们还收到了好几个家长的电话，说孩子们回家问了自己爷爷奶奶、太爷爷太奶奶的身世，挖掘家庭的红色血脉，他们感谢学校的活动。我建议家长及时给予孩子指导，让孩子从故事里提取重点词和精神内涵，然后围绕重点核心词开一次家庭会议，再写一篇关于家庭红色基因的文章，让更多的同学受益。我想这样的教育形式远比老师的灌输强得多，当孩子们将家与校分享在朋友圈里，他才能真正认可学校教育，感恩家庭教育，家校共建真正结出了丰硕的成果。

通过阅读，我们打开了滇西学子与家长封闭的内心，构筑了学校与家庭沟通的桥梁，让家校在阅读维度里立体互动，浸润了彼此的心灵。通过红色故事的分享，我们培养了孩子们英雄主义的情怀，爱党爱国的精神，传承了红色基因，筑牢了时代记忆，形成了良好的家校共建氛围。学校教育不应与家庭教育割裂开来，而应相互配合，相互影响，只有这样才能合奏出美妙的乐章。

# 家校协同助力　　学生蝶变成长

沪东中华造船集团高级技工学校　舒晓海

**摘　要**：在教育的三大类型家庭教育、学校教育、社会教育中，中职校学生受影响更深的还属家庭教育和学校教育。这两者相互协作，融合互补，对中职校学生的身心健康发展起到了至关重要的作用。家校合作是育人的有效途径，更是学生今后成长进步的坚实基石。

**关键词**：中职学生　家校合力　真诚沟通

## 一、案例背景

我班学生的家庭教育境况：多数学生的监护人的学历为中等教育及以下的水平，家庭经济情况欠佳。有些家长对孩子的教育力不从心，有些家长对孩子的教育漠不关心甚至是弃而不管。部分学生坦言自己家庭并不和睦，还有一些学生在谈及家庭情况时选择沉默不言……这些情况恰恰反映了因在家庭教育方面的缺失使得相当一部分学生在成长的过程中迷茫、叛逆。这正需要班主任和家长及时且密切地联系沟通，引导家长进行合理、有效的家庭教育。

## 二、案例概述

去年我校一名班主任离职，学校选择让我接替该班的班主任一职，在梳理班级学生信息时，我发现有一名中高贯通班被甄别下来的学生石某。拿到学生信息表时，我依稀记起了那个敢于站在讲台前对班级同学讲解讨论课程内容的阳光少年。所以接班后的第一天，我就特别留意了他，发现石同学变得不像以前那么活泼开朗了，甚至有些颓废，一直独来独往，闲暇时间就靠手机游戏消磨时光。

我向班级其他同学了解石某平时的表现，得知石同学被贯通班甄别后基本不再和班级同学主动沟通,与任课老师也没有交流。经过多方了解和询问,我还是选择及时电话与家长沟通,其父母照顾石同学比较少,平时和爷爷奶奶同住,主要是由爷爷奶奶带大,缺少父母的关心,每每接到老师的电话,石同学的父母都是以批评为主,很少鼓励、表扬他。中考时在父母的强压之下考取了石同学并不想学习的专业,但强压之下必有反弹,这让石同学因对专业没有兴趣、不重视而最终导致被甄别到普通班级。其父母得知此事之后一再谩骂,导致了石同学心态的失衡,产生了强烈的自责与愧疚感,让这位曾经的阳光少年逐渐变得迷茫、自卑、自暴自弃。

## 三、案例实施

家校联系是学校教育工作的重要组成部分。作为班主任,在许多方面要和家长沟通,共同商讨学生的教育问题。只有与家长沟通好了,使家长从内心理解支持老师的工作,才能促进家庭与学校的教育形成合力。反之,会给学生的教育带来更加负面的影响。同时,在与家长交流的过程中一定要注意方式方法,形成家教协同育人的良好氛围。

### (一)尊重家长,创造和谐的沟通环境

尽管我班学生家长学历不高,在孩子的教育方面方法欠佳。但在与家长进行沟通交流时,不管是什么原因,或是有什么委屈,我都会保持尊重家长的态度,让家长能感受到教师的真诚、热情和耐心,创造和谐的沟通氛围,彼此能进行有效的交流。在接待家长或家访时注意礼貌待人,在家长到校参观交流时,我会耐心回答家长的所有问题,细致介绍学生在学校的综合表现,也会和家长沟通孩子平时生活中的一些细节。当面对犯错学生的家长时,我会冷静地向家长讲述清楚具体情况,控制好学生和家长的情绪。

面对石同学的情况,我选择前往其家庭进行家访,与其父母进行面对面的交流,就石同学的学习和生活状态进行双向引导:一方面在家时希望父母多关注、多鼓励孩子,另一方面在理解家长的同时,我也指出他们教育方法的欠缺,帮助家长认识到自己的不足,并且通过微信把科学的家庭教育方法分享给家长,纠正日常教育中的一些误区和错误。在商讨解决问题的同时,我会注意保护学生的自尊心,争取将问题以合适的方式解决,增强学生和家长对学校的信任和肯定。

## (二) 换位思考，建立互信，夯实沟通基础

信任是合作育人的基础，同样也是台阶。老师要善于换位思考，理解家长"望子成龙""望女成凤"的愿望，就像老师"望生成才"的期望是一样的；理解家长生活环境、文化素质、对教育的理解与教师存在差异。有些家长把孩子送入学校，自己当甩手掌柜，其中一方面的原因就是家长信任学校，认为学校是育人之地。因此学校的教育才显得尤为重要。

在一些家长的心里，总希望自己的孩子是最棒的。即使孩子犯了错，也会认为自己的孩子只是一时的糊涂，犯错是可以原谅的，没有给予及时的批评。因此，我会在和家长沟通时，先站在家长的角度去考虑问题，理解家长的心情，让家长感受到我对其子女真切的关怀之情，家长也就更容易从心里接受教师的意见和建议，从而能够积极地配合我的工作。就如石同学因受到打击后一度放弃自己，经常不完成作业，成绩也极不理想。在一段时间内，我多次找他沟通谈心，告诉他前往目的地的道路有很多，只要自己能够奋起直追，一样能够到达理想的目的地。虽然交谈多次，但收效甚微，感觉他就像泄了气的气球，绵软无力，打不起精神。后来我采取新的方式，在班级里动员成绩较好的同学主动与石同学多交流，做好朋友，帮助他融入班级，适应新的学习内容，改变学习态度，制定可行的学习计划，逐渐提高学习成绩等。经过一段时间的工作，石同学渐渐从原来的阴霾中走了出来，爱上了本专业的学习，成绩也稳步提升，增强了自信心。

## (三) 注重差别，因人而异，讲究沟通灵活性

对于不同家庭的教育模式和不同个性的学生与家长，在与他们沟通时，我会抓住各个家庭特点以及家长处理问题的差异，采用不同的方法和策略。如对于那些对孩子失去信心而放任不管的家长，及时将学生的点滴进步反映给家长，激发他们对孩子的信心；对因离异而忽视孩子的家长，会以一名父亲的身份耐心、真诚地劝导他们不要因为自己的原因影响孩子的成长，引导他们在孩子的家庭教育上尽到父母应尽的责任和义务。

在三年级时，因为石同学专业动手能力较强，表现突出，被选入20人集训大名单，并被抽选成为上海市星光计划大赛数控铣加工比赛选手。我及时将这个消息反馈给了家长，希望家长能够在关键节点肯定石同学的努力，鼓励他继续认真训练。备赛期间，石同学刻苦训练，进步显著，虽最终未能够获奖，但这份刻苦拼搏、坚持不懈的精神让我感到很欣慰。同时也让家长看到了孩子的努力与转变。从被甄别的失落颓废到如今的积极向上，让我从内心为他感到骄傲。

通过总结大赛和集训的经验，石同学在成绩和心态方面都收获颇丰，又变回了那个爱与同学和老师交流互动的阳光少年。他也在星光计划之后，通过自主招生的方式，最终被上海东海职业技术学院录取。这次他通过实实在在的努力，考上了自己心仪的高职院校，继续深造自己所热爱的专业。

在大赛后，石同学的家长真心地对我说："老师，这几年来，你是第一位这样关心我孩子的老师。"并且推心置腹地与我讲述了石同学的成长历程。在感受到家长对我工作理解和肯定后，更增强了我工作的责任感与荣誉感，身为一名教师，在学校中关心、照顾、教育自己的学生，是在从事一项平凡而伟大的事业。同时，我也感到，教师只有把学生当作自己的孩子看待，才能让学生在校期间感受到家庭的温暖；在与家长沟通时做到尊重、真诚、理解，家长和学生才会给予更多的支持，而不是抵触。

家庭教育与学校教育紧密相连，互相作用。作为教师，在校期间一定要像爱护自己的子女一样爱护学生，在生活中要像贴心大哥哥或大姐姐一样与其交流谈心，共同解决困难和挫折。在与家长联系沟通时，时刻保持真诚、平等、耐心，真正努力做到学生暖心，家长放心。

# 家校共育结硕果　一点星光也灿烂

沪东中华造船集团高级技工学校　林晶津

**摘　要**：学生的成长离不开家长的教育也离不开学校的培养。中职校作为中国职业教育的重要一环，承担了向社会提供技术技能人才与学生日后向更高层次学习发展的重任。如何面对特殊家庭环境下成长的学生，在家校共育的路上我们又该扮演什么样的角色？本文通过笔者带教班中一名学生的真实案例，与大家一起探讨新时代下践行家校共育道路上的点点滴滴。

**关键词**：家校共育　特殊家庭　学生成才

学生是家长与学校连接的纽带，孩子的成长离不开学校和家庭的培养教育。特别是在即将由青涩走向成年的这段人生历程，如何通过学校和家庭协调配合使每一个孩子健康成长，做到不落一人，这值得我们积极的探索和思考。作为一名中职学校的班主任，通过这些年在一线教育教学的真切感受，我对家庭教育和学校教育的关系有了不少认识。以下通过我带教班级一位学生的真实案例，向读者分享我对中职校的特殊家庭怎样开展家校共育的感悟。

## 一、案例概述

小娜同学是我班（中高贯通）的一名学生。她乐学好学，吃苦耐劳。班级事务中总离不开她的谏言献策，优异的成绩和细致的工作态度让她经常得到老师同学的赞赏。小娜出色的表现我看在眼里喜在心中，不久，就被大家选为副班长。总之，这个孩子总是带给我惊喜。

接触到小娜的家庭还要从入学那年的一次家长会上说起。那天我本打算在会上着重表扬一下小娜同学这样勤学苦练又不骄不躁的好学生。可直到家长会结束我都没能等到小娜的家长，开学第一次家长会就缺席，这让我有些恼火。回到办公室我翻出小娜的家庭登记表，拨通了她父亲的电话，可电话那头总是一串忙音，即便换成小娜母亲的号码也迟迟未能拨通。我有些惊讶,说起来在我工作的这些年里还是第一次遇到这样的"怪事"。

回想起小娜平日的种种优秀表现,趁着第二天午休空闲,我将小娜请到办公室,仔细了解她的家庭情况。起初,小娜对我还不肯说明实情,聊着聊着她两眼通红地告诉我:父母感情长年不和,父亲已经借口病痛长达十年多不工作赚钱,母亲几次被逼无奈离家出走,现今已离家近一年。父亲不管,母亲离家,重担就落在了小娜的身上,在繁忙的学习之余还要承担家务劳动,照顾年幼的弟弟。好在她还有一直在一起生活的大伯(大伯是个单身汉)可以一起分担,家里的柴米油盐以及房租等花销都是由大伯承担。而她平时和老师的沟通中却只字不提困难,她认为自己学习生活上的苦不值一提,无须让老师和同学担心。

面对这样的局面,我不禁陷入了纠结……想帮助她、鼓励她,又担心自己的好意会带给她伤害,经过反复权衡,我下定决心要帮助这个孩子找回家的感觉。

## 二、破冰解难

### (一) 不畏困难,教师发力

在学习之余,我鼓励小娜要多参加校内外的活动,为学校增光添彩。小娜说因为家庭实际情况,她从来没有学过什么才艺,所以没有比赛可以参加,我利用自己棋类社团老师的身份,让她报名参加棋类社团。我耐心地从0开始教她象棋的下棋策略和技巧,她也虚心好学,恰逢2019年上海学生智力运动会,我让她代表学校参赛。起初她不敢去,对我说:"我是一个新手,别人都是考过级的,让我去不能给学校争光怎么办?"我鼓励小娜:老师让你去就是相信你,通过比赛看看自己的能力,再找出自己的差距,我们慢慢赶上。小娜听了我的话,高兴地点点头,这届的智力运动会上她获得了象棋混合团体第二名的好成绩。这对她是一次很好的鼓舞,回来后她自信地对我说:老师,你说的对,我可以!

参加了一次智力运动会,我趁热打铁,对她说学校的时政社团是我们的品牌社团,每年参加上海市中职学生时政大赛,有许多同学都能获奖,你去那里锻炼锻炼吧!小娜开始相信我是为她好,所以一跟她说参加时政社团,她二话不说就报名了,2020年因为疫情比赛改成网上答题了,由于打字速度不及其他同学,最终小娜只获得了个人三等奖。成绩出来后她心不甘地告诉我:其实我可以考得更好。我鼓励她不要气馁,找到自己打字速度慢的不足,好好练习,会追上的。

练习打字要有一台计算机,父亲对她说:我没有这个能力,你自己要好好努力,以后自己买。大伯知道此事后,马上电话联系了我,让我想想办法能不能让小娜在学校多练习。我想家里正好有一台旧电脑,平时打打字还是可以的,于是我把电脑带到学校借给了小娜,就这样,我与小娜成为知心的朋友。

### (二) 转变思想,家长助力

2021年的时政大赛来临,小娜通过了校内的初赛复赛,获得了上海市复赛名额,取得了为自己添彩为学校争光的机会。这一次,她深知自己肩膀上所负担的责任,老师的殷切期望,同学们的努力付出,身为学姐带领和传授经验给学弟学妹们的重任……这些都没有成为她前进路上的阻力,而是让她在时政大赛的道路上越走越远的动力,她的努力我看在眼里喜在心头。

这段时间,我有意加强了和小娜家长的联系频率,家长是孩子的第一任老师,对孩子的了解比老师更加全面,即使是小娜这样相对特殊的家庭,也应该甚至更应该唤起和构建家长在孩子学习生活中的重要作用。经过权衡,我和小娜的大伯达成一致:平日积极沟通,作为家长那方的大伯要主动担起家长的责任,这一切的努力为小娜营造有归属感的家庭氛围。

时政的学习说到底是枯燥的,作为一名学生,学习还是第一位的,小娜只能在学余时间来复习时政。很多时候,别人在课间休息,她却默默拿出时政的书籍利用这几分钟时间来复习;在不同校区学习时,别人已经放学,她却要奔赴另一个校区上课;在深夜,别人已经歇息,她却在挑灯夜读复习时政。不过好在她的努力并没有白费,在老师和她努力的付出下,功夫不负有心人,如她所愿获得了上海市中职一等奖的好成绩。小娜跑来告诉我,她可以代表学校参加团体赛了,我开心地看着小娜发自内心的欢笑,深知小娜的安心备赛离不开她大伯背后的付出与支持,也离不开小娜自己的努力与上进。在时政团体赛的备赛时,她也没有松懈,反而是比平常更加用功地复习,在短短一个星期的时间,利用课余的时间,充分准备了论述题材料,在比赛中她出色的论述获得了团体赛的铜奖。

在一次次比赛后,小娜成长起来了。我将小娜的表现通过每周的固定电话和微信与其大伯沟通,大伯也通过同样的方式将小娜在家的表现和她爸爸的变化反馈给我。通过我和大伯的沟通,我们都可以第一时间了解到孩子最近的学习情况和心理变化,对正处青春期的学生而言是个既稳妥又周到的好方法。

### (三) 锚定方向,形成合力

一年的时间很快过去,我惊喜地发现小娜在谈及家庭时多了几分自信,言语里渐渐有了自豪之情。在功课难度有所增加情况下的她依然有着足以引以为傲的学习成绩,连续两年获得上海市一等奖学金,在今年年初综合排名第一,经过多方评比申报终于获得国家奖学金。更加可喜的是,经过大家一起的努力,原本伤痕累累的家庭也有了生活的烟火气,小娜平日的言谈举止更显沉稳大方。

工作之余,我也常与小娜的大伯沟通交流,以及多次约谈小娜的父亲,跟他沟通小娜今后的学业发展问题,肯定小娜努力的成果,表扬其培养了一个优秀的孩子,当然后期的培养需要他的出力。经过一段时间的相处,小娜父亲也有了一些转变,表示一定鼓励小娜好好学习,考取好的本科大学。为小娜这样的孩子营造好的家庭氛围,力求为成长在特殊环境里的学生推动家庭与学校达成更完善、更个性化的家校共育方案。

## 三、携手共进

近三年的关注和培养让我意识到:现在的孩子需要我们的鼓励,他们都愿意听到身边的赞扬声,只有一方的肯定是远远不够的,只有家校携手才能发挥出1+1>2的效果来。这就需要家庭与学校及时沟通、密切联系,建立长期有效的家校协同的有效机制。

三年很长,长到可以改变一群人命运的轨迹;三年很短,短到转眼即逝。我认为三年很值,近三年的努力让我明确了班主任应该承担的使命;近三年的照护让小娜的家庭增添了几分温馨;近三年的学习让小娜自己走上了全新的人生轨道……或许我们不能改变世界,但我们一定可以改变身边每一位学生。

鲁迅先生曾说过:"教育根植于爱。"著名的教育家夏丏尊也曾说过:"教育没有情感,没有爱,如同池塘没有水一样。没有水,就不能成其为池塘;没有情感,没有爱,也就没有教育。"爱是搭建与学生沟通的桥梁,同样也是父母和孩子沟通的桥梁,小娜需要有"懂自己"的老师和家长。我认为在与家长沟通的过程中要做一个有心人,及时发现孩子需要什么,并且一定要注意给予帮助的方式与方法。人的自信一半来自他人,一半来自自己。一个人如果不欣赏自己就不会拥有自信;一个人如果不能获得他人的欣赏也很难获得自信。好在小娜始终有一颗坚强上进的心,为此我感到欣慰与自豪。试想,如果以得过且过的心态甚至是以有色眼镜的方式看待这样一个孩子,那么她的生活一定是黯淡无光的。人一旦迷失自我很容易自暴自弃,作为老师和家长我们应该关注孩子成长与发展的每一步,帮助像小娜这样的孩子发现自己、肯定自己,助力她自信面对一切,构建家校共赢的关系,共同体会到那抹灿烂的星光。

# "走心"教育构筑家校教育之桥

上海市西南工程学校 李美红

**摘 要**：中职校学生在成长中出现的个体问题比较多，如学习能力较差、自我意识较强、学习目标不明确、缺乏自信心。他们在渴盼认同的同时又渴望独立。面对这样的一类群体，教师的教育需要投入更多的情感，在尊重他们的同时，给予他们更多的关爱、理解、包容，帮助他们打开成长的大门。指导家庭教育，需要的是家校合力共育，共同努力为孩子的发展提供有效的指导、扶持和帮助。做有效教育的前提是教师要用心和学生家长做沟通，做一名走心的教育工作者。

**关键词**：中职生 感化引导 家校合育 有效教育

在多年的教育工作中，我深深地体会到：人的情感是世界上最简单而又最复杂的情感，它柔软而细腻。对待学生，我们要拿出自己真诚的心，做"走心"的教育工作者，学生这本"书"，无论故事精彩与否，需要的是教育者用心去读，去懂。这本书灵魂的塑造者是学生、是家长亦是教师或他人。通过合适的教育方法，建起家校沟通之桥，让学生自信地成长，勇敢地走向未来。

## 一、案例回顾

经过开学一段时间的接触，我发现张同学个性独立、脾气较差、对人非常没有耐心。他学习目标不明确，学习成绩不理想。在班级和同学多有口角，关系紧张。他成了独行侠，每天独来独往，神情里写满了不悦。

刚开始我找他谈话，每次他除了说"我知道了"，点点头，更多在用他的沉默表示对我的"配合"。针对这样一个满脸写满了"不要来烦我"表情的学生，我想，只有去读懂他，得到他的信任，他才能向我敞开心扉。

一天，我突然接到他父亲的电话，说他母亲在单位晕倒，送医院了，希望他马上赶去。我立刻开车送他去医院,在路上,他一直扭头看着窗外,沉默不语,一切都掩盖不住此时此刻的担心。当我们到达医院时,他母亲已经进手术室。全程他除了喊了一声"爸爸",父子之间没有任何的言语交流。我和他父亲握了下手,做了简单的交流,才知她母亲因急性阑尾炎送进手术室里。看得出来,这是一个高大、黝黑、不善言谈的父亲。一双满是老茧粗糙的双手告诉我,这是一个辛苦而劳碌的父亲。好在有惊无险,他母亲很快从手术室出来了。为了不打扰他母亲休息,我和他说了几句安慰话就和他们道别。

一周后的周末,我上门去家访。当我拎着牛奶和水果出现在他家门口时,他并没有将家里的大门打开。他的表情告诉我,除了惊讶就是排斥和不悦。我轻轻和他说"老师这么远开了车来看看你母亲,帮老师把东西拎进去吧,我一会儿就走"。他不情愿地接了水果让我进了家。这是一个不大但打扫得干净整洁的家,他父亲做一休一,正好不在家。他母亲正斜躺在沙发上休息。我向他母亲做了简单的介绍,表达我的来意。这位娇小瘦弱的母亲马上坐了起来,和我打招呼。在聊了一些基本的话题后,他母亲说:"儿子,去买点菜,把中饭做了,留老师一起吃饭吧。"他点着头拿着母亲递给他的钱出门了。

趁这段时间,他母亲和我说了一些他儿子的情况:他孝顺、独立,帮家里做家务。平时他们下班晚,回来的晚饭都是他做的。他爸脾气不好,在厂里做的是体力活,蛮辛苦的。因为青春期叛逆,在初二时他成绩下滑明显,被老师点名留校较多。每次老师电话投诉后,烦闷的父亲就会打骂他,父子关系非常紧张,几乎不大说话,父子俩一点小事就会闹得水火不容。她母亲无奈地说,好话坏话都说尽,却无法改善这样的父子关系。我终于找到了他面对老师眼神里敌意的缘由。看着他在厨房里麻利地洗菜、切菜、炒菜,我惊讶地发现了这个学生身上蕴藏的"宝藏"。

## 二、"走心"之旅

### (一) 用情和真来感化,敲开学生心灵的大门

家访后,我在班级布置了"我心中的好老师"周记作业,学生们都写了自己的看法。我从他写的周记里捕捉到关键词:爽气、不唠叨、懂我、不向家长告状,有能力等。

借着课堂教学,我在班级的专业课上展示了食雕雕刻技术——牡丹。当我把一朵鲜亮的牡丹花成品展示给学生看时,在学生的惊叹声里我看到了他眼中的惊讶,一颗好奇的种子发芽了。课后我找到他,问他想不想学这个怎么做的?他开心

地点点头。我亲自找人给他打磨了一把闪亮的食品雕刻刀并送给他。他收到刀具后眼中有无数的星星在闪耀。接下来日子里,他每天中午、放学都主动来找我学习食品雕刻技术。我不厌其烦、细心地、手把手地教他雕刻的基本功和技巧。我为他买来了食品雕刻技术的书籍送给他,让他多看多学多练。

在平时练习的空余,我会尝试着和他聊一些他与同学、父母的话题,沟通想法。慢慢的,他告诉我父子关系紧张的原因。原来在初中因成绩不好,老师经常打电话投诉,有一次他父亲当着老师的面打了他一耳光,他觉得非常丢脸。这是老师带给他的"羞辱",也是他面对老师充满"敌意"的症结。加上他父亲脾气暴躁,动不动就会和母亲吵,有几次父亲还打了他母亲,这是父亲带给他的"恨"。还有文弱的母亲带给他的"愧",同学的不了解带给他的"恼"。他就像一个容器承受着那么多的负能量,却无人能理解他,无人能帮助他。他说他很烦恼、很无助,不知道该怎么办,找不到方向。

我当即向他承诺:你可以信任我!我愿意做你的倾听者、你的朋友。你学习生活中有任何苦恼都可以找我。今后我联系家长只报喜不报忧。但我也有要求:在学习上你得更努力些,快点把成绩提高起来,学着融入集体,学着发挥热量。我看你经常帮助家长做家务,是一个外冷内热型的男孩。你也要体谅父母亲的不易,你爸爸工作辛苦,可能对你的教育方法太简单粗暴,但你不能用排斥冷漠来对待父亲,因为成人的世界比你们要更辛苦。他们给了你家、供你读书,但你没发现你的父母亲多么坚强,他们肯定从来不会向你诉苦。你要对父母心怀感恩,试着去了解爸爸吧!他给了我一个坚毅的字"行"。后来的他用行动带给我巨大的惊喜。

### (二) 家校沟通

后期我又做了几次家访。我和孩子的父亲说到他的变化:成绩有了进步,做了我的专业课代表,担任班级的劳动委员,负责班级劳动和值周劳动工作,干得非常棒!希望他父亲多和孩子聊聊天,转变教育思路,平时考虑和照顾他的自尊心和面子,不打、不骂。我给他父母带去了《好爸爸胜过好老师》《好妈妈胜过好老师》两本书,请他们花些时间仔细读,有问题可以探讨,先转变错误的教育方法,少些争吵、多些沟通。我们一起帮助他找到学习的乐趣和信心。

另外,我和他爸爸特别关照,由于他学习食品雕刻的材料耗费较大,这个买材料的任务就交给父亲。目的是让父亲可以借为专业学习买材料的机会找与儿子沟通的话题,让父亲参与孩子的学习过程,看到孩子学习中的进步。他父亲表示同意,一定会重新学习做一个合格的父亲。我巧妙地将他点点滴滴的进步不定时告知家长。尽管用电话与家长沟通更便捷,为了表示我对小张的承诺和真诚,我偶尔会给他的家长写信,告诉家长他近期的状况并让他亲自带回家,我相信文字的力量更能代表我的真诚。我的这个举动让小张的家长非常感动,在后期的家校共建中,我感受到了家长的改变、学生的转变,从他母亲的短信里,我欣喜地看到这个家庭亲子关系的转变。一天早上,张同学高兴地来到我办公室,将他周末雕刻的一件作品小心翼翼地拿了出来,当我看到作品《老寿星》,我惊讶不已。一是这个人物作品的教学还没有开始,二是每年的五六月正是大型雕刻材料南瓜难买、价贵的一段时期。他雕刻这件作品肯定花了不少时间,消耗了许多雕刻材料才完成。在我的仔细询问下,他兴高采烈地告诉我,这个《老寿星》是他这段时间自学的,因为月底是他爷爷七十岁大寿,他想在那天亲手雕刻《老寿星》送给爷爷。这段时间,他爸爸为了帮他买雕刻的长南瓜,开着电瓶车,逛遍了家里附近大大小小的菜市场、超市。因没有找到合适雕刻材料,他爸爸就带着他专门来到蔬菜批发市场,父子两人花了好几百元,扛着一蛇皮袋的南瓜,从批发市场背回来。他爸爸为了不让他受累,硬是一路将南瓜扛回家,还因此闪了腰。我看到他眼里闪过的内疚和心疼。抓住机会,我和他谈起他爸爸的转变和对他的关注、对他的支持。他说:"我爸爸现在很支持我的专业学习,不嫌我买的原材料废钱,自己却抽几元钱一包的香烟。只要是我需要的雕刻原材料,他毫不犹豫地花时间、精力去为我找原材料。我爸爸变了,爸爸妈妈现在也不吵架了,周末一家人会一起出门逛街,我现在觉得好开心!"从小张愉悦的神情里,我看到了一个越来越自信、快乐的他。我为张同学爸爸的转变、他家庭氛围的改变由衷地感到高兴。

**(三) 生生互助,共同成长**

班级是一个学生共同学习成长的集体。和谐的班级氛围是学生融入集体的关键。男生多的班级,其凝聚力都非常强,热心的同学非常多。我安排班上一位非常热心负责的同学做他的同桌。鼓励他积极地和同学一起玩、一起聊天、参加各项活动和社会实践。班级有一群羽毛球爱好者,这些同学带着他一起打羽毛球,他的兴趣和爱好又多了一项,他先后加入了学校的羽毛球社和志愿服务小队。

在同学们的帮助下,他慢慢敞开心扉和同学相处,身边的朋友伙伴也越来越多。抓住机会,我让他在班级展示他的作品,将成品摆放在班级教室前的空桌子上。在同学们的鼓励和赞扬声中,他找到了自信和归属感,找到了自己的方向。

## 三、成效和启示

在老师、家长、同学们的帮助下,小张学习成绩明显提高,任课老师的表扬也越来越多。他的专业成绩非常出色。当我看到他食指、中指上的伤痕以及贴的创可贴,我知道那是他刻苦学习的"痕迹"。这份投入如一场修行,让他变得有耐心、更沉稳、更包容,他的脸上有了坚毅而自信的笑容。他学习越来越积极主动,还主动帮助在专业上学习基础较差的同学,成为老师们得力的助手。他担任班级的劳动委员,把班级的卫生管理得井井有条、干干净净。他在高二时加入共青团,参加我区中职校的技能比赛,获得食品雕刻一等奖。三年级实习,他被分配到闵行区电力公司市南分公司后勤食堂工作。实习工作期间,他勤劳肯干,任劳任怨,肯学肯钻研,在公司举行的后勤部技能赛中获奖,实习结束他被公司留用。毕业时,他已拥有两张专业技能中级等级证书,并被评选为"优秀毕业生"。他的成长让我感到无比的欣慰和自豪。

他成长的过程也带给我许多的启示和思考:每一个学生都是一个独立的个体,他们渴望被认同、渴望被尊重、被重视和被关怀。在学生的成长中,构建和谐的亲子关系,营造和谐的家庭氛围,将家长的积极性调动起来,参与到学生的学习成长中,让学生感受到家庭的温暖,感受到家长的爱,帮助学生建立自信、健康的人格。教师利用书信、家访、电联,面谈等多种共同方式,本着了解、尊重、信任、关怀之心,帮助家长解决在亲子教育、沟通等方面的问题,共同探索育人成才之路。用真诚走进学生的心里,走进家长们的心里,做有温度的"走心"的教育者,帮助学生在关注和认可中找到自我价值。这正是家校合育的力量。

"走心"的教育需要教师用真诚之心读懂学生,学会依据学生的心理、个性、行为特点,做有效的引导和帮助;"走心"的教育,是一场家校合力,彼此信任,探索有效育人方法的过程;"走心"的教育是一场师生、生生、家校之间心灵旅程的碰撞、摩擦与修行;"走心"的教育亦是内化于心、外化于行动,从点点滴滴的小事中来感化学生的过程。"走心"的教育是学生灵魂塑造的助推器,是老师、学生、家长共同成长的过程。让我们怀揣着这份真诚和温情,并且带着我们的责任心,去走进学生的心,去点亮学生吧。

# 家庭教育重要任务
## ——职业生涯教育

上海市西南工程学校　张聪

**摘　要**：家庭教育对学生职业意识的影响不仅是最初的、持久的，而且是深刻又牢固的。社会对优质教育的呼唤，对家庭教育提出了新的任务和更高的要求。家庭教育的内涵极其广泛而丰富，从本质上说，就是围绕生涯发展的教育和指导。职业学校教育使孩子学会自我认识，帮助家长与孩子共同思考兴趣爱好与职业生涯的关系，实施职业生涯规划，这对职业发展相当重要，需要积极发挥家庭教育对学生职业生涯规划的巨大作用。

**关键词**：家庭教育　职业生涯规划　职业学校　兴趣爱好

黄炎培先生曾经指出："凡教育，皆含职业之意味。"家庭教育是全员导师工作的一部分，生涯指导在其中占据着非常重要的位置。家庭教育的内涵极其广泛而丰富，从本质上说，就是围绕生涯发展的教育和指导。职业学校教育使孩子学会自我认识，帮助家长与孩子共同思考兴趣爱好与职业生涯的关系，实施职业生涯规划，这对职业发展相当重要。就受教育者而言，教育的直接目的在于回应个人今后获得良好职业的诉求，尤其是后义务教育阶段，升学只是手段，就业才是目的。

我的学生小陈就是一个很好的例子。上学期班级开展了"技能点亮人生"系列主题班会，在"立志践行，做时代新工匠"环节中，大部分同学填写了与智能楼宇行业相关的细分工种，但是小陈同学填了：我想做一名 rapper。

作为楼宇智能化设备安装与运行专业的二年级中职学生，经过一年多的学习，大部分同学对本专业产生了浓厚的兴趣，但也有同学对本专业不感兴趣，"当一天和尚敲一天钟"，对自己的未来非常迷茫。小陈对音乐有一定天赋，课余时间在线上平台中驻唱，能获得不菲的收入，曾经把自己录制的歌曲私信发给我，嗓音优美。但他的家人却反对他搞音乐，为此家中还曾发生过激烈的争吵，和睦的家庭环境也一度降到冰点。

知道他的情况以后，我到小陈家中家访。在与他父母的交谈中，了解到他们都反对小陈搞音乐，但对孩子的职业发展并没有准确的认识和规划，只希望未来能找一份体面的工作。而小陈的想法很简单，喜欢音乐，未来要做一名说唱歌手。

见交谈陷入僵局，我对小陈父母说，你们知道中国第一首小提琴曲是谁作的吗？是地质学家李四光。其实艺术和科学是相通的，音乐家谭盾曾说过：建筑是凝固的音乐，音乐是流动的建筑。"杂交水稻之父"袁隆平也非常喜欢音乐，擅长拉小提琴。我告诉小陈父母，音乐不仅给人美的享受，还能激发人的创造性思维能力，这是一门优雅而严谨的艺术。而我们的专业——楼宇智能化设备安装与运行，既讲究科学的严肃又体现了艺术的创新，所以我们要支持孩子的兴趣爱好发展，帮助孩子做好职业生涯规划。

随后，我和小陈一家坐在一起，共同分析小陈同学的个人特长与短板，并拿出一本《中国楼宇经济发展报告/中国楼宇经济蓝皮书》，对楼宇智能化行业进行细致的分析。我告诉小陈，当前楼宇经济发展中存在的"六大问题"最突出的就是人才缺口，而他认真细心的特点正是楼宇智能化从业人员所需要的，从事楼宇行业非常有潜力。就这样，在我的引导下，大家最终达成了共识：楼宇行业的前景非常好，所以一定要先牢牢掌握楼宇专业知识，音乐可以作为一个兴趣爱好去发展，但首先要做好本职工作，学好专业知识，今后做一名有音乐特长的楼宇工匠。先在社会安身立命，然后再实现自己的梦想，让音乐为生活添彩，让专业与兴趣共行！

经过我和家长不断的引导与鼓励，小陈同学对专业课的学习产生了空前的积极性，一年以后，他顺利考取了智能楼宇管理师中级证书与维修电工初级证书。并在2021年上海市闵行区中高职院校技能联赛综合布线赛项中获得一等奖好成绩。

其实小陈同学的例子并非个案，随着社会多元化的发展，职业生涯规划体现出越来越重要的作用。如今，职业生涯规划已经列为中等职业学校公共基础课程，部分学校也安排了有关职业指导和生涯规划设计的教学。但生涯指导不能只在学校进行，需要成为家庭建设和家庭教育的重要内容。父母对子女影响巨大，特别是对未成年子女的生涯规划和发展往往起着决定作用，但他们往往缺乏指导的基本理念，也缺乏合理有效的指导方法。

生涯指导无外乎"为人"和"处事"两大方面，要使子女了解自我和认识世界，指导的目的也是使其能够正确地看待自我和有效地把握环境。仅就职业生涯指导而言，也是这两个基本出发点：一是有针对性地发展个人兴趣、能力，以促成合理的从业意向；二是由社会需要、就业形势、个人特长及职业工作的特点产生相应的职业选择。对于二者都应该有如何适应及努力提升的相应指导。

美国马里兰大学商学院教授德弗勒·罗津说过一段话:"教育就像商业谈判一样,你需要有选择性地战斗。谈判中的双赢局面就是在保证各自利益的前提下,尽可能多地给予对方所期望的东西。"所以,家长要更多地关注子女的兴趣、爱好、特长,既重视课业方面的,也要关注课外生活方面的,原则上应该鼓励子女发挥,至少不宜贸然压制,并应考虑到这些兴趣、爱好、特长与生涯发展的关联。

家长应为子女提供更多的了解社会各行业及职业工作的机会,鼓励子女积极参与群体活动和社会实践,从中了解并引导子女的职业意向,可以由泛到专,也可以适当调整,逐步聚焦。还可以让子女进行一些职业倾向和能力方面的专门测试,以求适合自身发展的职业。

人的发展需要是立体而多面的。家庭教育指导中职业生涯规划教育非常重要。家庭教育指导既要立足于全体家长和学生,又要关注个体之间的差别,尊重学生的人格,在掌握学生的性格、兴趣爱好以及职业倾向的基础上进行引导,帮助学生全面的发展。在指导家长时,还应该充分考虑家长的文化水平、家庭状况、城乡差异等因素,向家长提供针对性、层次性的指导,才能使家庭教育发挥其应有的作用,服务于每一位家长、每一位学生,体现教育的以人为本,也可调动家长参与学校家庭教育的积极性,提升其学习的主动性,使家长学会引导子女正确认识自己,充分发挥他们的潜能。

# 都是手机惹的祸？
## ——中职生手机沉迷问题家庭教育指导案例

上海市西南工程学校　俞媛媛

**摘　要**：随着信息化时代的发展，手机的普及率已经势不可挡，成为日常生活所需。处于青少年时期的学生基本上都拥有一台自己的手机，手机俨然是学生的另一个世界，甚至是"命根子"。中职生正处于特立独行、个性张扬的年龄，他们渴望与人交流、渴望认同感和成就感。然而，沉迷手机会引发交友、睡眠、学习效率低下等一系列的问题，成为困扰老师和家长的"洪水猛兽"，更是一个复杂的社会问题，影响着千千万万的家庭，也给学校教育提出了新的挑战。因而，作为班主任，指导家长应对学生手机沉迷问题具有十分现实而重要的意义。

**关键词**：中职生　手机沉迷　家庭教育　学校教育

众所周知，手机是一把双刃剑，一方面能给学生带来学习的革命，让学生拓宽视野、丰富知识，增强自主学习意识，提高探究的能力。另一方面网络是现实与虚拟相结合的世界，充满着各种诱惑，网络上的信息环境良莠不齐，把握不当容易造成沉迷网络的不良习惯，从而影响青少年的身心健康。如何教育引导学生养成用好手机的良好习惯，是学校教育和家庭教育不可忽视的问题。

## 一、案例情况

21造价1班，全班29名同学，其中男生23名、女生6名，是我校中高职贯通班级。A同学父母离异，父亲经商，家庭经济条件不错。但父亲管教严厉，动辄打骂。从小学开始，就给他配备手机作为一种联络工具和精神陪伴，孩子逐渐学会手机游戏和网络交友。A同学初中时就因为沉迷手机，上课没精打采、昏昏欲睡，叫醒他，没几分钟又撑不住了，还忍不住找机会偷偷拿出手机玩游戏或聊天，对上课内容和其他事情越来越缺乏兴趣。后来也开始对老师和家长的管教产生不满,甚至反抗对立,冲突最严重的一次,A同学爸爸一气之下把手机从楼上扔下去,摔得粉碎,A同学和父母的关系也一度进入高度紧张,冷战了很长时间。中考成绩也是可想而知,没有考入理想的高中,勉强进入中高职贯通班级。该生也的确视手机为"命根子",除了强制统一管理的时间之外,手机不离手,午餐不吃也要第一时间拿回手机,私下里也会发表一些不满班级手机管理的言论。在班委的"密报"下,我还了解到该生还大胆地带"备用机"来学校,上交"备用机",保管自留机,上课时有时候也会偷看手机,被任课老师发现过。该生家长微信上沟通最多的事情就是孩子沉迷手机的问题,总是担心孩子在学校因为手机影响学业和正常生活。

A同学只是众多青春期孩子的一个缩影和典型,除了A同学,班级里的家长反映最多的问题就是希望班主任对手机严加管控。家长把手机管理问题全权交给学校和老师,是因为他们在家里多次劝阻甚至打骂却始终不能改变孩子的现状,无能为力。我能感受到家长们的无助,更能感觉到亲子关系中信任的缺失,手机问题是这个班必须首先解决的问题,也是要及时进行家校沟通和家校合作去帮助家长们面对的问题。

## 二、原因分析

A同学可能是手机沉迷大军中的一员,手机沉迷问题非常普遍,而作为家长首先要了解手机沉迷背后的原因,并掌握正确有效的引导方式来帮助孩子克服手机成瘾。

刚刚进入职校阶段的A同学正处在青春叛逆期,身心发育尚不成熟,这是孩子沉迷手机的主观原因。具体表现在:

1. 自控能力不强。青春期孩子正处于思维活跃、对新鲜事物充满好奇的阶段,但辨别是非和自我控制能力还不强。因而他们一旦上网,便难以抵制网络的诱惑,往往可能被网上光怪陆离且层出不穷的新游戏、新技术和新信息占据身心。

2. 自我意识强烈。青春期是自我意识和叛逆心理最强烈的时期,这个阶段的孩子急于追求独立个性和成人化倾向,确立自我价值,网络恰好提供了这样一个虚拟的空间,为青春期孩子提供寻求心灵归属、宣扬自我主张、宣泄内心世界的平台。

从家庭和学校教育角度来分析,A同学沉迷手机的原因具体有:

1. 家庭环境。国内外研究均表明,家庭因素是影响网络成瘾的重要因素之一。A同学不健全的家庭情况对其心理一定造成了消极影响,不健全的亲子关系和不通畅的亲子沟通容易造成孩子转而沉迷网络,而孩子与父母亲子关系越紧张、越疏远、越冷漠,沉迷网络的现象越严重。A同学的沉迷网络问题显然是由家庭教育问题引起的。离异后父亲忙于生意,对孩子缺少关心、沟通和理解,对孩子出现的问题多是棍棒教育。这无形中增加了孩子的叛逆心理,促使他选择在网络世界中自我麻痹,网络聊天和游戏给了他乐趣和慰藉。

2. 学校教育。A同学带着一种失败者的心理进入职校,经过了一段时间的适应没有达到自己期待的状态,而不良的人际关系也增加了挫败感。为了自身交往的需要,转而通过网络聊天结交朋友、发泄郁闷。同时,由于没有及时适应中职的学习方式,屡次考试的退步也让他逐渐失去了学习的积极性。

## 三、教育措施与方法

这是一个典型的青少年沉迷手机的案例,当然也是一个普遍的问题,这些学生常常都有相似的原因:父母陪伴较少,感到孤单;缺乏兴趣爱好,感到无所事事;长期沉迷网络养成不良习惯和消极心态,形成恶性循环。从这三个方面来看,手机沉迷问题非一朝一夕形成,进入中职教育阶段的孩子已经有了自己的独立思想和自主意识,要在理解的基础上去加以引导和改善,宜疏不宜堵。具体方法如下:

1. 保持情感沟通,重塑亲子信任。家长要尽可能抽出时间陪伴孩子,和孩子多进行有效沟通,了解孩子玩手机的目的初衷和真实感受,去理解,去接触孩子聊天的软件、打的游戏等,和孩子建立信任感。简单粗暴的家庭教育并不能解决问题,反而会适得其反。家庭教育中应该尽可能避免简单粗暴的教育方法,改进策略,攻心为上。

2. 建立家庭奖励机制,合理运用奖惩激励。在修复亲子关系、建立亲子信任的基础上,家长可以和孩子制定一些手机使用规则和奖惩措施,和孩子一起遵守,比如限制手机使用时间和场合、作息时间的约定等。对于进步的行为要及时给予奖励,使其好的行为得到巩固和强化。

3. 家长要用心发掘孩子身上的闪光点和兴趣点,支持和帮助孩子发展兴趣爱好,引导孩子在现实世界中建立好正确的三观,有条件的话带孩子进行一些社会实践体验,帮助孩子逐渐脱离虚拟世界的诱惑,在现实世界中发现乐趣和自己的价值。

4. 家校沟通,达成共识,及时对孩子进行心理疏导。学校教育与家庭教育要密切沟通,良性互动,形成合力,这是成功实施网络教育的关键因素。只有学校与家长密切配合,才能有效杜绝孩子上网成瘾。家长要保持与学校的经常性沟通,让学校及时了解孩子在家表现和思想动态,也可及时获知孩子在学校的动态。解决沉迷手机的问题需要家校联动、需要多方面教育的合力。学校可以根据孩子在家里的情况协助引导其在校正确使用手机,制定手机使用的方案,学生、家长和老师达成共识,老师和家长共同监督,需要在手机上完成的作业也提前做好家校沟通。

5. 找准定位,设立目标,实现人生价值。每个孩子都有自己的闪光点,如何看到孩子的能力并帮助孩子找准目标、了解自我也是家长的一门功课。高中阶段,孩子渴望独立和证明自己,但是对自己的定位还不明确,所以大多比较迷茫。高中生有高考的指挥棒,孩子有奋斗的目标和动力,中职生更要及时进行职业生涯规划和指导,帮助孩子找到自己的价值定位,树立理想信念和奋斗目标。

总之,做家长是一场修行,是一场自我革新和成长,要树立终身学习的观念。同时,家长要言传身教,润物无声,持之以恒。手机沉迷只是青春期教育问题的一个缩影,中职生的问题种种都是手机惹的祸?我想,这背后更多体现的是我们家庭教育的问题。手机不应被妖魔化,我们需要找到孩子身上那个隐秘的天使——每个孩子都有迷茫和问题,同时也都有自己的闪光点和价值,让我们做智慧的家长去探究有效的解决方式,用智慧和爱去拨动孩子的心弦,一起静待花开!

# 适当放手,是为了更好地成长

### 上海市奉贤中等专业学校　韩东英

**摘　要:** 在孩子的成长过程中,家庭教育和学校教育一样都是必不可少的。但种种原因使不少家长的家庭教育还有诸多问题。作为一名教育工作者,不仅要在校内教育好学生,同时还需要与家长互动。于是,指导家庭教育就成了学校和班主任工作中一个不可或缺的环节。

**关键词:** 中职学生　有效沟通　家庭教育指导

"至乐莫如读书,至要莫如教子""苟不教,父之过"……从古至今,大家都很明白家庭教育对孩子成长的重要性。但随着社会发展,现在家庭中子女人数的减少,让许多家长没有多少经验可循。美国人泰曼·约翰逊认为"成功的家庭造就成功的孩子,失败的家庭造就失败的孩子",从这个意义上来讲,家庭教育是其他一切教育的基础,父母对孩子的成长起着决定性的作用。

下面就是我遇到的一个案例。

## 一、发现情况

2020年,疫情原因,新生暑假的军训没有进行,因此开学第一周便是入学教育。报到的第二天,班上的小金同学就请假了,四天的入学教育,她只来了一天,后面三天请病假。后续家访得知,家长其实没有带她去医院看病,只说学生不舒服。这就有点蹊跷了!从档案里,又发现这个学生的年龄比其他同学大了三岁。由此我产生了疑问,分别找学生和家长了解情况。

## 二、主要问题

学生的叙述是:我有社交恐惧症;我不敢和别人讲话,害怕和其他人接触;以前的好同学、好朋友现在都不来往了。

家长的陈述是：这孩子有抑郁症，本应该两年前参加中考，但由于身体原因错过了；第二年参加中复班，可没去学校，在家休息一年；第三年又复读一年，还是基本在家自己做题；今年又参加中考，才进入我校学习。孩子除了家人不大与其他人接触。最希望的是孩子能到学校来，只要能不辍学就行。

班主任的发现：学生的状况不一定是抑郁症。首先她没有这方面的病史，其次发现在他们家，只要孩子提出要求，不管是否合理，家长都会无条件答应。家长是害怕她抑郁、害怕她被伤害、害怕她承受不了！这应该属于保护过度。

学生生活背景：学生家庭成员很简单，只有父母和孩子三个人。该学生从小胆小，成绩一直属于良好，所以家人一直比较信任她、也很宠爱，基本没受过挫折。但进入初三后，她感觉到了学习的压力，怕成绩不好达不到理想状态，潜意识中有逃避意识。父母一直相信她说的身体不适，等感觉到她其实是在逃避已经无力去改变，对她的要求也一再降低，只要能融入社会即可。

## 三、指导过程

### （一）分析问题

这个案例看起来很简单，但若真是抑郁症的话，问题其实是挺大的，尤其是学生已经在家待了两年。但在学生和家长的叙述中，我发现他们的说法不一。经过分析后的判断是：小金在过去两年基本上没怎么看过病，也没吃过抑郁症的药；开学初的所谓病假，应该是在第一天安排班级工作时她害怕承担任务，对家长称胃痛而不来学校；家长怕孩子产生心理问题，无条件选择相信和纵容她。

### （二）指导家长

找到问题所在，针对小金父母开展家庭教育指导，共同探讨解决办法，采取了如下方法：

#### 1. 寻找切入点

要让小金接纳老师与同学，最好的方式就是发现优点、给予表扬、鼓励支持。

从班主任的视角观察，该学生非常胆小，不会主动与他人交流。当老师针对班级其他同学存在的问题提出批评指正时，她都会感到害怕，甚至让家长帮她请假不来学校。但也发现小金有非常细心的一面：老师的一个小小动作她便猜测老师不舒服了,会默默地递送餐巾纸和水杯过来;其他同学受伤了,她也会默不作声去关心;学习上也比其他同学要自觉;等等。

我把这些告知家长,让家长配合一起表扬她,肯定她的优点长处。通过家长的表扬,让她知道老师和同学喜欢善良、认真的她,非常意愿和她成为朋友。

### 2. 帮助改善"社恐症"

我经常把小金在班级的表现与家长进行及时沟通,指导他们如何从孩子的言行中筛选信息,给予及时的表扬,鼓励小金更多与他人交流。尤其是当她情绪有些波动时,及时告知家长处理方法,获得了较为明显的效果。

同时告知家长,我在班级内找了三位性格活跃、开朗乐观的女生,让她们在课间等休息时刻主动去找小金同学说话,也经常拉着她到教室外走动;在全班同学面前鼓励大家互帮互助,对班级几位话少、内向的同学给予更多关注与照顾等。慢慢的,小金接受了老师与同学的关爱,并能比较顺畅地和人交流了。

### 3. 分析家庭教育存在的问题

经过半年多的努力后,小金家长也明显感觉到了孩子的改变与进步。我接下来再与家长一起探讨孩子为何会出现以上的状态转变。

通过分析和比较,家长感觉到学生以前的状况和他们的过于宠溺有很重要的关系。比如在孩子遇到任何一点小小的困难、小小的挫折时,孩子还没反应,父母已经出面把所有问题解决了。从小到大没让孩子受过委屈,没让孩子直面不顺心的事。最后小金养成了习惯:遇到任何事,第一反应是逃避、不敢面对,然后交给父母去解决。过去两年中就是因为面对中考学习压力大,她习惯性地选择逃避;家长选择无限溺爱,她怎么舒服怎么来,最终导致在家休学两年的结果。

### 4. 让家长学会有效教育

与家长一起探讨了家庭教育过程中的问题所在后,接下来是有针对性地开展指导:一是推荐他们看一些相关家庭教育的案例,学习借鉴好的家教方法;二是指导他们要学会适当放手,为孩子融入社会提供空间;三是舍得让孩子学习承受挫折,增强孩子心理承受能力。总之,小金父母不应把她当成一个还需要全方位保护的小小孩。到现在为止,即使该学生已经在班级中比较平稳地生活学习,但我还是保持经常与家长沟通交流。

## 四、指导效果

一年多来的效果还是很显著的,本学期小金同学基本没有请过假。她妈妈说她每天早上早早起床，开开心心来学校上课，这是过去两年他们作为父母既渴望又不敢想的状态。在班级里，她拥有了几个好朋友，课间时常与她们一起互动。在看到同学有受伤、疼痛时，她能主动去关心帮助。同学们也鼓励她、称赞她的细心、善良、体贴。偶尔学习松懈时我也会批评几句，她也能及时改正过来，学习成绩已名列前茅。在学校，她脸上经常洋溢的是开心的笑。

上学期因学习成绩优异，认真参加学校活动，小金被评为学校积极分子。升入二年级后，在老师和同学的推荐下，小金担任了班干部职务。现在的她再不会因为害怕做不好工作而逃避，躲在父母的羽翼下寻求庇护，而是能勇敢地面对挑战，承担责任，少了患得患失的情绪。

对于小金同学的父母而言，他们在对待孩子的教育上，也在悄然发生着变化：比如对女儿给予了更多的信任，不再是万事做好、女儿只管吃喝学习；对于孩子在学校的积极表现及时表扬；鼓励她与同学朋友交流；做得不好的地方能适当批评；会拒绝女儿的一些不合理要求；让她在家里承担一些家务劳动等。

对小金同学的改变感受颇深的金妈妈，对我说得最多的一句话是："我们选对了学校，来对了班级！"

## 五、指导感想

### （一）家庭教育应是爱和严的结合

恰当的爱才能养成孩子更好的性格。父母的爱要恰如其分，在爱孩子的同时，必须要"严"字当头，对他们有一定的要求，因为他们终将进入社会，而社会不会像家人那般无条件地保护他们。

### （二）学会放手，给孩子成长空间

不少家长因为爱，所以在乎；因为在乎，所以事必躬亲。但孩子在长大，有自己独立的人格，不是父母的复制品。家长的包办，可能造成的后果是孩子懦弱、胆小或是叛逆等。所以，家长要学会慢慢放手，给孩子足够的成长空间，让孩子逐渐学会融入社会，成为一个独立的人。

### （三）学校对家庭教育指导要逐步渗透

家庭教育指导的最终目标，是为了学生更好的发展。要指导父母随着孩子的成长不断改变家教观念和家教方法。

学校老师相对于家长,有更多的体验机会和案例,虽然每个孩子的个性不同,但也有诸多相通之处。从中所得经验,可以让我们在关注学校对孩子教育的同时,给予学生家长更多的家庭教育指导,让学生接受更好的家庭教育。

通过家庭教育指导,有的家长从原先对孩子漠不关心、物质刺激、棍棒教育、宠溺过度等,转变为改进家教方法,增强亲子沟通,提高家庭生活质量,发挥家庭教育在学生成长过程中的积极作用。这就是对学校开展家庭教育指导工作的良好反馈。

# "憎恨"母亲的女孩

上海奉贤中等专业学校　孙鑫

**摘　要**：中职学生群体中，亲子沟通障碍、网瘾和厌学、行为偏激等情况较为突出。当这些标签集中在同一个学生身上时，作为班主任应该指导家长解决亲子矛盾，引导学生回归校园，帮助学生建立起良好的师生、同学关系，让学生能找回那份久违的自信心和认同感。

**关键词**：中职学生　亲子矛盾　家庭教育

## 一、案例背景

八月底学校开展统一军训，我注意到班里有一位表现"突出"的女生王琳（化名）。从第一天开始就不停抱怨"这个不好""那个不行""我讨厌××"等，甚至会小声辱骂教官和学校。中午休息的时候我特意坐在她旁边，尝试与她交流。交谈的过程中，她似乎总是在刻意回避一些问题，感觉她对于我这个"陌生人"还是保持着明显的防备心理。于是我换了个方式，以她喜欢的游戏CF（一款网络游戏）为切入点，找到共同话题后沟通起来顺利多了。

第二天中午，查寝的过程中我发现她的床竟然是空的，向同寝室的同学询问，才知道她来军训的时候什么都没有带，昨天一整晚就这样睡在空空的床上，而且那么热的天竟然没有洗澡。下午军训的时候，我找机会再跟她聊了会儿，特别是关于昨晚睡觉的问题，她并没有直接回答，只是表示喜欢这样睡觉，我建议她打电话让父母把生活用品送过来，她并没有表示反对。我隐约感觉到她心里有事，但不愿意告诉别人。

果然，不好的预感应验了。当天下午，她突然向我请假，说是身体不舒服要去医务室，我安排了一个同学陪她一同过去。5分钟后，那位同学回来告诉我说王琳没有什么事情，休息一会儿就好，现在正在给父母打电话。可是过了很久她都没有归队。这个时候学校德育科老师打我电话,说王琳一个人在教学楼里闲逛,被她撞见了,现在正在办公室,让我赶快过去一下。放下电话,我迅速跑到德育科,了解到她刚才态度非常恶劣,甚至是蛮横无理,完全不理睬管理老师,嘴里还骂骂咧咧,说着"我要跳楼,让你们学校名誉扫地"等威胁的话语。

我后来了解到,她打电话给妈妈,原本是想让她送席子和衣服来学校。结果她妈妈在电话里对她一顿臭骂,说她"一点都不懂事还要拖累家长",她情绪就突然失控了。当时王琳的言行都很偏激,我们赶紧打电话通知家长,希望家长尽快到校。令人惊讶的是,她妈妈竟然在电话里说"让她去死吧,再也不管她了"。无奈之下再打电话给她爸爸,劝了很久,她爸爸终于同意她妈妈一起来校。

在等待孩子父母的过程中,我带她去学校食堂一起吃了晚饭,这让我有机会可以单独和她聊一会儿,更深入地了解一些真实情况。在接下来的聊天中,她一直在抱怨家长对她的"所作所为":逼她上她不想上的学校、总是因为她玩电脑而骂她、砸了她最喜欢的鼠标、经常说她浪费家里钱等。

我突然问她,你觉得我怎么样?她开玩笑说应该会"合作愉快"的,然后我就表达了我的想法,希望她能放下过去的那些不愉快,我们一起往前看,试一试如何?对此,她只是笑笑,并没有正面回答我。

## 二、案例分析

通过前期的了解,我初步分析导致王琳同学行为偏激的原因主要有三点:一是孩子和父母之间的关系比较差,家庭内部存在着长期的语言暴力。从母亲的反应来看,这些矛盾已经持续多年,父母似乎已经"习以为常"。二是孩子过度沉迷游戏,用王琳的话说"游戏里面的才是真兄弟,现实世界是真的虚伪"。三是孩子有强烈的厌学情绪,讨厌上学、讨厌同学、讨厌住宿环境、讨厌食堂饭菜、讨厌有关这个学校的一切。

等待许久之后,王琳父母终于到了学校。令我们意想不到的是,当母亲刚走进办公室,王琳直接从沙发上蹿了起来,指着她妈妈鼻子就骂,"你死过来干什么?你怎么没在来的路上被车撞死?如果你不死我等会就跳下去死给你看!"

一连几个"死"字当场就把我们说懵了,我马上把她带到隔壁办公室,让其他老师和她父母先好好谈一谈。而我则在办公室里安抚她的情绪。之后,我和其他老师互换办公室再单独与其父母进行沟通。

在交谈的过程中,我对王琳又有了更深入的了解,而之前我的分析是片面的。

### (一) 关于"家庭矛盾"

王琳家的矛盾主要集中在孩子和母亲之间,而父亲比较随和的性格使他成了这个家庭里的"透明人",很多时候只能站在旁边,眼看着母女之间激烈地冲突而无能为力。孩子也谈到平时生活中父亲的"可有可无"。而母亲对待孩子就是典型的语言暴力和冷暴力。孩子犯了一点错,就会持续地谩骂甚至是咒骂,专挑孩子的软肋和痛处说,比如孩子本身有点轻度肥胖,平时也不太注重个人卫生,母亲就会骂她"脏""将来没人要"之类的话。如果孩子跟她顶嘴甚至激烈地反抗,她就会把孩子最喜欢的东西给砸了,鼠标、键盘、显示屏等都砸过。平时吵架结束后的一段时间里,母亲还会长时间进行所谓的"冷处理",不理睬、不讲话,孩子放学回到家,母亲在桌上吃饭都不会叫她一声,甚至有时候饭都不给她留。所以她慢慢就养成了自己一个人在外面吃好晚饭再回家的习惯。长期的矛盾积累,已经把本该最亲近的两个人推到了"你死我亡"的对立面。无论其他人怎么劝说都没用,在彼此的眼里,对方做什么都是错的。

### (二) 关于"沉迷游戏"

王琳沉迷游戏和网络的问题,需要从不同的角度去分析。一方面,孩子确实有"沉迷"行为:长时间久坐电脑前不爱运动;日常用语充斥着游戏术语和网络用语;白天精神疲惫晚上睡不着;一天不玩游戏心里就难受等。但是另一方面,我也看到了她"沉迷游戏"背后的无奈,她谈到自己很喜欢画画,曾经家里还支持过她去学画画,但是后来学习成绩下滑,家里就以"学业为重"不再给她报相关学习班,她只能在家自己练习。她说将来想从事游戏人物设计的工作,把她喜欢的游戏和画画结合在一起,所以现在的她一有新的游戏就会去玩。一方面是图新鲜,另一方面是想多接触一些当下流行的游戏角色设计风格,作为画画的素材积累。关于这些想法,她说根本没法与父母沟通,"他们什么都不懂""在他们眼里,我就是个一天到晚玩游戏的人,浪费家里的电,浪费家里的钱"。

与此形成鲜明对比的是,在网络的世界里,她有志同道合的朋友,她们在一起也并不是一直在玩游戏,很多时候就在聊天室"吹吹牛,聊着天南地北",感受着来自陌生同龄人的理解和关心,而这些恰恰就是王琳身边最缺失的东西:自由、宽容、理解、关心。所以从这个方面来看,孩子是被动地选择了"躲进"虚拟世界,因为现实的生活环境对她而言没有什么可"留恋"的。

### （三）关于"厌学"

与王琳建立起信任后，她悄悄告诉我，她之前在其他学校被同寝室的同学欺负过。她们嫌她不讲卫生，身上有味道，故意把漱口水、洗脚水之类的洒在她床上，而每次都只洒一点点，能感觉到床上有点湿但又不是很明显。她跟老师反映过这个事情，老师也只是劝她要处理好寝室同学间的关系。后来她从其他同学那儿知道，她们是想用这种方法逼她主动换寝室。之后她就和这些同学们大吵了一架，最后选择转学到我们学校。那件事后，她对于学校、对于身边的同学就有了莫名的愤怒。而这些心里的委屈，她只能自己承受，她无法去跟"老好人"父亲说，"因为说了也没用"；更不会去跟"仇人"似的母亲说，"说了也只会骂我人缘差"；也没有办法与虚拟世界的"战友们"说，因为她在游戏世界里是战队的队长，"丢不起这人"。

## 三、解决方案

### （一）规范母亲"家教"行为

基于对学生的了解、理解和尊重，在学校领导和心理老师的帮助下，我们与王琳父母共同协商，达成了一个初步的解决方案。鉴于母亲和孩子之间不可调和的矛盾，我们需要站在一个中立的角度去协调这个问题。既然情感的纽带已经濒临绷断，我们就以签署协议的方式去规范双方不太冷静的行为。协议重点落在母亲如何公平公正地对待孩子。要求母亲就事论事，不要牵扯其他不相关的事情；要求母亲停止谩骂，而改用协议里面双方认可的处罚方式进行约束，比如孩子玩电脑太晚，没有按规定时间睡觉，就扣除当月部分零花钱等方式。以"协议"的方式，让双方有据可依，而不是沿用原有粗暴的交流方式，让家长更合理地管理孩子，让孩子心甘情愿地接受自己认可的处罚方式，最重要的是减少母女间言语冲突，避免矛盾升级。

### （二）强化父亲"家教"作用

与此同时，我也与王琳的父亲交流了很久，他坦言自己作为父亲和丈夫都是失败的，但是实在不知道如何去做，自己平时宁可在外面上班也不想回到这个家。对于他们夫妻之间的问题，我没有办法参与协调，但是我建议爸爸多关心孩子，平时多带孩子单独出去玩，看看游戏展、动漫展、设计展等孩子感兴趣的事物，让女儿知道，无论她表现好与不好，爸爸对于她的付出和爱是不计较回报的，让她感受到这个家还有温暖和希望。对于母亲，我们尝试了许多引导方式，坦白说并没有什么实质的效果，母亲是个很强势的人，思想也非常传统守旧，固有教育孩子的方式无法改变。

当天的事情处理完后，回到教室我又跟王琳单独谈了很久，尽管由于平时缺少锻炼，孩子很难接受高强度的军训生活，但是她表示还是会留下来继续坚持军训。当天晚上，母亲把孩子的生活用品放在了门卫室，另外还给她买了些零食。

## 四、后续措施

我知道，王琳选择留下来只是一个开始，孩子身上的问题短时间内是无法解决的，需要时间和耐心慢慢去打磨，所以后续的跟进措施必不可少。基于孩子目前的几大问题，结合马斯洛需求层次理论中的"归属与爱的需求、尊重需求、自我实现需求"，我针对性地开展了三方面的帮助措施。

### （一）建立良好社交渠道

解决王琳社交能力薄弱的问题是第一步。由于遭遇的不愉快经历加上孩子本身的性格缺陷，导致她很难主动去与其他同学成为朋友。于是我安排了几位性格比较容易相处的同学坐在她周围。难能可贵的是这几个孩子都有一双慧眼，懂得如何发现他人的优点。一段时间后我逐个询问了这几位学生，她们对王琳的评价普遍都是正面的，"讲义气""刀子嘴豆腐心""求一下就心软了"。王琳尽管不擅表达，但是她对于朋友的付出却是真心的，对于这一点我深信不疑。因为在军训期间她曾跟我分享过一件事：当时有一个比较聊得来的网友，家庭条件很困难。为了给对方买一个心仪的书包作为生日礼物，她能省吃俭用两个多月，实际上她自己也没有多少零花钱。从这件事上可以看到，她对于真心朋友的珍惜和渴望。

### （二）确立班级角色定位

考虑到王琳当时的性格问题，她很难主动去融入新的班集体，我给她安排了小组长、课代表以及黑板报负责人等工作。一开始她是非常排斥的，后来在我的再三要求下,她还是"迫于无奈"地开始工作。这些工作让她在整个班级的运转过程中找到了存在感,帮助她确立了一个合适的班内角色定位。也为她能与其他同学产生更多的学习生活交集提供了很多机会,从而增加了彼此间沟通交流的次数,促进了其在班集体中的快速融入。

### (三) 发挥学生个性特长

王琳的特长是画画。在第一周的班干部例会上,我就明确要求,今后班级的黑板报、各种节日小报比赛,王琳都必须"无条件"参与,不管她"愿不愿意"。孩子表面上很无奈,甚至朝我翻白眼,但是我知道,对于这份"公开的认同"她心里是十分开心的。由于孩子在这方面确实比较擅长,再加上自己"偷偷地"努力,她的作品在各种评比中开始崭露头角。渐渐地,同学们已经习惯了但凡涉及画画、小报等比赛,大家第一时间想到的都是王琳。她通过自己最感兴趣的方式、最擅长的能力收获了同学们的认可和尊重。大家也看到了这个有点奇怪的女孩子身上的闪光点。更重要的是,她自己也意识到原来自己可以做得很好。慢慢地,我注意到她也开始注重自己的仪容仪表,不再像刚来时那般不修边幅了。

## 五、案例反思

"母亲的情绪就是家里的指南针。"母亲焦虑、暴躁、不耐烦、冷淡等负面情绪都会对孩子的心灵造成无形的伤害。案例中王琳母亲在教育孩子时,缺少科学的家庭教育观念,总是处于情绪失控状态,导致家庭教育最终演变成了谩骂和发泄,孩子对于母亲的"憎恨"也在这种错误的沟通方式下与日俱增。而父亲的"无能为力""不作为""逃避"同样对整个家庭产生了诸多负面影响。现如今,"父亲缺位""丧偶式教育"是一个非常普遍的社会现象,已成为最主要的家庭教育困境之一。

通过一个学期的引导和沟通,王琳在学校的表现有了明显的改善,平日里对于母亲的抱怨也少了很多。她在学校里交到了新的朋友,在集体里找到了适合的角色定位,通过努力和画画特长赢得了尊重和认可,同时也收获了家庭矛盾中缺失的那份自信和自我认同感。在学校三十周年的庆祝活动中,王琳还主动报名参加了"三十周年校庆海报设计比赛"。尽管最终比赛未能获得第一,但是她身上的变化已经足够让我们感到意外和惊喜。

　　另一方面，我们也看到了王琳父母的诸多变化。我每个月都会给王琳父母各打一次电话，告诉母亲孩子在学校的进步，也会向她描述王琳对她看法上的改变，让她也能获得一些作为母亲的成就感；在与父亲通话时，则会更多地赞许父亲本月为孩子所做的事，比如"又为孩子买了零食"，"孩子很开心爸爸带她去公园玩"等，肯定父亲改变的同时，鼓励父亲能更多地承担起家庭教育责任，主动去缓解母女间的矛盾。

　　当然，孩子身上还是存在着许多问题，迟到次数多、容易与严厉的任课老师发生矛盾、对于母亲还是有抵触情绪等，但是庆幸的是一切都在往好的方向发展。相信随着老师与父母不断地交流沟通，一定会促进他们对于家庭教育的深入了解，家长会意识到家庭教育的重要性，会去主动做好家庭教育工作，孩子也会在良好的家庭环境下健康成长。

# 从孤独走向温暖

上海市奉贤中等专业学校　卫晶菁

**摘　要：** 父爱如山,母爱如水。在孩子的成长道路上,父母发挥着不可替代的重要作用。然而,并不是所有的家庭都是健全完整的。对于单亲家庭而言,如何引导父亲或母亲在家庭教育中既调整好自己的情绪,又照顾到孩子的需求,承担起教育的重任,是班主任在工作中每年都会遇到的困境。本文就指导策略作分析和探讨。

**关键字：** 单亲家庭　家庭教育　指导策略

## 一、案例概述

T,男,16岁,现为中专二年级学生,父母离异后与父亲一起生活,父子关系不融洽。其父幼年时遭遇车祸,右腿截肢,现就职于残联,每月领取最低保障收入。其母在T初一时与其父亲离婚后回老家重组家庭并再育一儿,此后,联系甚少。T同学刚入校时表现为沉默寡言,独来独往;任课老师反映他上课不认真听,作业不及时完成,总是迟到甚至旷课;住宿期间内务邋遢,经常在宿舍抽烟。为此,我多次找T同学谈心,以期深入了解情况,并与其父亲沟通,进行家庭教育指导。目前父子关系缓和,学生在校表现进步明显。

## 二、案例分析

### (一) 母爱缺失,自我否定

T谈及母亲总是刻意回避,他曾言,母亲肯定是不爱自己的。与其父亲交谈时得知,当初实因外来务工的艰难,T的母亲才愿意下嫁于他,而T的到来使原本清贫的生活更显拮据。可想而知,T母亲对生活的种种抱怨,夫妻间的不断争吵,使年幼的T对生活充满了恐惧,他将父母的冲突归因为自己不够好,逐渐演变成自我否定,觉得自己不值得被爱。而母亲的离开彻底让他对这个本就不温暖的家失去依恋,和父亲的关系陷入僵化。

### (二) 父爱缺位,自我迷失

母亲是孩子来到这个世界上第一个亲密接触的人,是亲子亲密关系最直接的建立者。虽然T幼年时没有和母亲建立起良好的依恋关系,但是如果父亲能及时补位,关注到孩子的身心发展需要,也是可以起到替代作用的。特别是在3~6岁这个时期,如果T的父亲可以适时介入,就能避免T和母亲之间的分离焦虑,使他能够更好地向外探索,与身边的人建立更复杂的双向人际关系。只可惜,T的父亲并没有意识到这一点。紧张的夫妻关系以及生活经济压力,已经让他疲于应付,没有更多的精力去关注到孩子。T的成长道路上需要父亲的阳刚、坚毅、勇敢作引领,然而在T的童年,既没有得到来自母亲的温暖,也没有父亲的力量支撑,所以他在成长过程中逐渐迷失自我。

### (三) 家庭不和,自我放逐

T在幼儿时期,父母关系紧张,没有足够关注到他的成长需求,没有和他建立信任、亲密的亲子关系,没有让他找到自己的归属。T没有从母亲身上感受到爱与呵护,也得不到来自父亲的关注和支持,他不懂爱亦不知爱。在逐渐长大的过程中,归属感和爱的缺失影响了他自尊的发展。T在学习上的无所谓、生活中的邋遢都是低自尊的一种表现。同时,父母的频繁争吵、不良的家庭关系,导致他不断自我否定,认为自己没有存在的价值。母亲的再婚再育,更是让他感到自己被抛弃,从而自暴自弃,自我放逐。

## 三、家庭教育指导策略

家庭教育指导的对象是家长,主要任务是使家长在教育观念、教育行为和教育能力三方面发生改变,以期为孩子的成长提供一个积极健康的环境。但是家庭教育指导效果并非家长单方面的行为结果,需要家长与孩子的有效互动。对于中职生而言,一方面,他们已经具备了明辨是非、理解他人感受的能力;另一方面,处于青春期的他们正在形成自己的三观,也在经历自我同一性和角色混乱的冲突,这一关键时期的人格发展对个人的一生都会产生深远的影响。

因此，笔者认为，家庭教育指导中对于学生的指导也同样重要。基于此，本案例的家庭教育指导分为家长和学生两个层面进行：

**(一) 家长层面**
**1. 引导家长内观、悦纳自己，积极面对生活困境**

家庭教育指导的内涵不仅有益于学生的健康成长，还可促进家庭关系的建设和家长的人格发展。对于T的父亲，幼年不幸、夫妻离异、生活贫困，这些无法改变的处境，使他内心充满了无奈、悲凉和痛楚，他也活在自我否定中。对于一个自己都没有幸福感的父亲而言，要他给孩子创造积极温暖的家庭环境是困难的。所以，在进行家庭教育指导前，首先要理解家长并看到他的内心需求，和家长建立信任关系。引导家长正确表达自己的感受，表达的过程也是自我觉知的过程，家长会逐渐学会内观，慢慢看到自己并学习如何悦纳自己的情绪。明白和孩子之间的冲突大部分是源于对自我的不满，学习与自己和解，调整好情绪状态，才能更客观地评价孩子，才能有利于亲子关系的发展。

在一段时间的努力后，T的父亲也表示残疾已是没办法改变的事实，只能接受，以往确实太沉溺于自己的悲伤中而忽略了孩子对于父亲情感支持的需求，以后会调整好自己的情绪状态，尽到父亲的职责，为孩子营造一个温暖的家。对于收入低这一困境，我则和他一起探讨是否有改变的方法：比如在朋友的帮助下做一些兼职、在残联多参加可以胜任的活动等，不仅可以增加收入，也能拓宽自己的生活圈，为灰暗的人生创造一点色彩，T父也表示他一定会努力做出尝试，身体力行，给孩子树立榜样。

**2. 指导家长尊重、鼓励孩子，追求自我人生价值**

在引导家长看到自己的同时，也要引导他学会看到孩子，看到孩子行为背后的需求与动机。当明白大部分的叛逆行为只是在传递一种想要被爱、被关注、被认可的信号时，相信没有一个家长不会不为之动容。都说可怜天下父母心，但作为家长，又是否真的看到了那个弱小、无助、彷徨、迷茫的孩子呢？T的父亲很想改变现状却苦于没有应对方法，班主任在此时适时提供帮助，和家长一起观察并发现T的闪光点，在尊重T成长需要的前提下鼓励他大胆尝试，寻找自己学习和生活的意义，追求自己的人生价值。

T从小学习并不差，并且写得一手好字。在班主任的鼓励下，父亲意识到可以以此为契机，弥补以前对孩子陪伴的缺失，修复父子关系。于是，他为孩子准备了书法用具，周末在家陪着孩子一起练字。同时在班主任的暗示下，父亲鼓励T参与学校板报制作、星光计划硬笔书法比赛、担任课代表等，既培养了父子感情，同时也提升 T 的学习自信，让他意识到自己的重要性和独特性，这些对他的自尊发展和自我同一性的发展都具有促进意义。

### (二) 学生层面

**1. 教导学生大胆表达，改善亲子关系**

和 T 的谈话从母亲的离开说起，他表示自己知道父亲是爱他的，也明白离婚不是父亲的错，但就是不知道怎么和父亲好好相处。我引导他从男人的角度去理解父亲内心的苦。"母亲的离去于你是沉重的打击，对你父亲而言，何尝不是不能言说的痛呢。你只是太希望母亲不要离开，你希望父亲有能力给你一个温暖完整的家，因此你内心责怪他。但这对他公平吗？"同时，我也鼓励他，多给父亲发消息，告诉他其实自己很爱他，多关心父亲的工作情况，要好好利用语言的艺术，对自己最亲近的人永远都不要吝啬表达爱意。都是第一次为人父、为人子，没有人知道怎么做才是最正确的，你期许父亲能更多地表达他的关心和爱，为何自己不尝试先往前走一步呢？在多次鼓励、实时督促之后，T 和父亲之间的交流互动明显增多，父子关系得到有效改善。

**2. 鼓励学生承担家务、假期打工，增强责任意识**

由于家庭的特殊性，我对 T 提出要求：作为家庭的一分子，就必须承担起自己的责任，每日回家打扫卫生、洗衣做饭、完成力所能及的家务；同时，寒暑假期出去打工，赚取自己的生活费。一方面减轻家庭的经济负担，让父亲看到自己的成长；另一方面体验社会生活，体谅父亲面对生活压力的不易，也能更深刻地思考学习的意义和生活的本质。T 利用今年暑假找了一份分拣蔬菜的工作，每天深夜 12 点到第二天早上 9 点，忙的时候一直要到中午才能休息，一个月的工资为 5 000 元，他向父亲保证这个学期的生活费和伙食费自理。T 在工作中不仅体验到了生活的艰辛，也更明确了要靠学习改变自己人生路的目标，所以开学之后，学习态度有了很大改变。父亲为儿子的成长感到欣慰，也不再一味批评指责，更多的是认可和赞赏。

## 四、反思

一年来，T 不再迟到旷课、学习进步、假期打工，早上还会给父亲准备早饭；父亲则在朋友处谋得一份看店的兼职，周末父子俩还会一起练字、钓鱼，这对本来躲在角落各自孤独的父子,逐渐走向对方,温暖彼此,想来这就是家庭教育指导的意义所在。家庭教育是最原始也是最具生命力的教育形态,家庭教育指导最主要的目的就是通过为家长提供教育服务和帮扶引导,提升家长的教育理念、形成科学的教养方法,促进孩子身心的健康发展。

中职学校的老师可能面对更多的问题家庭,就笔者的班级而言,将近三分之一的家庭是单亲。在班主任工作中,需要针对不同的家庭教育指导对象给出适合本家庭需求且可操作的指导策略。本案例中,班主任在和T父亲沟通的过程中,充当了家庭教育指导者的角色,看到这位父亲内心的孤独和悲伤,接收到他也想改变现状却找不到方法的无助;在家庭教育过程中引导他内观、悦纳自己的同时,学习客观合理地表达自己的感受,看到T的成长和改变,学会积极关注并及时鼓励;一起探讨有效沟通的方式和技巧,加强和孩子的沟通交流,逐渐形成良好的亲子关系,引领孩子健康成长;同时根据T同学的家庭实际情况,在学生层面也进行了指导,并取得了良好的效果。后期还会继续跟进,根据不同时期的需求,也会适当调整指导策略,希望发挥家庭教育指导更多的正向功能。

# 家校携手关爱　呵护心理健康

上海市行政管理学校　张燕会　张建华

**摘　要**：如今心理问题日趋低龄化,越来越多的青少年被心理问题所困扰。但由于父母对心理问题认识存在一定的偏差,无法提供有效的家庭支持。本文通过分析一个成功走出抑郁症的案例,帮助我们探索在面对患有抑郁症的学生时,如何在药物治疗的基础上开展心理辅导和家庭教育,以构建有效的支持系统。

**关键词**：抑郁症　心理辅导　家庭教育

目前,抑郁症等心理健康问题,已经呈现低龄化发展趋势,不少中职生也受到了抑郁情绪的困扰。然而,由于家长对心理问题缺乏正确的认识,往往认为孩子是"太娇气才会胡思乱想"。而作为教师,在面对这类状况时,不仅要对学生进行心理辅导,还需开展有针对性的家庭教育,引导家长转变对心理问题的认知,从而做出积极的应对方式,为孩子提供家庭支持。

## 一、案例简述与背景

小 H 同学于 2020 年 9 月考入我校,为走读生。入校后,该生遵守校纪校规,学习成绩中等偏上。她由于性格比较内向,经常独自一人,很少与人进行交流。3 月 20 日,小 H 同学参加东方绿舟国防教育实践活动时,出现一些异常表现。晚上 6 时 30 分,小 H 同学告诉班主任自己身体不舒服,感觉胸闷,心跳加速,睡不好觉,而且心情也不好。班主任听闻后,高度重视,立即联系医务人员,对小 H 同学进行了诊治,并同步联系跟队的心理老师进行介入。校医给该生问诊结束后,建议带该生到医院做心电图、心脏彩超、胸片等检查,以排除器质性疾病。心理老师与班主任详细沟通了小 H 同学在校期间的基本信息、日常表现、人际状况等信息。在了解到小 H 同学在国防教育期间,并没有受过伤,而且也未曾有躯体疾病等疾病史,就在内心猜想是不是由于无法适应东方绿舟而引起失眠、胸闷问题,比如,由于第一次住集体宿舍而引发了不适感。带着这样的疑问,我开启了与小H同学的心灵交流之旅。

## 二、指导方法与过程

本案例的指导过程,包括对学生的心理辅导、心理测评,与家长的会谈与指导、走进家庭开展家庭教育指导等两大部分。

### (一)建立良好咨访关系,把握学生的心理健康状况

在学生等待家长接送的时候,我试探性地询问小H同学的意见,是否愿意和我聊一聊,她点了点头,表示同意。获得她的同意后,我们一起来到办公室。小H同学有些紧张,一直低着头,双手紧紧地抓着衣角。为了缓解她紧张的情绪,我给她倒了一杯热水,并与她详细讲解了心理咨询的相关保密原则,很大程度上消除了她的顾虑。之后,我们开启了第一次谈话。

在与小H同学交谈过程中,我尽最大努力给予共情,认真倾听她的困扰,并通过言语给予她温暖、理解与支持。经过这次会谈,我了解到她近一个月的睡眠质量差、食欲减退,并且总是感觉胸闷、心跳加速。她自述一个多月以来,自己感觉情绪低落,对任何事情都没有兴趣,记性很差,时常会感到特别迷茫。此外,小H同学也表示,觉得自己和同学没有太多的共同话题,感受不到班集体的温暖与归属感,不愿意与同学交往,并且比较敏感,同学的无意言语都会她让她的情绪变得低落。

在会谈过程中,我首先排除了小H同学的自伤意念与想法。结合小H自述的日常表现,以及她的一些表述,我判断她可能有抑郁的倾向。然而,如果只是依靠会谈内容进行评估,难免会缺乏客观性。因此,我决定采用抑郁自评量表作为辅助的评估手段,对她是否有抑郁倾向进行测试。经过测试,小H同学的得分超过常模,基本上可以断定有明显的抑郁症状。通过这次的心理辅导,我不仅对小H同学的基本情况形成了比较清晰的把握,而且,我与她之间也建立了良好的咨访关系,通过不断地给予她理解、支持、鼓励她做一些有意义和愉快的活动,为后续的跟踪关注奠定了基础。

### (二)进行家校沟通,了解家庭互动模式

当晚,小H同学的家长赶到东方绿舟后,我和她的父母进行了交流。首先,我向她的父母了解了小H同学的在家的基本情况,以及其家庭中的互动模式。随后,

我将会谈情况与心理测评情况反馈给她的父母,并建议带她到具有三甲资质的心理科,寻求医生的诊疗。小 H 同学的父亲,最开始表示难以接受孩子的心理可能存在问题这个情况,他对心理疾病具有很强的病耻感,不愿带孩子就医。经过长时间的沟通之后,他的想法发生了一些转变,态度也随之发生了改变,并承诺会带孩子去检查。通过这次与小 H 同学父母的谈话,我基本上可以断定,小 H 同学心理问题的产生,很大程度上与其原生家庭密切相关。小 H 同学从小由爷爷奶奶抚养,童年缺少父母的陪伴,初中后才被接回父母身边。因此,她没有与父母建立良好的依恋关系,平时与父母的沟通较少,父母不理解孩子的内心,孩子也习惯封闭自己的内心,从而导致负面情绪大量积累。

### (三) 持续追踪关注,定期进行线上指导

在与小 H 同学的父亲交谈之后,我持续跟踪她的后期发展情况。她的父亲带她去医院进行了检查,经医生诊断,小 H 同学患有广泛性抑郁发作、非器质性失眠症。为了能够有效缓解病症,小 H 同学表示想在家里休息。当小 H 母亲来校办理请假手续时,我与小 H 的妈妈进行了第二次会谈。经小 H 妈妈叙述,她很焦虑,很无助。特别是由于自己的文化程度并不高,面对心理生病的孩子,更是不知道该怎么办。交谈中,我耐心倾听,并肯定了妈妈对于孩子的辛苦与付出,帮助小 H 妈妈的心情平复下来。接下来,我告诉她一些与孩子相处的方式方法。

在小 H 同学在家休养期间,每周三下午,我都会与她进行一次线上心理辅导。基于认知行为疗法的理论支撑,引导小 H 意识到可以通过识别、改变她的思维和信念,来影响她的情绪。鼓励她发现和挑战无益的假设和信念,并发展有益和平衡的想法,不断地引导她设定每周活动安排表,自己找一些乐趣。通过参与一些简单、愉快的活动,以改善她的情绪和能量水平。

为了全面了解小 H 同学的情况,我经常与其母亲联系,询问孩子的近期表现,给她分享一些相关的青春期心理、如何与孩子相处的讲座和书籍,共同分享她在实际生活中与小 H 相处时遇到问题,讨论更好的应对方式。同时,我还持续地跟进小 H 父亲的家庭教育工作,与小 H 的父亲进行线上沟通,逐步转变他对心理问题的认知观念,鼓励他主动与孩子交流和分享,打开彼此的内心。持续的在线指导,家校合力,为小 H 的心理健康状况的复原提供了保障。

### (四) 深入家中,开展家庭教育指导

为了能够了解小 H 同学的心理健康情况,一个月后,学校的德育老师、心理老

师,以及同我校合作的家庭教育机构的专家们,一起到小 H 同学的家中进行家访。在家访的过程中,我们首先与小 H 同学进行了单独的聊天,详细了解了其在家期间的身心状况,在了解其当前苦恼的基础上,对其苦恼进行了有针对性的回应。在谈话过程中,我们非常注重"捕捉"其可能存在的负性想法,让她意识到这些想法的危害性,学会如何管理消极想法。其次,帮助她意识到"思维陷阱",从而改变她对抑郁症的消极观念,激发她内心的力量以增强她克服抑郁的自信心。最后,我们与家长进行了详细的沟通,主要是围绕家庭教育指导而展开,了解父母与孩子的相处状态,建议家长要多多陪伴孩子,与孩子共同参加亲子游戏,鼓励家庭成员以不同的组合方式参与活动,以增加亲子之间的内心联结。在日常的生活中,也要做到多关心孩子,多倾听孩子,多鼓励孩子,要做到充分尊重孩子的意愿。

经过药物治疗,以及心理辅导和家庭教育的共同作用下,医生对小 H 进行了诊断:抑郁发作恢复期,目前精神检查明显好转。新学年开始的时候,小 H 同学成功返校复课。孩子的脸上一扫之间的忧愁,充满了明媚的笑容,见到老师也能主动问好了。看到这样的场景,我倍感欣慰。在小 H 同学返学后,我们会每周定期与她进行谈心谈话。通过了解获知,小 H 同学目前与父亲的关系有了很大改善,父亲会主动和小 H 分享一些趣事,家庭氛围也变得非常融洽,小 H 还主动和我分享了一家三口去迪士尼游玩的经历。她说,现在感觉自己很幸福。小 H 同学也很感激父母给予的陪伴和支持,给了她足够的动力走出抑郁症的阴霾。经过这件事情,她变得更加理解父母。在中秋节的时候,小 H 同学给我发了一条短信,以这种形式向学校老师表达了感谢,感谢老师们的关心关怀和科学指导,不仅从心理上辅导她,而且充分地理解她,无条件地支持她,还对父母进行了指导,不仅帮助她克服了抑郁症,也很好地改善了她的家庭氛围。目前,小 H 同学已停止服药,在校正常上课,继续完成学业,为了追求自己的梦想而努力着。

## 三、总结与反思

在学校相关老师和家庭教育专家的共同努力下,我们帮助小 H 家长纠正了在抑郁症方面的认知偏差,转变了家长的思想观念,鼓励家长主动地带孩子去医院接受正规的检查,并严格遵循医嘱,不讳疾忌医。同时,我们也充分利用各种渠道,推进家庭教育指导,促进了小 H 同学家庭互动模式的转变,让他们懂得换位思考,相互理解。并且,还针对小 H 同学的具体情况,在有计划有目标的前提下,开展针对性的心理健康教育。请小 H 家长参加家长学校,学习教育学、心理学知识,从方法上给家长以指导，帮助其提高教育子女的水平。家长要关注孩子的情绪变化，在家里建立良好的氛围，家庭关系和谐融洽，夫妻互敬互爱。父母还需要给自己的子女提供积极的、客观的评价，经常倾听孩子的心声而不是指责和训斥，让孩子在家庭中感受到温暖和关爱，感觉受到家长重视和关注。通过提高家长素质达到提高家庭教育效果的目的，从而促进孩子的心理健康状况早恢复。

从中职生的心理问题发展情况来看，很多心理问题并不是短时间之内形成的。而是在一定的成长过程中，在家庭生活和校园生活共同作用下形成的。因而，针对中职生心理抑郁问题的干预，也不能单纯从校园环境、校园文化等角度去展开，而是要充分结合学生的家庭环境，进行适当的调整。开展家校合作的心理干预，就是要由学校和学生的家长合作，针对学生的抑郁症情况，双方沟通确定干预方案和思路，把学生在生活学习中所遭受的负面因素进行排除，为学生营造一个良好的、健康乐观的成长生活环境。作为教师，我们可以利用班级群等方式，和学生家长沟通好抑郁症的管理细节，了解家长在日常生活、在孩子的教育问题上，是否存在不恰当的行为。老师可以从专业的角度给学生家长提供一些好的建议，详细分析家庭环境中究竟有哪些因素导致了孩子的心理抑郁。对于那些已经有抑郁症倾向，或者是已经出现抑郁症问题的孩子，应该掌握相应的应急疏导、干预技巧，老师可以帮助家长一起制定和完善相应的干预计划，共同尝试和总结经验，尽量维护好学生的心理健康状况，避免学生的抑郁情况加重。在家庭与校园的充分合作下，在爱心、包容、理解、正能量的传递渗透下，学生的心理抑郁情况也会更快好转。

当面对患有抑郁症学生时，周围人的关心关怀也是必不可少的。我们每个人都应该对身边的抑郁群体给予充分的关心、鼓励和支持，尤其要给予更多的重视和关爱，让流动在身边的点点善意，涓滴成河，为忧伤的人浇灌生的希望。

# 会"挑事"学生成功转化案例

上海市经济管理学校  洪燕

**摘 要**：中职生濮同学从小受家庭环境影响,在父亲脾气暴躁、母亲宠溺的环境中成长,养成了个性易冲动、会"挑事"的不良品行。本文以他在校门口"挑起"与社会青年打架的事件为契机,经过学校教育和家庭教育的合力,使得会"挑事"的濮同学有了好的转变,"家校共育"帮助他树立正确的人生观、价值观,缓和其家庭中父母与孩子亲子关系,解除了家庭矛盾和冲突,是一件成功的案例。

**关键词**：学生"挑事"  家校合力  家校共育  学生"醒悟"

## 一、案例背景

我校18级中专学生濮同学,男,17岁。他原是17级就读金融事务(银行)专业的学生,因个性易冲动、会"挑事",曾经因参与同学间打架事件,以"劝架"为名,促成事态恶化,受学校警告处分。此外该生因学习懒惰、不爱读书及青春期叛逆,造成2017学年期终多门学科总评不及格,根据学校学生管理规定,他在2018年9月从17级留到18级,重修同专业课程。

濮同学的父母由于性格不合,对孩子的教育理念、价值观不同等原因离异多年,但为了孩子勉强同居生活在一起。父亲脾气暴躁,当孩子犯错不听话时,总是很严厉地批评,"非骂则打"。所以小孩从小由母亲管教,母亲溺爱他,听之任之,包办孩子的生活与学习。当孩子犯错时常常纵容,缺乏有效的管教方法,故而孩子会"挑事""学习懒惰"的缺点始终改不了。现在正值青春期叛逆的时候,父母更是管不好他。该生在这样的复杂家庭环境(父母常吵架)中成长,缺乏家庭温暖,他很怕父亲,所以放学后总想留在学校,每天放学后在操场打篮球,很晚才回家。

2019年新学期开学不久,3月份的某周五下午放学的时候,校门口周边聚集了一些穿着奇特的社会青年,濮同学在出校门的时候看见了,非常好奇,一心想知道那些人想要干什么。那些社会青年在校门口周边聚集了一个多小时,濮同学就盯着看了一个多小时。结果,那些社会青年忍受不了,就和濮同学争论起来,问他:"为什么要看着我们,想干吗?"濮同学反击回应:"怎么是我看着你们,你们如果不看我,怎么知道是我在看着你们。你们在这里,我就不可以在这里吗?"话语一来二去,那些人被激怒了,动手就要去打濮同学。被学校门卫值班的保安及时发现并阻止,才制止了这场打架事件。之后,在学校保安的护送下,濮同学从学校的另外一侧校门出去,避免了该生"被打"。本着对学生的关心爱护,保安将这件事汇报给了学生工作处主任,学生处领导即刻联系该生班主任,约好家长下周一到校见面沟通。

## 二、解决策略、理论依据

1. 要及时与学生沟通,提醒学生要清楚地认识到社会的复杂性、多元化。学校肯定了学生在这件事件中怀有对维护社会平安秩序的正义感、见义勇为的表现,但同时也善意地提醒学生要增强自我保护意识,提升自我的认知,个性敏感冲动、易情绪化、会"挑事"的缺点要改掉,要懂得孝道,知道"伤"在自身却"痛"在父母心上的道理。引导学生对偶遇的社会不良现象可以勇敢地做"斗争",但要智取,借助学校的力量打击社会不良情况的发生。

2. 要及时与家长沟通,取得家长的配合。父母在家庭中要尽到为人父母的责任,营造和谐的家庭氛围,时常关心孩子。指导家长在家庭教育中应采用有效的教育方法,特别是青少年时期的孩子遇到与自己价值观矛盾冲突的事情会容易冲动,不善情绪管理,这时家长要耐心倾听孩子的想法,给孩子好好说话的机会,让他发泄出不良情绪,不要一味批评指责孩子的过错,非打即骂,这样不利于正值青春期孩子的健康成长,反而会使之误入歧途。此外,父母在教育原则和思想上要高度一致,不能各自为战,使孩子无所适从。父母双方意见统一,心平气和地与孩子沟通交流,让孩子明白在这件事情中自己应该承担的责任和存在的问题。

## 三、解决问题的具体方法、过程

周一上午9点,学生工作处主任、班主任、学生及学生家长(父母一起到校)在会客室针对上周五放学后校门口发生的"怂恿打架"事情进行了坦诚交流与沟通。学生工作处主任代表学校,晓之以理、动之以情从关心爱护学生的角度出发,对学生进行了生命安全教育、行为规范教育。并请家长(父母)协助,在开展家庭教育时给孩子足够的耐心,采取有效的护儿措施,以及为帮助孩子健康成长提出了合理的建议和忠告。事后,学生从这件事情中深刻认识到自己存在的问题,写了检讨书,保证以后不再冲动"挑事"。父母也表态会配合学校,采取合理的家教方法教育好儿子。最终经过学校和父母有效沟通,父母从开始的责怪学校治安问题,到后来清醒觉悟是自己的孩子会"挑事"遭打的事实,达成一致意见,和平地解决了问题。

## 四、结果

1. 学生通过此事,对自己因冲动会"挑事"的脾气有了觉悟,认识到自己做错了事情。万一恰巧自己被别人打成了"重伤残疾",将是终生遗憾的事情。即伤害了自己,也令父母亲为之伤心。(该生从发生事情后的一个多月以来,行为上确实有所克制与改变,没有再发生过类似的"挑事"事情。)

2. 家长积极配合学校,父亲放下自己对孩子的偏见(认为自己孩子怎么也教不好的想法),多花时间与儿子相处,事后一周时间接送儿子上下课,路上与儿子谈心。第二周起如果不能接送孩子则约定每天放学后到家时间。(这一个多月来,孩子也很自觉,放学后也不打篮球了,都按约定的时间平安到家,让父母放心)。此外与孩子沟通好,家长没收了其手机,以免他通过手机结交不良的朋友。

3. 班主任在学校里非常关注该生的学习生活,经常与他沟通交流,倾听他的想法,疏通他的心理问题,引导他朝着正向发展。在教室里,在他身边安排不爱说话、学习好的同学,帮助他在学习上进步。濮同学家住青浦区徐泾镇,学校给他办了免早证,但有一次该生很早到校参加了早自习且学习态度很认真,班主任在教室里当着全班同学的面正面鼓励表扬了他。并特意拍了一张照片传给他父亲,与家长一起分享了孩子点滴进步的喜悦。(这一个多月来,该生在校与同学相处友好,没有发生因冲动"挑事"的事情。)

4. 学校采取积极的学生安全保障措施,每日校门口早上 7:00~8:00,下午 3:30~4:30,协警加强护校巡逻,保障每位学生的出入校园以及校园周边行走的安全。

## 五、反思与总结

这个案例最终经过学校教育和家庭教育的合力,使得"爱挑事"的濮同学有了好的转变,"家校共育"帮助他树立正确的人生观、价值观,缓和其家庭中父母与孩子亲子关系,解除了家庭矛盾和冲突,算是"成功"的案例。从中深刻感受到家庭是孩子的第一所学校,家长是他们的第一任老师,也是终身老师。家庭教育和学校教育同样重要。总结经验如下:

### (一) 家长要努力营造温馨、和睦的家庭环境,为孩子健康成长创造条件

家是孩子主要的活动场所,家庭气氛的好坏直接影响着孩子的身心健康。父母绝不能经常在孩子面前拌嘴吵架,那样会使孩子产生恐惧、情绪烦躁甚至厌恶的心理。不仅会让孩子疏远与父母之间的感情,也会潜移默化影响孩子养成易冲动会"挑事"的不良行为习惯。给孩子一个安全、舒适、温暖的家,是教子的第一步,父母之间要相亲相爱,和睦相处。在这个方面,濮同学父母应肩负起为人父母的责任,努力为孩子营造温馨、和睦的家庭环境,让孩子感受到亲情的温暖。

### (二) 家长要讲究科学方法,做好与孩子沟通工作

本案例中濮同学父亲与儿子的沟通方式不恰当,管教不听则打骂孩子,或是干脆不管教,只会让孩子不愿与他相处,远远逃离父亲的身边。学校与其父亲进行了有效沟通,劝说父亲改变不恰当的管教态度,采取积极主动、于情于理的家教方式与孩子沟通,出于内心强烈要保护孩子的心理,多陪伴孩子,这样才会拉近亲子关系,改善亲子关系。有效的亲子沟通方法,可使家庭教育事半功倍。

1. 要善于倾听。只有倾听孩子的心里话,知道孩子想什么、关注什么和需要什么,才能有针对性地给予孩子关心和帮助,也会使之后的沟通变得更加容易。孩子诉说高兴的事,家长应该表示高兴;孩子诉说不高兴的事,家庭应该让他尽情地宣泄,并表示同情。这样,不仅使孩子更乐意向家长倾诉,也可以提高他的语言表达能力。

2. 要学会和孩子做朋友。家长如果总是高高在上,就很难和孩子交知心朋友,也就谈不上真正的沟通。这就要求家长和孩子谈话时,要以孩子的心态和孩子能理解的语言进行。

3. 要有耐心。家长与孩子之间的年龄、心理和思想感情等各方面都存在着巨

大差异，理解需要一个过程。如果过于急躁，沟通就会成为泡影。

**（三）学校利用教育资源，为家长做好服务工作，提高家长教育理念和家教能力**

家长都期望把自己的孩子培养成对社会有用的人才，但由于每个家长的职业特点、文化水平、性格脾气等条件的差异，培养出的孩子个性迥异。特别是就读中职校的学生，因中考失利、家庭环境、社会偏见等多种复杂原因，很容易造成青春期孩子的心理问题，家长迷茫无助，学校有义务利用教育资源，为家长做好服务工作，提高家长的教育理念和家教能力。

我校除了传统的与家长沟通方式，比如班主任家访、电话、网络平台（微信、QQ）联系家长之外，还创建学校企业微信平台，开设网络精品云课，向家长推送"家庭教育微课"学习视频。家长可以随时上网登入平台，学习微课内容，收获科学合理的教育孩子成长的方法。此外，每次全校家长会，学校会邀请国家二级、专业心理老师为家长们做"青春期学生的心理指导策略"等内容的讲座，之后通过学生自编自导的舞台剧表演让家长们学有所悟，学有所获，从而进一步提升家长的家庭教育水平。

综上所述，本案例中濮同学的"学习懒惰"、易冲动会"挑事"的不良行为，都与他从小的复杂家庭生活环境，父母错误的家庭教育方法有关，作为班主任，要纠正、转变他的不良行为习惯，确实具有很强的挑战性、困难重重。班主任自身不应对中职生有过高的期望值，期望过高只会"两败俱伤"。现在该生留级至新班已有半学期，通过班主任的用心努力，该生已融入新班级集体环境中。濮同学经过校门口"怂恿打架"的事件，易冲动会"挑事"的不良行为有了明显改变。接下来，作为班主任要思考的是如何才能激发学生的学习兴趣，让他自主学习，学好金融事务（银行）专业课程。

在新时代，我们要促进青少年健康成长，任重而道远。学校、班主任、家长共同一体，家长教育和学校教育合力，为能共同为国家培养出高品德、高素质、高技能的栋梁之材作不懈努力，砥砺前行！

# 愤怒的 0 分

## 上海信息技术学校　谢云

**摘　要**：中职学生在义务教育阶段因基础学科成绩不佳而被贴了"差生"的标签。作为一名职业教育的班主任，如何客观看待学生并挖掘其核心优势，激发他们的学习热情和兴趣，引导家长改变对学生长久以来"差生"的负面印象，正确积极地评价孩子，助力中职学生的成长成才？本文就以一位中考语文 0 分的学生为个案，开展家庭教育指导，指导家长接纳孩子的想法，尊重孩子的想法，帮助孩子实现他的理想，让孩子成为他想要成为的样子。

**关键词**：中职学生　家庭教育指导　积极评价

## 一、真零分的软件迷

"你中考语文 0 分？"我的嘴巴呈 O 形。

"那是给父母的惩罚，给自己的礼物！我想来信校学计算机。"

"你数学测验 100 分，作弊的吧？"我瞪着他。

"其实我读书不差的，学计算机的人数学要好。"

"你逃寝去打游戏了！"我喝问。

"我是逃寝了但不是打游戏，我替初中同学建立一个动漫网站，昨晚进入关键时刻，需要连续工作！你爱信不信！"

"你在寝室抽烟！"我七窍要生烟了。

"科学家都喜欢抽烟，思考的灵感也许就从烟雾中产生，学校最棒的计算机老师都抽烟，你知道的！"

"你英语课睡觉？"我波澜不惊了。

"这种英语内容学了没用，我只要看得懂计算机英语就行了。"

……

这就是姚洋杰(化名),一开学就整天念叨学计算机、学软件的怪才。

然而,在父母眼里他是一个不说计算机时的乖孩子,但一说计算机时的沉默者。原因很简单,他和父母对于计算机的看法大相径庭简直到了水火不容的地步,在家谁都别提什么计算机、软件之类的词,一提准以互不理睬一个月为限。

姚爸爸是公司老板而姚妈妈是全职太太,爸爸妈妈都对儿子充满期待。但姚同学在初二的时候疯狂地迷上了电脑游戏,成绩一落千丈,父母想尽一切办法都无果,所以亲子关系一直处于对立状态,父母对电脑恨之入骨。而姚同学却变本加厉,初三时更萌生了考计算机中职的想法:与其用三年时间战题海还不如专攻软件,别人考大学时我就应该学有所成,开创属于自己的事业了!

父母急得双脚跳,要搞软件等高中毕业后考此类专业岂不起点更高,何况你现在哪里是搞什么软件,就是为玩游戏找借口罢了……这孩子,一定是疯了!

在父母的万千宠爱中长大的姚洋杰对于父母的软硬兼施全当耳边风。面对人生中的第一次重大抉择,以往事事迁就的父母,却在这一次绝不让步!不听,就强制执行,你还未成年,填志愿,复读,都由我做主!结果就出现了开头的一幕。他在复读的一年里不吵也不闹,就是不理睬他们继续专攻计算机,最后用愤怒的0分惩罚了父母,绝了他们让他二次复读的心来到信校,成为和父母顶着干的"牛人"!亲子关系陷入僵局父母彻底失望,听任他寄宿学校。

因为玩游戏而进入信校软件班的同学很多,但像姚洋杰这样有个性的少,他真的是对计算机学科有浓厚的兴趣而非为了玩游戏?他是计算机天才还是玩游戏的蠢材?

我耐心观察他,尤其是他面对计算机的时候。他的手提电脑总是处于编程状态,屏幕上总是有一些奇怪的图框指令,有时还会解释一二。一次恰好我办公室电脑中毒瘫痪,于是叫他来维修,半个小时电脑就恢复如初。我又叫他连续给基础部的老师修了几次电脑,老师们都反映他电脑维修技术过硬,几乎手到病除,不久就在同学间小有名气了。看样子他确实是对计算机有强烈的兴趣和执着的信念,要引导他成才非得先缓和他和父母的关系不可。俗话说"条条大路通罗马"。我要设法让他的父母理解他,接受他不走寻常路的成才方式,在他们的亲子关系中做一次破冰努力!

## 二、家访交流巧破冰

姚洋杰父母自从孩子进了中职学校就一直处于情绪低落状态,爸爸几乎不再和他说话,妈妈也不愿意理他,家庭气氛降至冰点。可姚洋杰无所谓,住宿是摆脱精神冷暴力的最好方法,所以家虽近他却是住宿生,初三时父母不在乎他的感受,现在他也不在乎父母的感受!父子虽然意见不合,脾气倒是如出一辙!

在我校的第一次家长会后我特意去拜访他父母。他的父母始终不能接受姚洋杰读中职的现实,也不愿意相信姚洋杰每天在电脑前捣鼓是在编程而非打游戏。幸亏我是有备而去,我向他们讲述姚洋杰在学校里帮助老师修复办公室电脑的故事;告诉他们篮球场上很多同学不知道姚洋杰真名而直呼他的诨号"电脑高手";我还让姚洋杰当着父母的面不用鼠标只用各种命令在百度上搜索我们学校软件专业的优秀毕业生,当姚洋杰在电脑上打出一连串的令人眼花缭乱的英文指令,父母的眼神终于有了丝暖色。于是我马上向他们展示了为姚洋杰量身定制的专业成长方案:先以兴趣为切入点,让他进入软件班学习。然后由专业教师带领他参与项目实训。等技能过硬了,让他参加各级各类的技能比赛,让他在比赛中反思自己的学习短板,然后发自内心地去补基础文化课。学习的心有了,他的成功就只是时间问题。

话到这里我适时地叫姚洋杰回避了一下,和他的父母讲了一些悄悄话:计算机软件行业,首先需要兴趣和执着,这是姚洋杰的优势,但他走中职的成才方式也在挑战我们的教育方式,说起来计算机界还真有这样的传统,乔布斯、比尔·盖茨不都是按照自己的个性成长的吗!他们的父母都采用了符合教育规律的引导方式,否则乔布斯和盖茨都不会如此成功。父母想当然地牵着姚洋杰的鼻子走是违反教育规律的,以前的事情要既往不咎。我们要抓住今天姚洋杰愿意学习的契机,不要让孩子孤独地一个人跋涉在追梦的路途上,引导得当他是一个能成大器的人。孩子处于青春期,叛逆是必然。如果继续僵持下去,父母的赌气可能会赌掉孩子的后半生,我们可不是16岁的孩子了,所以要理解他,要在和他尽量保持一致的前提下引导他达到双赢目的,而不是和他一直处于对立的拔河状态,最终两败俱伤!

我精心准备的家访破冰成功,天然的舐犊之爱最终唤回了他们的理性,条条大路通罗马,孩子不是父母的私有财产,他的想法也要尊重,否则只会越走越僵。理解尊重孩子的选择,亲子关系和谐,父母的家庭教育才有实施的对象。他们表示一定和班主任做好家校配合。

我由此建议他妈妈每周和我通电话了解他在学校的进步,关注他的学习兴趣,让孩子、家长、学校三者合力朝一个方向前进。妈妈每周打电话时我尽量挑孩子的进步讲,消除她对儿子在中职不学好的偏见,为姚洋杰在家里学习计算机软件技术奠定基础。我又建议爸爸在亲朋好友中间广而告之:电脑有问题可以找洋洋修。

有一天姚爸爸给我打电话："谢老师,我不知道原来我儿子电脑技术真这么好,叔叔家电脑坏很久了,他没一会儿解决了。唉,我以前不理解他,还总以为他在玩游戏,下次怎么教育他我们父母一定先听取你的意见。"

### 三、责任意识巧激发

取得了家长的理解之后,姚洋杰父母也给了我一个任务,希望孩子明白既然家长现在充分尊重了你的选择,那么你对自己的选择要负责。我义不容辞地做起了家校间的桥梁。

"姚洋杰,你那个0分使你总分比其他同学低,所以计算机编程的选修课你的申请被驳回了,原因是名额满了。"

"啊,可老师我就是冲着软件班来的,那个选修课是入门基础课,我……"

"着急了,0分向你抗议呢!不过我和任课老师说了你的情况,他答应你可以去旁听,自己带电脑,但没有学分。"

"那作业呢?考试呢?"

"考试分数对你没有意义的,作业交不交,考试考不考随你。"

"那我能读那个专业吗?"

"那要看你学习的过程和结果,如果专业老师认为你很有天赋,那么……"

"我懂了,谢谢老师。"

他真的抓住了这次机遇,在计算机编程的选修课上不断地给老师带来惊喜,"这孩子,太钻了。""他的计算机基础很不错啊,比其他同学高出一大截。""他的作业总是全班最好的。""他动手能力很强啊,敢于创新敢于质疑,好苗子。"一年后,他以计算机编程考试第一名的成绩进入软件班学习,向0分说不的责任他终于扛下来了。

暑假,姚洋杰希望父亲能让他参加高级软件工程师资格证书的培训和考试,那需要一笔不小的费用,父亲还不够完全信任他又来咨询我意见。我又一次把责任两字放在了姚洋杰的肩头,父亲最后同意了他的要求,姚洋杰也没有辜负师长的期待,成为当年最年轻的通过者,父母终于对他刮目相看。年底我力荐他去我校市场部调试一批分析工测试的模拟考软件,他只花了半天就完成了任务,一跃成为计算机系"牛人"之一。在他的牵头下又组织同学成立了计算机维护小组,找他修电脑还要预约呢!

2010年他成为全国技能大赛的备赛选手。大赛结束,他就要求妈妈帮他物色英语家教，请求专业老师推荐计算机基础读物，主动寻找各类好书看。因为他在大赛的平台看到了更优秀者，也看到了自己的差距，他要更广泛更深入地学习。姚洋杰的进步和成绩终于使爸爸妈妈从他中考的失落中完全走出来，成为他最好的支持者。2011 年的秋天他参加了九城的 Unity 3D 培训，过五关斩六将，成为被九城网络录用的五人之一，要知道其他四人可都是大学计算机专业的毕业生。而且职业经理最看重他，说他最有潜力可挖。姚洋杰爸爸与我谈到他时眼神充满了欣赏和自豪。

## 四、师生陪伴共成长

三年过去了，洋洋妈妈比以前更懂教育了。"谢老师，我看过您推荐的《世界因你不同》这本书了，我没有李妈妈那么会教孩子真是惭愧！我一直以为我为他着想就是好的，看李开复求学这么曲折，他妈妈从来没有硬性干预过他，只是给他人格的教育，专业任其发展，真是了不起。相比之下我和洋洋爸爸做得还很不够，不过幸亏那年进了信息技术学校又遇见了您。孩子得益不说，我们家长也是学了不少教育之道，教孩子还是要多向你请教啊！孩子在您身边三年了，您还这么用心，不仅对洋洋，对我们怎样进行家教也一直进行指导，这几天看了您推荐的书才发现自己要学的东西还有很多啊，家庭教育真是门大学问啊！真是谢谢您了！"

我有时真是一个好事的班主任，自己看了《世界因你不同》，就忍不住要推荐给家长看，希望他们能受启发学会做 21 世纪的好父母！班主任也是学无止境的！

## 五、个案感想

姚洋杰的案例在软件班还是很有典型意义的，因为这个班级的很多同学都是因为游戏而迷上计算机的，进而选择了软件成为自己的职业方向，但也有不少同学进入专业学习阶段以后发现打游戏和编程根本就是两个世界。我在带班的过程中一直在区分这两类孩子的不同，如果姚洋杰不是编程而是玩游戏的话，我的指导方案就会进行调整。沉溺于网络游戏的危害是有目共睹的，有的孩子是以学软件为名日夜在游戏里鏖战，那我就会建议家长让他放弃软件班，还不如转到其他专业继续学习！

当姚洋杰在专业成长道路上一步步成长的时候，他父母对他的看法也在渐渐改变。姚洋杰以前回家几乎不和父母讲话，父母开口也只是考试分数，双方根本没有共同交流的话题。"罗森塔尔效应"告诉我要让自己进步首先要满怀期望的激励，而父母对孩子的教育也是如此。我在做破冰家访前做了大量的观察和思考，尤其是观察姚洋杰是不是软件方面的可塑之才，动用了很多计算机系的资源，请学校的计算机高手评估过他；思考用什么样的语言打动父母并且争取父母和学校老师站在同一个教育方向上。那次家访我甚至做好了演讲发言稿，一定要说到家长心坎里。其实真正打动了他父亲的是我们让姚洋杰回避后的对话。所以后来父母态度就变了，愿意和孩子经常讨论计算机的问题，姚洋杰俨然是个小教员。当亲朋好友来相求的时候，爸爸妈妈的自豪感油然而生。没想到这个玩游戏的娃娃今天成了计算机高手，在学校享有"牛人"之称，动手修计算机的能力让老师都刮目相看。以前要求儿子一味埋头苦读，只追分数的想法真是太狭隘了，学习还是要将兴趣能力知识实践合一。

想起他中考语文0分的事，令人不由得思考青春期叛逆的特点。孩子的叛逆并非无源之水，它一定有个源头，如果我们老师能帮助父母找到这个源头，帮助他们解开的心结，孩子青春期的成长要阳光得多，冰冷的亲子关系也会解冻回暖。

写到这里，我深感作为一名教育工作者，尤其是班主任责任重大，我们总被很多表象迷惑，不明其理。姚洋杰的案例告诉我老师指导家长开展家庭教育工作的重要性，如何顺势而为显得尤为重要。0分、逃夜、打游戏、抽烟、作弊、上课睡觉等其实都是表象，表象下究竟有多少真相等待着我们去探究、去发现、去解决。做一个中职班主任，就要有这样的耐心和智慧，去引导家长挖掘表象后的教育规律，让每一对父母都成为那只点石成金的手！让每一颗石头都成为闪闪发光的金子！

你值得努力！

# 男孩告别"脆饼干"

上海信息技术学校　高成坤

**摘　要**：每一个人的成长都不可避免地打着原生家庭的烙印，父母的教养方式、父母的人生态度无一不深刻地影响和改变着孩子的人生发展轨迹。学校和家庭的共育只有循着孩子成长的方向，满足孩子发展的需求，才能形成促其进步的合力。

**关键词**：中职学生　对话与成长　家庭教育指导

## 一、"讨说法"

看完电影《秋菊打官司》，我和大家一样都记得那句名言"给我个说法"，只觉得秋菊这样的农村妇女才会如此执拗，却没料到在接手新班后会遭遇"讨说法"的家长。

那天中午，接到班级同学的电话，语无伦次地催促我快去，大概是说有家长到教室去兴师问罪了，已经训过小泽和小杰两位同学……话音刚落，一个五十岁左右的男人怒气冲冲地到办公室找我。"高老师，我是小诚的爸爸，你们班的两个男生怎么可以这样欺负人呢？你今天一定给我处理好，否则我要到校长那儿，让他评评理。"我赶快把他让到沙发上，顺手倒了一杯茶给他。

原来是小诚？他有着怯怯的声音、清秀的脸庞、高高偏瘦的身材，常常低着头，两只手绞在一起，很小心的样子。尤其是初中班主任对他"胆小、敏感、脆弱"的直白评价，让我从开始便特别留意他。成绩中等偏上，上课认真，但班里的同学对他都比较疏远。简单了解过，班里同学说小诚人不错，篮球球技也很好，但挺幼稚的，还开不起玩笑，跟他没共同语言，甚至于背后叫他"脆饼干"。

看到门外闪过的小诚，我微笑示意他进来。"小诚，你能和我说说是怎么回事吗？"

"老师,真对不起,我不想这样的,小泽把我给李老师的考评表撕了,他说不喜欢李老师,也不许我给他评优秀等级,还威胁不许告诉老师,他们好几个人一起,我很害怕就叫爸爸来了。"

"老师,你说这不是欺负人嘛,一定要好好处理,否则我孩子怎么读书啊!这样的学习环境怎么行,一年要一万多学费呢。"小诚爸爸的情绪又激动起来。

"小诚爸爸,请您冷静一下,您的心情我能理解,请容我再了解一下当时的情况,如果情况属实我一定严肃处理。"快上课了,我让战战兢兢的小诚先回了教室。

"孩子不争气,高中没考上,胆子小,没主见,我现在花这么多钱让他读这个专业,就是希望将来找个好一点的工作就算了……"爸爸或许也觉得今天这么进教室质问学生有些冒失了,所以也开始数落起自己的孩子来。

"小诚有很多优点,打字快,做事认真,对于想法很执着。"

"他哪有老师说的那么好啊,平时在家其实也很少沟通,我很忙,只要他听话就行了。不瞒你说,我很晚才有的这个孩子,很宝贝。"

"妈妈呢?"

"她照顾好我们就行了,孩子从小到大的事情基本都是我管。这么多年了,我怎么就教不会他呢?"

原来"脆饼干"就是这么形成的,我心下一动。"这样吧,等我把事情彻查清楚一定给您一个说法。"

## 二、对话

三天后,小诚的爸爸如约而至。

我按照预先设想的方案给他沏上茶,请他坐下,他也如我所想喋喋不休地和我说对事情的看法,"我就是要个说法,谁对谁错一定要弄明白……""我这个人很公平的对伐,是我们小诚错了,哪怕就是一点点,您马上把他叫过来,我来让他好看。可如果是人家不好,他一点责任都没有的,也要讲清楚的……"

我只微笑地站在他对面。

"老师,您也坐啊。"

"没事,您坐,我站着就行。"

他继续说着……

"您是不是有事情要忙啊?"

"没有,没有,您说吧,我听着的。"

……

"算了,我还是站着和您说话吧,这样太不舒服了。"

我示意和他一同坐下,明显感觉到他的纳闷,且有些语塞。"不好意思,小诚爸爸,我无意冒犯您,却确实是故意这么做的,让您觉得不舒服了吧。"

"高老师,你这个是什么意思,有什么你直说好了,我不懂了……"

"您别介意,我有些唐突了,这么做是想让您感受一下被居高临下的体验,也是正在学习心理咨询师内容里面的一个案例,我自己当时挺有触动的,回家刻意地蹲下来、坐下来跟女儿说话,一下子发现自己对她的命令少了,语气柔和了。我是感觉您的正直、严格都是很好的,同学中比起来,小诚是蛮懂道理的。但是一方面啊,他有时候跟同学扳道理的时候比较强硬,一方面同学们又觉得他很敏感,动不动就生气,而我在跟小诚交流的过程中,感觉到小诚比较敬重您也比较怕您,所以才有了刚才这样的做法,想让您体验一下,道理是对的,但讲的方式不一样,听的体验是不同的,您说呢?"

他先是一愣,继而说:"小孩子,给他太多的自主会走歪路的,现在最重要的就是学习,将来找个好点的工作,否则我们这几年的投入不就白费了嘛……"听起来他的数落不再那么"铿锵有力"了。面对比我年长许多,又如此自尊的父亲,我感觉不必再重复刚才的话,他已然有了一些触动。

那天,我们谈了很长时间,一起探讨了孩子的培养目标问题,他明白了中职学生的培养重点与普教是不同的,在这里应更注重孩子综合素质的培养,包括学习能力的养成,技能水平的提高,适应环境的能力,与人合作的能力等,如果综合能力不行,再过两年就参加工作,想有一个好的发展还是很困难的。最后我们达成一致,小诚目前的状况也不是短时间可以改变的,我们应该给他成长的时间和空间。

## 三、成长

### (一) 原来我们都需要对方

有句名言说,世界上不缺少美,缺少的是发现美的眼睛。为了"擦亮"各自的眼睛,在同小诚的爸爸协商后,我建议他们用成长记录袋来试着发现每个人的优点。家中三个成员每个人准备两个成长记录袋,父母的两个记录袋一个给自己,一个给小诚,小诚的两个记录袋一个给父母,一个给自己。记录袋自己设计,自己记录,先以一个月为限,记录袋只记优点,不记缺点,另外记录袋中还要放一张"真心告白"。为此他们三个人一起设计了记录的表格,包括时间、事件、评论等内容。一个月后我家访,大家一起把记录袋打开,我观察到小诚的记录袋上面有一只展翅翱翔的鹰的图案。"今天小诚回家没有把自己关在房间里,和我聊起了在学校参加篮球赛的事情,这在以前是没有的";"今天爸爸对我参加学校篮球赛的事没有指责,没有像以前一样说只有学习是最重要的,我很开心";"今天做馄饨孩子竟然和我一起包,真是吃惊和高兴";"今天我看孩子在网上和别人聊天没有说他,我忍住了";"今天爸爸没有限制我上网,真惊讶!"……我让他们分两个房间中去看相关内容,"亲爱的爸爸妈妈,我知道你们为我付出了所有的爱,你们的关心和爱我永远记得……";"亲爱的孩子,通过这一个月的时间,我认真进行了思考和观察,我发现你是一个细心的孩子,做事认真,处事谨慎,有时间观念……"看着他们激动的表情我感到由衷的高兴,父母和孩子是需要一起成长的。这件事以后,我能感觉到小诚爸爸对我的信任感增加了很多,也很愿意和我探讨孩子的教育问题。

**(二) 孩子缺少的只是成长机会**

二年级的一天,小诚爸爸打电话给我,说自己生病住院了,小诚妈妈陪他,小诚一个人在家,让我多关心。我想也许这是一个让他成长的好机会。首先,我与小诚作了一次深入的交流,引导他这时要承担起责任,不让父母担心,要让父母感觉到自己长大了。另外,我和小诚的父母也进行了沟通,希望他们给孩子成长的机会,让他学会担当,也好体会父母的不易,孩子总要学会生活的技能,父母不可能陪孩子一生。在将近一个月的时间里,我去过小诚家里两次,还派过几个班干部去帮他。到他爸爸出院的时候,小诚能把家里收拾得井井有条,还学会了做饭,他为爸爸熬了排骨汤送到医院,爸爸非常激动,自己的学习也没落下(过后,小诚和我说起这件事时依然很动容)。看来孩子不缺乏成长的能力,缺乏的是成长的机会。

后来,小诚还参加了学校的篮球队,与班级同学一起合作取得了学校篮球比赛第一。在这之后,班级同学对他的态度有了明显的改善,大家在"战斗"中结成了友谊。小诚打字很快,上海市召开"两会"期间,系里要派一些做事认真、打字快的同学参与服务,我推荐了小诚,在参与中小诚的性格开朗了很多,独立处理问题的能力、与人沟通的能力和自信心都有了不同程度的提高。同学叫小诚"脆饼干"的次数越来越少。

**(三) 孩子告别"脆饼干"**

三年级的一天,"老师,我和孩子之间的代沟真不知如何克服,昨天竟然说想毕业后不先工作,要读高复……"看着小诚爸爸的短信,我知道他家的暴风雨要来了。

这是学生人生中又一次重大选择,我约了小诚的爸爸到学校。首先,我给他看了一下往年的高复情况,包括招生的学校、专业等信息,另外一起探讨了一些教育孩子的方法,包括先要学会倾听孩子的心声,要"有回应地听",作为家长要鼓励孩子在安全、舒服、关爱的气氛下,与家长分享他的信息和需求。另外要学会不急于否定孩子的说法,要耐心听他的理由,如果他讲得有道理就应当尊重他的选择,毕竟孩子已经成年了,只要条件许可,他有选择的权利。孩子认为重要的事情他会认真去做的,而小诚只有拥有了成功与父亲沟通的经验,才能真正告别"脆饼干"的阴影。后来我知道,小诚从自己的兴趣、目前的能力、未来就业前景几个方面与父亲进行了诚恳交流,还对家里的情况进行了周密的分析。第二天早上,我老远看到他站在我办公室门口等我的身形,就知道他一定成功了。那天,我并不意外地接到了小诚父亲的电话,也是难抑的兴奋,说他很惊讶儿子有这样的分析能力和表现,说孩子长大了,说他支持儿子的决定……

拿到高考录取通知书那天,小诚和他的父母一起来到学校,感谢那些帮助过孩子成长的老师们,我们都很感动。看着他们的笑脸,我感到由衷的欣慰。我们爱孩子,就让他做一只自由、自信、自立的小鸟吧,将来有一天他们将独自去迎接风雨,接受人生的历练。

## 四、感想

新学年开始,又接新班,许多相似的场景让我偶尔会想起当年的"脆饼干",感慨于他的成长过程,感动于父母与我共同的努力,感觉在引导家长教育孩子的过程中还是有很多需要深思的地方。

### (一)尊重和理解才能赋予孩子独立的思想

家庭教育是学校教育的基础,对一个人的人格的形成能够产生强烈而持久的影响。从小诚的案例来说,老来得子是能理解的,只是极端"自律"的父亲,把有些隔代的行为价值观更"正当"地要求在了孩子身上,孩子一方面"敢怒不敢言",一方面却又认同了标尺式的是非判断和生硬的交流方式,使他变成了又刻板又敏感的"脆饼干",继而在同伴交往中也受到影响,失去很好的人际氛围。鲁迅先生就认为,要教育好孩子,首先要尊重和理解孩子,"如果不先行理解,一味蛮做,更大碍于孩子发达"。而要让如此固执的父亲认识到这些并自我调整是很难的,他对于孩子的教育有自认为十分正确的一套,老师则最好当配合他执行的帮手,或者说,理所应当认可他的判断和教育方法。"好孩子是管出来的""学习好才是真的好""宁可苦自己也要用高的费用来支付孩子好的教育"等,长期以来对孩子过多过细的教养模式,期望很高,当孩子不能达到要求时所产生的挫败感就越重,这样的情绪也在影响着家长与孩子的互动。

**(二)家长也要做功课才能成长**

苏霍姆林斯基曾经说过:"要教育好孩子,就要不断提高教育技巧。要提高教育技巧,那么就需要家长付出个人的努力,不断进修自己。"小诚在重压下成长,刻板的标准又使他比较容易与同学有矛盾,之后又不知如何处理,长期对父母的依赖,使得一个被管制太多的孩子,逐渐从权威家长手下的"听差",变成自身坏习惯的"奴隶";不是他心里不想摆脱,是他没有能力摆脱。胆小,敏感,自理能力差等不可避免成了专利。十六七岁的孩子渴望成长,很希望能够独立处理一些事情,希望自己的事情自己做主,希望不再是父母的附属品。他们想在同龄人面前表现自己成熟的一面,想通过活动表现自己的能力和与众不同。作为家长,也要随着孩子年龄的增长,不断思考完善自己的教育方法。要把教育孩子成长作为终身学习的功课,这样才能成为终身成长的家长。

陶行知先生说:"把学校与家庭构成一体,彼此可以来往,教师不再孤立,学校也不再和社会隔膜,而能真正地通出教育的电流,碰出教育的火花,发出教育的力量。"作为教育工作者,我们有责任去引导家长信任自己的孩子,尊重孩子的选择,对他们的成长要有足够的耐心。

# 离异父母不抛弃　集体关爱促成长

上海市工程技术管理学校　吴娟

**摘　要：** 当今社会，日益上升的离婚率带来了许多社会问题，离异子女的教育问题便是其中之一。关爱离异家庭的孩子，及时掌握他们的思想动态，帮助他们克服自卑心理，树立自信心，重拾对生活的热爱和对学习的兴趣，对这些学生的教育管理已成为班级管理的重要组成部分。

**关键词：** 关爱　思想动态　自信心

## 一、案例概况

黄某，女，17岁。该生性格活泼，任性，爱打扮，自制力差，上课有迟到现象，平日花钱大手大脚，没钱时编谎言骗家长钱，学习成绩不理想，有自暴自弃的现象。父母关系很僵且正在闹离婚，家长忙于自己的事情无心管教。

## 二、案例分析

其实刚开学时黄同学不是这样的。她活泼，只是自制力稍差一些而已。问题的出现是在一年级下半学期开始的，老师发现该生开始注意打扮了，上课还时不时有发呆的现象，找她谈话也心不在焉。之前，因为有一次早上迟到，我联系过她母亲询问原因，只知道她父亲在开出租车，母亲在家陪着她，母亲经常要上夜班，有些照顾不过来，因此早上没及时叫她，导致迟到。发现了她的这些转变，我马上电话联系她母亲，才知道这段时间父母正在闹离婚，父亲在外面有了情人。第一次母亲原谅了他，可第二次又谈了一个，还闹出了第一个情妇叫人把他父亲打成骨折的闹剧。母亲实在受不了，一气之下准备与她父亲离婚并离家去市区打工。她母亲对家庭的突然变化显出了无比的无奈与悔恨，由于父母之间的关系彻底弄僵，她父亲甚至不让她母亲回家见女儿。面对原本幸福的家庭突然破碎,无助的女儿只能面对现实,并发狠话对父母说:"你们这样子,我最多被人家骗掉,就当你们没生过我!"

## 三、指导方法

第一步:稳定学生情绪,确保不做过激行为。通过与黄同学父母双方交谈,知道他们的婚姻已无法挽回。当我得知黄同学向她父母发的狠话时,当我看到黄同学的突然变化时,我真是对她既同情又担心。对待离异家庭孩子,我从不在班里提及他们家庭的"特殊性",而是经常利用休息时间找他们谈心、聊天,以稳定情绪,拉近距离。一开始,他们对我所做的表现出一种无所谓的态度,渐渐地,他们会在我不注意的时候偷偷地观望我。我知道,其实他们需要我的关心和帮助!当他们从心理上接受我之后,我再寻找合适的机会做心理疏导工作。考虑到黄同学爱面子,我常悄悄把她叫到办公室与她谈心,或在周记里与她交流,让她明白其实父母离异并不是什么大事;让她明白像她这样的家庭情况在班级里并不是就她一个,别人能泰然处之,她也可以;让她明白凡事总有得有失,家庭情况的变化会使她更快成熟起来,更快独立起来,这未必总是坏事;让她明白人生之路总是要靠自己走的,不能因意气用事而走歪了道路,不要做让自己后悔一辈子的事。通过反复的交流和谈心,她慢慢振作起来了,并向我保证不和社会青年来往,我一颗悬着的心终于落定了些。

第二步:缓解其父母的矛盾,不让孩子缺爱。得知她父母离婚成仇人,父亲不允许她母亲回来见女儿,也不允许女儿平时与母亲联系。本来离异家庭的子女就缺少父母的爱,如此情况就更加导致黄同学的失落和有话无处说,也就可能造成黄同学的自暴自弃,或可能因缺少父母的爱而做出傻事。因此,我常电话联系她的父母,让他们意识到:虽然离异,但不能影响到孩子,更不能让孩子缺爱,抽些时间多看望女儿,尽到做父母的责任,不要因父母的原因毁了孩子的成长。经过我多次与其父母推心置腹地交流,终于做通了他们的思想,让他们接受了我的建议。

第三步:挖掘其闪光点,重新树立自信心。黄同学虽然成绩不是很好,但她对音乐、书法有兴趣。因此,利用其对音乐的兴趣,在班干部选举前我有意让她展示自己,果然如我所料,后来她当选了班级的文艺委员,并在之后的班级工作中参与黑板报的设计。由于我经常鼓励,加上她自己努力和信心不断增强,在几次的学校和班级活动中,获得了多项奖,分别是"新学期、新打算"小报设计三等奖、"迎花博、创文明"黑板报二等奖、"十佳校园歌手"等,老师和同学都为她祝贺。为此我抓住她获得成功的契机,引导她深信"我行",增强其自信、自尊、自强意识,使她在成功的兴奋和快乐中,充分肯定自我,在平等温馨的气氛中自由愉快地生活、学习,从而重拾信心。

第四步:发挥班集体功能,营造温暖氛围。给学生们营造一个民主、平等、尊重、和谐的学习和交往环境,鼓励他们多参与集体活动。对作为班级文艺委员的黄同学,经常性给她安排任务,让她和其他班干部一起组织召开多种形式的班级主题班会或文艺活动,让缺失家庭温暖的学生们从班集体中感受温暖,同时在组织活动中收获成功的喜悦。

## 四、成效反思

通过深入的沟通和谈心及系列活动辅导,黄同学取得了明显的变化:

行为方面:不再任性,能虚心听取任课教师和班主任的话,仪容仪表也有了很大的改变,不再把心思放在打扮上了,发型也由原来的另类转变为现在的落落大方。能主动和老师倾吐心事,总能积极参与班集体活动,甚至成了班集体活动的组织者和策划者。

学习方面:对学习也开始产生了兴趣,课堂上专心听,有时还举手要求发言,作业基本能按时完成,各科成绩稳步提高。

## 五、案例反思

1. 黄同学的转变过程告诉我们,对学生正确的引导,是转化他们的重要手段。为此,老师要深入了解学生的思想动态,掌握学生的思想脉搏,有针对性地进行疏导和教育。

2. 黄同学是离异家庭的子女,由于缺少父母的关爱,其心灵很容易受伤害,往往对老师和同伴的关爱有一种特别的渴望。师爱和友爱虽不能代替父爱和母爱,但至少可以使学生感受到学校生活的温情和暖意。因此,作为老师应该用父母般炽热的爱去温暖其心灵,塑造她健康的人格。同时还要动员社会、家庭等各方面的力量,用温暖的集体来感化、帮助她。

3. 在生活和学习中多注意挖掘其闪光点,多给他们展示自我的机会。为此,教师无论在课内还是课外,应多开展一些有益的活动,让他们的亮点得到充分的发挥,使他们由被动变主动、由消极走向积极。

# 加强家校联系　关爱学生成长

上海市工程技术管理学校　严红柳

**摘　要**：面对当前中职生因为中考失利等原因，造成自卑心理重、自信心不足等现象，作为家长和老师，应该如何关爱他们，关注他们情绪，给予他们必要的引导和帮助？同时，加强家校联系，形成合力，在教育关爱学生时显得尤为重要。

**关键词**：家校联系　关爱学生　情绪关注

家长都爱孩子，但怎么爱？很多家长都走入了爱的误区。作为老师，我们也是爱孩子的，但怎么爱？有时，我们也会迷失。因为我们面对的是一群可爱又"可恨"的中职生。

大多数中职生都是应试教育体制下的中考失利者，他们共同的特点就是自卑心理重，自信心不足。又种种原因使他们身心发展不成熟，呈现出若干特点，主要表现在：

1. 理想信念方面：思想上不求进取，对前途悲观失望。
2. 纪律卫生方面：厌学、懒散、纪律性差。
3. 心理障碍方面：有自卑心理、逆反心理严重。

作为中职学校的老师，我们不仅要关注学生的学习，更要关心他们的心理。

九月刚开学，班中有位男生叫小雪，他很"特别"。"特别"有三：一是他长得高高大大，脸色白白净净，一副文弱书生的样子，煞是让人喜爱。二是他家离学校不远，却要住宿，让我心生好奇。三是他没有父亲，却每次在填写家庭成员时，将父亲那一栏完整填写。

由于刚开学，班级刚刚成立，需要选班干部，作为班主任的我，让他们写一份之前一二年级的情况表，让我了解一下他们的过去或者说他们有何擅长的。从交上来的情况表看出，小雪之前担任过班干部，于是我选他为夜自习值日班长，并交代他一些注意事项，他也很爽快地答应了。刚开学几天，当我询问值班老师我班夜自习纪律时,他们都赞不绝口,我自然将大部分功劳归于小雪,感觉这个学生不错!对于他强烈要求住校的问题,我问过他,他说学校里能让他静下心来,全身心地投入学习。听了这话,我很欣慰,便鼓励他好好学习,争取来年考个好学校,我对他寄予了厚望。

但随着时间的流逝,小雪身上的"缺点"一点点暴露出来,让我有点招架不住。上课打瞌睡,作业打折扣,尤其是他特别热衷于手机。关于手机的使用问题,我一开学就强调:手机最好不带,带了白天上交,严格禁止在教室里玩手机。但事情还是发生了。

那天是考试的日子,交卷的学生在教室外的走廊里休息,我还在教室里监考,我忽然看见教室外的小雪手拿手机在看着什么,我用眼神和动作示意他周围看到我的同学,提醒他不要看手机了,他也明白了,并抬头看了我,但他接下来的那个动作让我很吃惊,他竟然转了个身,背对着我,依然在看。尽管我用眼神几乎把他的后背看穿,但他始终如一。我当时的心情如翻江倒海,恨不得像孙悟空,伸出长胳膊一把把他拉到我的眼前。

考试结束,我压抑着心中的怒火,找了小雪,问他为何看手机,他竟然轻描淡写地说:刚考完试,轻松一下,而且我没在教室里看,我在教室外看……对于我的一句句"质问",他都能轻松应对,对答如流。这让本来就有点火的我越发生气。于是我要求他将手机每天上交……听到要上交手机,他马上把脸拉了下来,言语中表现出明显的不悦,接下来的状况就是我在一直说,他却毫无反应,也不愿交出手机,对话很难进行下去。我便拿出我最后的"撒手锏",要求家长与我联系,听到这话,小雪本来稍有放松的脸一下子紧张了起来(我心中窃喜,看来这招有效果),便开始反驳,情绪也开始激动起来,表示联系家长没意思,为啥动不动要联系家长,并开始强烈抗议收手机之事,觉得收掉手机也没用之类的理论一大堆……看来我之前的话,他是一句也没有听进去,这时放学的钟声响起了,我处理完班级事务,与他继续进行谈话,但他的想法依旧,他的态度依旧……没办法了,今天肯定没啥结果的,我只能让谈话结束。临走前,我留给他一句话:这事情总归要有个结果,希望他回家好好考虑该怎么解决,不与家长联系可以,但他要拿出行动……

回到家,我一直在考虑这事情怎么解决,不可能不了了之,因为他看手机的事情,同学们也知道,如果我不加以阻止或是没任何处理结果,后面会有更多的同学学样。同时我也意识到,要想让他交出手机也不容易。那要不要与他家长联系呢?我回想起说要联系家长时,他的神情,他的行为,他的抗拒……我有些犹豫了,这是一个怎样的孩子?他的父母是怎样的家长?他生活在什么样的家庭里?他为何如此抗拒与他家长联系呢？……一连串的问题进入我的脑子，我也找不出答案，怎么办？怎么办？这样的学生，我要如何教育？我要如何走近他，这一夜在不安中度过了。

第二天来到学校，我默默地关注着他，但他丝毫没有要找我的意思。于是在课间，我联系了他之前的班主任，向他了解了小雪的情况。经了解，他确实是一个比较"特殊"的学生，不仅性格比较特别，家庭也有些特殊，这种种特殊造就了一个"特别"的孩子，听完前班主任的介绍，我也感到小雪除了"特殊"，更是一个可怜的孩子。小时候，母亲出国打工，父亲在外工作，他是在爷爷奶奶身边长大的，极度缺少父母的陪伴。后来一家三口终于团聚了，但父母因为长期分开，家长之间的矛盾日益加剧，每天伴随他的是争吵、冷战，使他极度缺乏安全感。再后来，去年他父亲突然离世，让他至今无法接受。现在，他母亲和爷爷之间的矛盾，更是令他无所适从。他是一个有想法的孩子，但他的想法往往得不到支持和鼓励……种种挫败，种种原因。

那天我没有去找他，他也没有来找我，虽然我心里万分矛盾，但我还是按捺住心中的想法，克制着，观察着，在我看来，他好像比之前规矩了，不再像之前那样，一下课就走出教室。上课也比之前认真了一些，瞌睡也少了，看到这些变化，我心中有了些许安慰。

之后，我与他母亲取得了联系，没想到，他母亲一接到我电话，知道我是谁的那一刻，就问：要不要来学校？这让我很惊讶，也很释然。惊讶的是为何我事情都还没说，家长就问要不要来学校，看来之前家长接到老师电话，肯定都是做错了事，要求来校解决。释然的是我终于知道小雪为何如此抗拒我与他家长联系的原因了（一是不想让外人知道他没有父亲；二是不想再让伤心的母亲为他操心，当然可能还有更多的原因）。然后我与他家长进行了深聊，将他的表现，他的转变，他的细节一一告知了家长，并强调我此次与家长联系的目的：一是让家长了解他的在校表现情况；二是希望家长给予孩子身心更多的关心；三是在学习上多鼓励、多督促、多关注。当然他的手机问题我也向他母亲做了一一汇报。我充分肯定了小雪身上散发出来的优点，也委婉地提出了他的不足之处，并希望他母亲能将我的意思转达给小雪，电话里他母亲满口答应，从声音里听出，他母亲接到我的电话感觉很开心。

后来，我找了他，他显得平静了许多（可能之前与他母亲的电话起到了作用），我就他这几天的表现给予了鼓励，也肯定了他的孝心，并对于手机问题进行了约法三章，这次他表现得比较爽快，也很配合。

现在的小雪，偶尔还是会犯些小错，比如校服穿着不规范。在学习上也会有些懒惰，比如作业上交有些拖拉。手机上交有时也有些迟缓，但至少提醒他之后，他会表现得积极一些。找他聊天谈心时，他比之前更愿意吐露心声了，愿意讲他的周末是如何度过的，讲他昨天收到了他姑姑发给他的鼓励红包，讲他外婆给他买了他心仪已久的礼物，讲他妈妈带着他去新开的餐馆吃了一顿，讲他爷爷答应他，来年考上大学，会奖励他手机和电脑……看着他眉飞色舞地谈论着，我知道这个孩子在慢慢地打开心扉，解开心结。虽然对于他父亲的离开他还是没有完全释怀。我会继续关注他、引导他。

冰心曾经说过：世界上没有一朵鲜花不美丽，没有一个孩子不可爱。因为每一个孩子都有一个丰富美好的内心世界，这是学生的潜能。

如何正确地关爱学生？如何处理学生的负面情绪？如何面对学生的不当行为？采用替代惩罚的有效方法，帮学生建立自信，培养学生的责任心，通过有效的沟通，达到引导学生的目的。我们面对着不同的学生，他们有着不同的性格、不同的习惯，来自不同的家庭。我们面对的不仅是学生，有时要面对的是他们整个家庭。

关爱学生就是心中装着学生，心中想着学生，服务于学生。它可以体现在许多方面：当学生在心理上产生苦恼时，我们及时帮助解开疙瘩；当学生在身体上出现不适时，我们及时帮助寻医问药；当学生在学习上遇到困难时，我们及时帮助"清理路障"；当学生在生活上遇到不便时，我们及时帮助排忧解难。我们要争取做到：学生哪里需要我们，哪里就有我们的身影。这就是说，对于学生的得与失、冷与暖、好与恶、喜与悲，我们不仅要记在心上，挂在嘴上，而且要落实在行动上。关爱学生就要尊重学生，关爱学生还要理解学生，关爱学生更要信任学生。在教育学生的这条道路上，路漫漫其修远兮，吾将上下而求索。

# 家校共育促成长

上海市工程技术管理学校　李君

**摘　要**：通过对学生典型案例的分析，阐明家校共育是当代的教育理念，班主任和任课教师是家校共育的主导者，班主任和任课教师在进行家校共育时应该和家长打成功和成长牌，并形成了三点思考。

**关键词**：家校共育　班主任的主导作用　成长和成才

当代教育是多维的，教育不仅仅是教师的事，也是家长的事，同时也是社区的事。"没有家庭教育的学校教育和没有学校教育的家庭教育，都不能完成培养人这样一个极其细微的任务。"我坚信教育家苏霍姆林斯基所说是正确的。"家校共育"不是可做可不做的事情，而是必须做且必须做好的事情，它应成为我们班主任的教育理念。班主任应更积极地、更主动地与家长建立亲密合作的教育伙伴关系，成为家长的朋友！

我先介绍发生在我们班的一个案例。

我带的班级是 19101 班。33 个帅哥中有一位比较"佛系"的小帅哥。一天，他在操场上和同学们踢足球，一不小心球踢中了别的班级一同学的眼镜，眼镜框踢掉了。据说当时他答应赔偿人家 400 元钱。第二天中午我们班门口围了五六个其他班的同学，气氛非常紧张，仿佛要发生"战争"！他们围堵在我们班级门口，极有可能发生两个班级学生的群殴事件。幸好我在班级里，我立即上前向这五六个同学询问情况，回复是：×××的球踢中了我的眼镜，眼镜框掉了，他昨天答应赔偿 400 元钱，现在没有履行承诺。问我怎么办。当时他们说话的语气咄咄逼人！要以势压人。

从我的角度看，这不是解决问题应有的态度。同时也在挑战我的教育智慧！

首先，我非常冷静地拿出手机迅速把围堵在我们班级门口的情况拍了照片，并且问需要把照片发给你们班主任吗？回答：不！

然后，问：与我班学生发生了矛盾，为什么不通过两位班主任来解决呢？这位同学回答：班主任事情太多了，太辛苦了，我们不能什么事情都"麻烦"班主任。我们也想有机会锻炼独立解决问题的能力。

我接着问：是否有更稳妥的解决冲突的方式？他们看着我没有回答。

这时我说：你们都是学生，都是在一个校区学习和生活的同学，你们相遇也是一种缘分；解决冲突应该采取比较稳妥的方式，不可以那么多人围堵在教室门口吵吵嚷嚷。老师把你们"围堵在教室门口"当作一种诉求，如果你们要诉求"诚信"，诉求赔偿，那么应该以友好的语气、友好的态度以比较稳妥的方式进行。如果想要解决好问题，且不"麻烦"你们的班主任，那么请到我办公室来。同时要求对方当事人带一名同学，我们班只出当事人一名，这样人数对等，双方都感觉可以解决问题了。经过协商，达成两个方案：一是直接赔偿400元钱，二是若维修费用不超过400元就维修。两个同学回到了教室。随后，我与该班学生的班主任进行了沟通，她完全同意我的处理意见。

之后，我马上第一时间打电话向家长汇报情况，后来又到学生家里，与父母一起商量如何处理。其实，事发当天，该小帅哥已将事故告诉了父母。父母的态度是应该赔，能少赔则更好，具体听老师的。我谈了自己的观点：

1. 学生遇到突发的事情要思考怎样积极地解决问题，而不是逃避。要积极主动地寻找解决问题的途径和方法，而不是等人家找上门。发生在第一天的事情拖延到第二天中午也没得到解决，解决问题的态度不够积极和稳妥，应该改正这种处理事情的态度。

2. 学生要学会处理矛盾的方法，增长处理事情的智慧，学会在处理事情中成长。在对方找上门索要赔偿之前，学生本人应主动思考解决问题的办法，并与对方洽谈赔偿数额。

3. 学生要学会保护自己。

4. 遇到事要第一时间找老师找班主任，请班主任出主意，想想办法把把关。

家长欣然同意我的观点，并答应按我的方案处理。

下午，我在班上讲评时把我对家长谈的观点分享给同学们。

经过我们两位班主任的密切合作和双方家长的共同支持，最后按既定方案，我们班学生赔偿400元钱，双方握手言和！

通过这个案例，他班学生解决问题的能力得到了提高，我们19101班的同学也得到了成长，逐渐地学会了怎样处事！

这个案例是家校合作的成功案例，对班主任进行个体教育时如何与家长沟通交流，如何与家长合作共育都有借鉴意义，也引发了我对家校共育及家校合作的很多思考。

1. 当学生发生矛盾、冲突时,一定要依靠家长,既要就事论事,按照事情本身的是非曲直、公平、公正、合理地妥善解决;又要就事论理,站在育人的高度,让当事人和周围的同学从中吸取教训,悟出怎么待人处事的道理,培养高尚的道德情操。

2. 在家校共育中班主任应起主导作用。班主任要承担起育人的主要责任。学生遇到具体的事情班主任和学生能够自己解决的,就不要把问题交给家长,让家长看到班主任的责任感和事业心。所以要珍惜家校合作的机会。要让家长感到每一次家校合作都是难得的。同时班主任也要全面了解家长,了解家长的文化底蕴,了解家长的性格特点及心理诉求,班主任要读懂家长。我的班级有33位同学,每位同学都有2位家长,那么班主任至少要面对66位家长。每位家长犹如一本书,班主任就要博览"群书",至少博览66本书!博览他们的方方面面。这样当学生遇到具体事情时,家长不会设卡,往往由支持到参与教育!知彼知己,家校共赢!

3. 在家校共育的过程中,学生的家长和班主任结成教育统一战线,共同成为教育的动力,成为学生成长和成才的助推剂。但在家校共育中,偶尔也会出现不和谐的现象,个别的家长很不配合,甚至走向和班主任对立的方向。尽管这是个小概率事件,但一旦遇到了我们也躲避不了。这里可运用心理学家的墨菲定律,即严谨防范,避免失误;坦然面对(突发事件),积极转化,改变心态,将一切引向乐观。

总之,"家校共育"应成为我们班主任的教育理念,班主任应更积极地、更主动地与家长建立亲密合作的教育伙伴关系,班主任应该主动积极地做家长的朋友!如果说,家长是教育的左手,那么我们教师就是教育的右手,教师应该充分发挥主导作用,与家长手拉手心连心,密切合作,形成教育合力,共促学生健康成长!

# 共同的希望　共同的责任
## ——农村家庭隔代教育现象的家庭指导案例研究

上海市工程技术管理学校　侯远峰

**摘　要**：隔代教育无论在城市还是乡村都是相当普遍的现象。本文以"农村家庭隔代教育"为研究对象，通过对上海市工程技术管理学校的学生个案研究，从案例背景、案例概况、问题分析、指导方法、成效反思五个方面着手，以点带面，凝聚共性，为以后的相关实践研究提供参考。

**关键词**：农村　隔代教育　家教指导

## 一、案例背景

隔代教育无论在城市还是乡村都是相当普遍的现象。崇明作为上海的农业大区，有很多的家庭为生计出岛打工，而忽视孩子的家庭教育。祖辈家长在家庭教育中有独特的优势，他们对孙辈充满爱心，有充裕的时间和丰富的育人经验。虽然祖辈可以给孩子提供一个良好的生活环境，但我们也认为隔代教育存在着诸多问题，如对孩子无原则的迁就和溺爱、接受新生事物较慢等。所以，我们应该清楚地认识到隔代家庭教育的利与弊，在发挥其教育优势的同时，认真克服种种负面影响，奠定成功"隔代家庭教育"的基本要素。

## 二、案例概况

在我执教生涯中，曾经有个学生小航，就生活在这样的家庭中，在他身上表现出了诸多典型的隔代家庭教育所养成的行为习惯，具有很大的典型性。

小航是个挺聪明的孩子，白白净净的，很清秀，可却懒到极致。每天过得浑浑噩噩,没有目标,没有方向,没有动力。他不讲卫生,在宿舍不洗澡,不洗衣服,甚至没有袜子穿了,他宁可光着脚,也不愿洗袜子。在班级里,小航不爱劳动,常常逃避值日。他唯一的爱好就是手机游戏,常常因为晚上不睡觉打游戏,导致第二天上课时呼呼大睡。他不爱学习,做作业拖拖拉拉,任课老师都很头疼。我经常找他谈心,批评教育,家长也请过几回到校,但都收效甚微。

经了解,我知道他的家庭情况比较复杂。他的父母离异,母亲在上海市区,几乎不联系。父亲是一名海员,常年漂泊在海上,无法管他。小航是由年迈的爷爷奶奶照顾,他的爷爷奶奶都已经80多岁了,虽然身体还算硬朗,但毕竟精力有限,只能在基本的吃穿住行上给予孩子照顾,对孩子的思想教育无法顾及,再加上小航与爷爷奶奶基本不沟通、不交流,等于是放任自流,没人管的状态。

## 三、问题分析

### (一)学生本身因素

小航在家里倍受宠爱,爷爷奶奶从来不会主动要求他做什么,一切都由爷爷奶奶包办,即使是吃饭,也会送到跟前。由于父亲常年不在家,一旦休假在家,也溺爱孩子,不愿批评教育。这就导致了小航的自理能力和自控能力较差,养成了懒惰的习惯和万事无所谓的态度,再加上受到游戏诱惑难以自我约束,在学校寄宿就会出现上面的情况。

### (二)家庭教育因素

小航的家庭教育上主要存在着以下几个问题:

1. 爷爷奶奶过分的溺爱和放任迁就使孩子产生自我中心意识,形成懒惰、任性等不良个性,导致了在学校里颓废的这种状态。

2. 父亲的过分宠爱遏制了小航的独立能力和自信心的发展,父亲认为孩子的任务是学习,但由于父亲长期在外,不仅没有在孩子学习上进行教育,还使孩子错失了形成诸如爱劳动、谦让等优秀品质的良机。

3. 祖辈深受传统思想的束缚,接受新生事物较慢,爷爷奶奶教育孩子的方法不能从孩子的实际出发,常以教育上一代人的方法来指导孙子学习,这就造成全家教育方式的不一致,影响孩子个性的形成。

## 四、指导方法

**(一) 指导老人,把握好爱的尺度,用"心"去爱**

小航的家庭由于老人过分的溺爱和迁就使孩子产生自我中心意识,形成懒惰、自我、任性等不良个性,因此我利用节假日和空余时间定期家访,经常性地电访。在家访和电访的过程中,除了询问孩子在家的表现情况外,我还经常指导老人如何把握好爱的尺度,教会孩子如何去做人,在培养孩子的自理能力及刻苦的学习精神等方面去尝试、去努力,为孩子的健康成长奠定坚实的基础。比如,我要求老人要时刻关注孩子的动向,在守住原则的前提下建立一定的奖惩措施,控制孩子手机使用时间。我还建议老人要关注孩子的成长变化,特别是细微处的变化,以鼓励性教育为主,并经常性地与我反馈孩子信息。

在我不懈的努力下,后面每次的家访或电访我都能明显感觉到小航和老人的变化。双方不再看似"平行线",而是"相交线"越来越多。老人在我的指导下会对孙子的生活学习提出一些要求,比如爷爷奶奶烧饭时孙子可以帮忙打打下手,做一些力所能及的事情,不再"饭来张口,衣来伸手";再比如老人会要求孩子周末回家后先完成家庭作业,并在一旁监督,小航也乐意接受爷爷奶奶的监督,变得更加自觉。小航的爷爷奶奶非常感激我,觉得孙子的变化很明显,即使没有什么奖励措施,孙子还是愿意听从爷爷奶奶的教育,也愿意与爷爷奶奶交流一些学校的事情,而不是像以前一样零交流。

**(二) 离异家庭不离教,合力打造新式隔代教育**

小航的家庭目前还存在着的一个较大的问题,就是由于父母离异,母亲长期不与孩子联系,疏于管教,不了解孩子的情况。因此导致了小航缺乏母爱,缺乏母亲的教育。如果两方形成合力,相信小航一定会有很大的改变。

我以电话、上门家访的形式和他妈妈交换了意见,委婉地告诉她对子女的教育是家庭教育中最基本的组成成分,缺少亲子教育的家庭教育是不完整的家庭教育,而隔代教育只能是亲子教育的补充而不是替代。缺少父亲的照料会使子女产生自卑和不安全感;没有母亲的关心会使孩子缺乏幸福感和亲切感,以上两者的任何一方缺少都会使孩子在前途的选择、人际关系的沟通上产生障碍。所以抚养孩子是为人父母的义务与责任,父母不管多么忙,都要抽点时间和孩子在一起,即使离婚,仍然是自己的孩子,就有教育他的义务,别把对孩子的教育权、抚养权完全交给老人。

  我告诉小航的妈妈，虽然小航和她之间疏于联系，但小航心里其实还是惦念着妈妈。虽然他嘴上没说什么，但心里还是希望有妈妈的关心和唠叨，哪怕只是一个电话。在我的不懈努力下，小航的妈妈基本上每周都会和孩子通个电话，了解孩子近期的情况，小航也渐渐愿意和妈妈交流，汇报自己的学习生活等方方面面的情况，母子关系大大缓解。我相信这是一个良好的开端，即便父母离婚，但离婚不离爱，我想小航仍会感觉到父母对他的爱没有缺失。

  小航的爸爸一般每年会有3到4个月在家休整。在我的建议下，小航的爷爷奶奶会在儿子回来在家休整时，把教育大权交给儿子，此时在对小航的教育上老人会积极参与建议，但不会做决定。通常在这个时候，我也会抓住小航父亲在家的机会，经常与他联系，进行亲子教育，促进孩子和父亲之间关系的良性发展，要让小航知道，即使父亲因为工作原因常年不在家，但心里依然装着自己，关心着自己。

### （三）抓住孩子特点，运用合适的方法进行教育

  小航的这种状态一般的谈心教育很难起到作用。作为班主任在指导家长的同时，我决定以朋友的角色走近他，让他感受到人与人之间的关爱，集体生活的快乐。

  我每天和小航保持联系，早上会电话叫他起床，并逐步要求孩子自己养成早起的习惯，不能依赖于他人叫早。我要求他按时吃早饭，偶尔也会带些更可口的早餐给孩子改善伙食。我经常利用课余时间找孩子聊天，了解他近期的情况和想法，并及时给予指导和帮助。孩子比较懒，我就督促他每天要洗澡、洗脚、洗衣服。袜子破了，我会从家里带双新的让他先穿着。我从生活学习的细微处打动孩子，潜移默化地进行教育和矫正。

## 五、成效反思

### （一）成效反馈

  在家校的共同努力和配合下，小航的状态慢慢有了改善，他终于愿意洗澡，自己洗袜子了。作业也能按时完成。现在，小航已经光荣参军，在西藏服役，成为一名解放军战士。相信在部队这个大熔炉里，小航将更好更快地成长起来。

### （二）总结反思

1. 怎么爱？理智地爱孩子。祖辈家长要以理智控制情感，分清爱和溺爱的界

限,要爱得适度。理智的爱有利于孩子的健康成长,对其生活、性格方面会有积极的影响;要明白放手等于爱的观念,让孩子学会独立,学会依靠自己的力量去解决问题,这比一味帮助孩子解决所有问题更有利于孩子适应社会。

通过对小航的家校教育,我相信爱的力量是可以让一个人有所转变的。小航从我对他的关心、爱护和帮助中能够深深感觉到我对他的爱,这种爱让他有压力,但也有了动力,促使小航往我希望的方向去转变。这种爱的教育也让他与爷爷奶奶、爸爸妈妈之间的关系变得更为亲密而不依赖,也让小航懂得自己要学会成长,这么多人在关心着他,爱护着他,他也要开始有所回报,才不辜负家人、老师的期望。

2. 祖辈的教育观念过时了吗? 不全是。祖辈的许多观念仍是中华优秀传统的体现,应该继承。但是,对于有些观念,祖辈们应该与时俱进,了解现代科学的教育观、成长观、世界观。祖辈应将实践经验和理论知识有机结合,用现代科学知识抚养、教育孩子,对孩子进行教育,正确地引导孩子,并与孩子一起成长。另外,要了解孩子的身心发展规律,在教育时遵循这种规律,不能单纯地认为只照顾孩子的身体健康就好,其他的由孩子自由发展或等着老师去教。

小航的爷爷奶奶尽管年纪大了,又身在农村,接受时代变化是比较慢的,但这并不妨碍他们对孙子进行传统的教育,这是没有错的,但在方式方法上还是要有灵活的变化,毕竟孩子的成长环境和过去大不相同了,一味的溺爱顺从或者简单的打骂说教都是行不通的。在这方面,小航的爷爷奶奶应密切与班主任联系,既是家校联系,也是家校亲职教育。

3. 父母在教育中的定位是什么? 应该是没有争议的主要抚养者。父母不管多忙都要尽量多抽时间与孩子在一起,多带孩子出去走一走、玩一玩,见见外面的世界,这可以很好地培养亲子关系,又有利于孩子的身心发展。要知道,亲子教育是最重要的,是其他教育方式所无法代替的。所以,父母不要以工作忙、离婚等为借口,把孩子的教育权、抚养权完全交给祖辈。这对孩子、对自己都是一种伤害。

小航的父母尽管离婚了,但这并不能影响与孩子之间的关系,对于孩子的关爱和教育,仍要一如既往。教育未成年子女是父母的天职,不因家庭或工作的变故而放弃。小航的父亲常年在海上,无法尽职,但在家休整的时候应加倍补偿,履行职责。小航的母亲虽因离婚远离家庭,很少来往崇明,但也不该放弃对小航的关爱和教育,作为母亲,时常与孩子保持联系,履行职责,我想这应该不是一件困难的事情。

# 从"混毕业"到决定升学

## ——家校合作成效

上海新闻出版职业技术学校　黄柳叶

**摘　要**：受学生家庭的影响,许多孩子行为偏差的表象下都有一个隐秘的角落。学校教育、家庭教育需要合力去突破这个隐秘的角落。本案例以建立"问题档案"为出发点,着眼家长与学生的共同需求,分阶段提出目标、逐步实现,以客观分析为主、情感输出为辅,让学生从混毕业证书到确定升学目标,家校互动,让孩子在青春期形成正确的世界观、人生观、价值观,树立人生发展目标。

**关键词**：学生家庭　问题档案　需求　阶段　目标

进入中职学校前,对于求学过程中遇到的成绩差、上课总是睡觉的同学,我觉得他们只是纯粹地不爱学习、调皮捣蛋。但进入中职学校,成为学生管理部门的老师,一次次地去面对各类"问题"学生,去了解这些学生的成长环境,家长的态度后,我意识到每一个学生都有一个隐秘的角落,这个隐秘的角落承载着的是他们问题表象的深层原因,与学生家庭的影响休戚相关。

作为老师,需要去看到孩子内心这个隐秘的角落,分析成因,找到突破方法,并且引导家长参与,让孩子在青春期形成正确的世界观、人生观、价值观,树立人生发展目标。

## 一、案例描述

上一学年,新学期开学一个多月,小A因为在课堂中与上课老师起冲突,第一次被带到我的办公室。班主任同时告知了该生进入学校一个多月的表现：上课睡觉、经常无故迟到、旷课,家长很难联系到。通过班主任了解到,这个学生初中阶段,父母离异,开始不爱学习,小 A 判给父亲,父亲重组了家庭,小 A 与爷爷奶奶住,很独立,想法比同龄人成熟;在学校期间,小 A 上课基本睡觉,与同学没有冲突,也没有特别交好的同学,来学校是为了混毕业证书,学校和专业由父亲确定,自己没有选择方向。通过和小 A 的聊天,了解到他关于这次冲突的认知是任课老师无故批评他。

之后,班主任约了小 A 家长到我办公室详谈,得到几点信息:第一,父亲对他的希望是,顺利拿到毕业证书,等到成年可以找到工作独立;第二,采取顺从式教育,他想做什么,基本都会满足,从来不会说重话,但不是属于因溺爱而顺从孩子,而是因为重组家庭,将孩子由爷爷奶奶照顾,工作忙无暇管教,对他期望低。

## 二、案例分析

通过与班主任、小 A、家长的沟通,收集到的信息告诉我,即使解决这次的上课冲突,还会有下一次,对这个学生的教育是一个长期工作。于是我给小 A 建立了一个"问题档案":

1. 性格倔强,生活独立,强调平等,不能采取命令式、服从式教育,需要晓之以理、动之以情,他才能接受意见。

2. 单亲家庭,与祖辈居住,缺少父母关爱与教育;父亲对他期望低,很少对他学习态度、习惯进行正确引导。

3. 对校纪校规、处分没有敬畏之心。

4. 没有职业规划,对专业学习认知不清,对三年学习没有目标,多次表示"只想混到毕业证书"。

## 三、案例处理及成效

在建立"问题档案"后,我开始逐一分析问题,并分阶段设定目标,寻找有效的解决方法。

**(一)第一阶段:从家长与学生的共同需求入手,给家长和学生制定目标**

在和家长、学生的沟通中,了解到他们的共同需求:顺利拿到毕业证书。因此以这个需求为切入点,从学籍管理规定出发,客观分析中职阶段学生顺利拿到毕业证书的几个必备条件,启发家长和学生认识到中职教育不同于义务教育,帮助他们理解和掌握三年中职学习的要求以及必须遵守的基本行为规范,并坦言目前的表现很难"混到毕业证书",同时列举了往届学生没有顺利拿到毕业证书的案例,让他们从思想上对中职学习有一个新的认识并产生足够的重视。

客观分析后,动之以情,让家长和孩子感受到学校的初衷及宗旨都是围绕教书育人,希望每一个学生顺利毕业。为了这个共同的目标,和家长、小A一起制定了2个行为规范目标:

1. 做到不无故迟到、缺席、旷课,如需请假,做好必要的请假流程。
2. 在校不和师生发生冲突,出现任何问题,自己无法有效解决,第一时间找班主任或者学生管理部门老师。

在这之后,小A的无故旷课现象逐渐减少,每一次缺课、迟到,家长都做到了根据规定进行请假。虽然小A与门卫又发生过一次冲突,和第一次的拒不道歉相比,这次的冲突中,他在事后选择了写检讨书道歉,并且从第二学期到现在,没有发生违纪。

### (二) 第二阶段:帮助学生树立正确的学习态度

初中阶段没有树立正确的学习态度,导致小A缺少扎实的基础,随着学业难度的加深,学生从听不懂到成绩差到放弃再到完全放弃。而小A的家长虽然在升学择校中给予了意见,但是并没有对学校以及专业有一个正确认识,无法给小A进行正向帮助,对他学业方面的期望也放低。因此就出现了小A课堂睡觉这一问题。但从任课老师的反馈中,了解到这个学生在某一门专业课以及语文课上,表现较好,同时每一次考试、补考,小A都会参加。我将老师的正面评价告知了小A,他的第一反应是"老师居然会表扬我"。

长期对学业的荒废以及自身行为的偏差,使小A已经麻木于老师眼中的"坏学生"评价。因为这种反应,结合他对于拿到毕业证书的需求,对于学习缺少自信以及方法的现状,开始实施第二阶段教育:客观分析,鼓励为主,帮助他树立正确的学习态度,并让家长对孩子有一个正确的期望值。

1. 让家长对学生提高期望值。一是通过班主任,加强与家长沟通,尤其是将正面评价反馈给家长;二是给予家长一个学生专业学习与职业发展的专业指导,让家长了解学生毕业需要达到的要求,让家长对小A的三年学习以及职业发展有一个全面认识。家长的态度深刻影响着学生的学习态度,通过与家长的沟通,我希望家长看到学生的努力,对学生有一个正确的期望值。

2. 让学生逐步对学习产生兴趣。通过期末成绩单以及专业老师的评价,肯定小A在学习中积极的一面以及进步,同时为他制定了阶段性学习目标:一是让他在表现最好的课程中继续保持良好的学习态度,做到不睡觉、努力听讲;二是通过对专业课程的分析,确定一门难度相对低、但对未来职业发展密切相关的专业课,做到认真学习。

虽然在第二学期,小A的成绩进步不显著,但学习态度有了明显改善,对于自己感兴趣的课程,能够从消极应对到主动求教老师。

**(三)第三阶段:正面引导,引导学生明确人生目标**

在这学期,小A进入了二年级。同时班主任了解到这个学生正在鼓励自己的朋友去参加专升本考试,借此契机,对小A进行了第三阶段的引导:努力升学。这个任务很艰巨,所以我报以尝试心态实施这一阶段的教育工作。思想转变是一个人转变的根本,因此对小A分步骤开展了"思想攻坚战"。

首先,请教务老师到小A所在班级开展专业学习指导,普及学生第三年参加高复以及升学考试方面的信息,并且列举学校被大专院校录取的学生案例,给予学生升学方面的指导,并让他们从案例中汲取经验,得到榜样的力量。

其次,试探小A对于升学的态度。这一次他不再像往常那样只关心如何顺利毕业,开始主动询问关于升学的事宜,以及质疑自己基础太差是否能够考上大专。从第一学期到第三学期,这是小A第一次对自己的未来发展有了长远的思考,这是一个非常大的思想转变。

再次,继续安排专业老师对小A进行升学方面的指导,并从他目前的课业成绩出发,分析如何准备、二年级需要达到的目标、三年级阶段需要努力的方向,使他明确努力的方向。在这不久后,小A主动到我办公室,向我询问如何撤销处分,并表示明年去参加高复,多尝试,给自己多一个选择。

最后,将小A这种思想转变与他的父亲进行了沟通,虽然他的父亲对于小A的升学目标不抱以希望,但是没有反对。鉴于他父亲对于小A一直采用顺从式、低期待教育,因此我的主要目的是让家长知道孩子的想法,引导他在小A今后可能出现的转变中,多一层理解。

## 四、反思

  家校合力育人过程中，了解并判断家庭教育对育人工作的作用在哪一个方面、能起多大效果很关键。在小 A 同学身上，我看到了一个青春期遭遇家庭变故，缺少父母直接关心与正确教育的孩子，一个独立有主见但缺少经验、方法而以横冲直撞、简单粗暴的方式处理矛盾的青少年，一个没有学习目标、缺少学习动力的学生。所以在整个家校共同教育过程中，我主要抓住他父亲的主要需求点，定期反馈、加强沟通，让家长及时了解学生在校表现以及思想波动，同时以需求出发，给予家长专业指导，让家长对学生的职业规划也有一个全面认识。

  而对于小 A，借用诗人菲利普·拉金的话："他们害了你，你爸和你妈，虽然不是故意的，但他们的确害了你。"对于在这种成长轨迹中走来的孩子，他内心那一处隐秘的角落，主要在于他自己随着时间去努力解决。作为他人生这一阶段的老师，所能做的主要在于给予正面的引导，给他注入正确的价值观，为他树立人生的目标提供帮助。在对他一年多的教育引导中，我也在和他一起成长，从一开始对他的要求是遵守基本的行为规范，到对他学习方面有所希望、定下目标，这是学生带领我所做出的转变。

# 张开隐形翅膀　　收获精彩未来

上海新闻出版职业技术学校　孙腾

**摘　要**：针对中职学生的特点，携手家长，广泛传播家庭教育的科学理念、知识与方法，从青少年普遍面临的问题入手，针对网络成瘾、青春期叛逆、家校互通等形式，有效运用互联网＋的新技术、新手段、新平台、新模式开展家庭教育辅助指导，扎实推进学生家庭教育健康发展。

**关键词**：中职学生　家校合作　家庭教育　心理健康

中职学生处于由青少年向成年转变的关键时期，面临较多的成长困惑，普遍有几个特点：一方面是这些学生在初中时期，大部分成绩不是很理想，伴随着原生家庭结构较为复杂；另一方面，多数人认为，基础好的学生都上了高中，中职学生都是被挑选后剩余的学生。因此，在很大程度上，中职学生普遍对知识的学习热情不高，缺乏钻研精神，缺乏积极的学习动机，学习目标不明确，学习上得过且过、效率低下。造成这些问题，有家庭的原因、自身的原因、学校的原因等。对于学校的教师来说，关注中职学生心理健康，为其提供优质的心理健康服务是学校教育的重中之重。众所周知，家庭教育是学校教育与社会教育的基础，家长是孩子最好的老师。上海新闻出版职业技术学校从家庭教育入手，与家长携手，优势互补，进一步推动和有效运用互联网＋的新技术、新手段、新平台、新模式开展家庭教育辅助指导，扎实推进学生家庭教育健康发展，学校心理健康工作落地见效。

结合中职学生的普遍问题，上海新闻出版职业技术学校开展一系列提升家庭教育理念的特色课程，广泛传播家庭教育的科学理念、知识与方法，共同助力家庭教育水平提升。

下面用一个具体案例详细说明上海新闻出版职业技术学校在家校合作方针下，积极促进家长家庭教育理念的转变，家长慢慢深入了解孩子的内心世界，更有效地教育引导孩子,让孩子逐步减少与改变不良行为。

# 一、案例描述

### 1. 学籍资料

李某,男,15岁,中职一年级新生,身高170厘米,身体健康,发育良好,无重大躯体疾病史。

### 2. 个人成长史

李同学出生在河南农村,为家中独子,父母在其很小的时候就来到上海打工。家乡有重男轻女的传统,因此他从小一直在父母亲密的呵护下长大,从来没有受过委屈。在老家读书期间,父母一直给他灌输男孩子要好好读书,考不上中职就等于没出息等理念,所以学习也比较刻苦,再加上人比较老实,成绩也比较好,小学老师也都比较喜欢他,一直得到老师的大量关注。后来,父母想为其提供更好的教育,便让李同学到上海读初中,因父母没有上海户口,读的学校相对比较一般。其到上海后很不适应,初中的成绩很不好,中考也没考好。父母见其考高中无望,就让其读职校。进入新闻出版学校以来,无心听课,上课经常走神,各科作业无法及时完成。

### 3. 精神状态

举止得体,待人有礼貌。感知觉良好,情绪略显低落,提及学业略显失望。逻辑思维清晰,语言表达流畅,情感反映自如一致,人格完整。

### 4. 身体状态

最近两周心烦意躁,感觉孤单失落,睡眠质量不好,身体状况良好,无家族精神病史及遗传病史。

### 5. 社会功能

与同学老师能够友好相处,宿舍同学关系良好,并且有两个关系亲近的同学和朋友。正式上课三周来,不能认真听课,学业上遇到困难。

### 6. 心理测验分

SCL-90(90项症状清单)自评量表结果显示,因子分:躯体化因子1.5,强迫症状1.2,人际关系敏感1.4,抑郁因子1.5,焦虑因子2.5,敌对因子1.4,偏执因子1,精神病性1.2,其他1.0,焦虑因子得分明显偏高。

SDS(抑郁自评量表)标准分:59分,测试结果显示有轻度抑郁。

SAS(焦虑自评量表)标准分：67分，测试结果显示有中度的焦虑。

## 二、咨询过程

根据李同学的叙述，感觉该同学属于明显的适应不良问题。他初次远离家门，离开了父母的呵护，尝试独立生活；小学时，该同学应该属于比较优秀的学生，得到老师的青睐，同学羡慕，现在到了上海学习成绩越来越差，在语言上、生活还有心理上存在巨大不适应。这些社会关系与个人支持系统的巨大变化，导致李同学忽然失去了支持，同时和同学间的亲密关系尚未建立，支持度也不高。心中有一些郁闷的事情，也没有人倾诉，长时间压抑，导致现在无目标感、失眠等症状产生。根据他的情况，学校心理教师和他一起制定并经历了以下几个咨询阶段，并对其进行家访，也让其家长参与心理咨询：

### （一）第一阶段：敞开心扉，消除不良认知

该同学能鼓起勇气来找心理老师，说明这个同学有强烈改变现状的愿望。整个面谈过程中，心理老师都对他实施了比较积极的关注。在李同学讲述他的经历时，心理教师会积极共情，时不时点头鼓励，讲到痛苦事情时，咨询师告诉他十分理解他的心情。心理教师也和他一起分享学业的挫折经历，让他感觉到了心理教师的真诚。然后心理老师告诉他：环境变化造成的适应不良是非常正常的，自己千万不要太过惊慌。

取得李同学的信任后，心理教师就拿出预先准备好一张表格：

| 分　类 | 以　前 | 现　在 |
| --- | --- | --- |
| 生活方面 |  |  |
| 学习方面 |  |  |
| 人际交往 |  |  |
| 培养目标 |  |  |

心理老师和同学一起填写这个表格，填写完成之后，一起从生活、学习、人际交往和培养目标四个方面分析以前和现在的不同之处，让其了解这种不适应的

根本原因。表格填写完成之后,他就稍微有些明白了,看到他的反应,心理教师就引导他谈谈填完表格之后,自己的感觉和想法。在心理教师的引导下,该同学得出自己之所以有这种感觉,就是因为自己太多地对比新旧环境,太留恋旧有的环境,不能体验新环境。听到李同学这么说,心理教师心里也特别高兴,知道这个同学很快就能走出适应不良的情况。为了避免李同学出现自责的情形,心理教师给他强调,人在一种环境中生活久了,自然会产生一种适应或者习惯,一旦环境改变,原有的习惯被打破,自然会有一段不适应的时期,这是人之常情。只要自己能够接受现实,勇于改变,一段时间之后就又会在新的环境中形成一种新的习惯。看到该同学能够耐心地听心理教师说,顺势给他简单地提了一下成长的意义。

### (二)第二阶段:家庭学校互动

上一个阶段主要是让李同学改变自己的认知,但认知到行为的持续性改变还需一段时间。为更多了解李同学的家庭背景因素,学校心理教师与其班主任特地到其家中对其父母做了一次访谈,深入了解李同学的成长背景。李同学的母亲比较强势,比较在意孩子的学习成绩,让其初中到上海读书的决定是李母单方面的决定,当时李同学不想来上海读书,对家乡很喜欢,不想换环境。而到上海后,李同学的英语与其他同学相比十分逊色,也很自卑,渐渐成绩退步,失去学习动力。李母很是责备孩子,甚至不给孩子吃饭来惩罚。而李父比较懦弱,工作也比较忙碌,无暇顾及孩子,每天上班早出晚归,披星戴月。长此以往,李某成绩愈来愈差。心理教师与班主任和家长沟通,让李某的父母幡然醒悟,自己以前教育孩子的方式是错误的,以至于自己曾经优秀的孩子成为差生,他们也听取心理老师与班主任的建议,愿意花时间学习科学的家庭教育知识与理念,并践行在实际的教育中。李某的父母也在心理教师的指导下整理了以前对李某生活、学习、人际交往的教育方法,并重新修正,制定现在和未来的科学的教育方法。

| 分　类 | 以　前 | 现在和未来 |
| --- | --- | --- |
| 生活方面 |  |  |
| 学习方面 |  |  |

续 表

| 分　类 | 以　前 | 现在和未来 |
| --- | --- | --- |
| 人际交往 | | |
| 培养目标 | | |

## （三）第三阶段：自心理教师心态的改变

在这一阶段，着重帮助李同学解决当前面临的实际问题，扭转不良心态。他当前面临的主要是学习问题，并伴随着失眠症状。李同学的父母也参与了两次家庭心理咨询。

针对李同学学习上遇到的问题，心理教师建议他要改变自己的学习方法，制定一个计划。心理教师让小李与父母一起制定了一个他的中职学习计划：

1. 每天上课之前，把老师要讲的东西自学一遍；睡觉之前，把一天学的东西复习一下。

2. 每天坚持背20分钟单词、一周写一篇作文。

3. 尽最大努力和任课老师交流，坚持每周至少和一个老师交流一次，问一个问题也可以。

4. 每天要和5个不同的同学说几句话。

5. 制定自己一个月的目标、一学期的目标和三年后毕业时的目标，即中职毕业后自己想成为什么样子的人。

要求该同学将这个计划贴在自己的书桌上，每天早晨起床和睡觉前都要看一下，反思一下自己是否完成了自己的任务，李同学欣然同意。

针对他的失眠问题，心理教师也提出了自己的建议：睡觉前半个小时不要做让自己兴奋的事情；睡前最好用温水泡下脚；早晨不要睡懒觉，7点按时起床；每天坚持30分钟到一个小时的体育锻炼；等等。让该同学制定一个规律的作息规律，严格按照作息表执行。

## （四）第四阶段：找回失去的自己

李同学按照共同制定的计划，严格执行。仍然坚持一个月后找心理教师一次，每次都有新的发现，最明显的一点，他说的话明显多了，脸上笑容也多了，比以前主动很多，能像朋友一样和心理教师交流，精神状态有了显著的提高。他告诉心理教师,现在已经基本适应中职的上课方式了。并且在学校里找了几个好朋友,还参加了一个社团,经常参与一些活动。俨然看不出当初那种苦恼、逃避的样子了。

李同学的父母也感谢心理老师与班主任对孩子的辛勤付出,孩子在家中也变得自信、积极、阳光,而且乐于与父母交流。

## 三、家校互通,打开与中职学生正确的沟通方式

孩子的成长离不开家长与学校的共同教育,针对当前中职学生与家长、学校的联系互动不强,学校利用多媒体教学课程和学生家长互动课堂,扩展练习途径,提升家校联系的实效性。

学校经过多年的探索,加强学校与学生家长的联系,共同开展学生教育工作,让教育走进家庭,服务到每个家长、每个学生。学校注重家长课程的反馈,学生日常生活的反馈,在每次课程后都会有一定量的家长问卷和调研。通过家校互通的形式,改革学校的管理和学生的教育,课程的打造也逐步呈现多样化趋势,通过互通的课程学习模式,学校听取到家长的意见,共同探索研究改进工作。在建立互通课程模式后,家长能掌握家庭教育的基本原则和方法,学校也能帮助家长树立正确的家庭教育观念、丰富家长的家庭教育理论、提高家长的家庭教育水平,从而创造良好的现代家庭教育环境。

# 家校携手　从"心"出发

上海新闻出版职业技术学校　龙碧慧

**摘　要**：家庭是孩子成长的第一站，家庭教育作为教育体系中的重要组成部分，对青少年的心理健康与行为规范有着无可替代的作用。我是1809班云南班的班主任，小张(化名)三年以来的成长是家校共育的一个典型案例，从刚到学校的"不法"分子到优秀毕业生，改变错误家庭教育方式、亲子沟通模式，学校与家庭指导紧密共育至关重要。学生的教育需要社会、学校和家庭的共同努力，寻找有效对策，促进学生的健康发展。

**关键词**：家校共育　家庭教育指导　亲子沟通　亲子关系

家庭是孩子成长的第一站，家庭教育作为教育体系中的重要组成部分，对青少年的心理健康与行为规范有着无可替代的作用。我是1809班云南班的班主任，同

表1　典型案例小张基本信息一览表

| 学生姓名 | 基本信息 | 家庭情况 | 在校表现 | 突出矛盾 |
| --- | --- | --- | --- | --- |
| 小张(化名) | 男，入学时15周岁，云南保山人。外表皮肤黝黑，身材魁梧。性格外向，交友广泛，很有活力，但意气用事，没有法律意识，情绪易躁、易冲动，自我价值感低。常抽烟，身上有很多文身，有过自残行为。 | 5岁时，父母离婚，后父母皆再组家庭。跟随父亲生活。母亲重组家庭后与该学生几乎没有任何联系。父亲与继母都是在工地上工作。自述父母不爱自己，在家是可有可无的存在。与家人沟通很少，关系紧张。 | 文化课基础很差，自述初中基本上没有认真听过课。因此入学初期常常偷玩手机，睡觉，不交作业。出现过旷课、逃学躲在卫生间抽烟的行为。 | 1. 容易冲动，出现过几次打架行为，没有任何法律意识。<br>2. 抽烟、文身等行为规范问题。<br>3. 学业上的困惑与矛盾。 |

时承担思政课的教学工作,自己有一些心理学的基础。除此之外,我所在部门同事都是老班主任,还有心理教师,他们也给予我许多建议和指导。在担任1809班班主任的工作中,小张(化名)三年以来的成长是家校共育的一个典型案例,从刚到学校的"不法"分子到优秀毕业生,学校与家庭指导紧密共育至关重要。

## 一、案例背景

小张2018年参加国家扶贫的"职业教育东西协作计划",赴上海就读。小张自述父亲从不关心他,对他总是动辄打骂,自己在家属于可有可无的状态,唯一对自己好的姐姐,还很早就成家了,也住得很远。

小张在校表现得很外向,交友广泛,从云南来的同学总是以他为核心团结在一起。个人很讲"义气",容易意气用事。有一次因班级另一名云南同学小夏与高年级的学长起口角,小张带领10几名云南同学一起去"讨说法",差点发生严重肢体冲突。后来就此事我与小张谈话,他说在他们镇上都是用武力解决问题的,冲突产生后也不需要负任何的法律责任。在我说到这个情况需要和他父亲沟通的时候,小张有明显的情绪变化,随后装作无所谓地说:"老师,你可以给我爸爸打电话,但是他也不会管我的,他巴不得我不出现最好。"

我与小张父亲沟通时,父亲在了解情况后第一反应是责骂孩子,然后反反复复地说:"老师,小张不听话你就打他,打到他听话为止。"语气高扬,情绪非常地愤怒,随后又很无助地说:"老师,我也没有办法,这个孩子不听我的。"在沟通中,我了解到小张的父亲并不是小张口中的"不管、不在乎",相反他对孩子很关心,却不得章法。

## 二、家庭教育情况

### (一) 基本教育方式

在家庭教育中,小张的父亲是主要的教育者,由于生活压力、工作繁忙,对小张的管教不多,父子之间的关系紧张,有效的沟通很少。每当小张犯错误的时候,小张的父亲都是用责骂或棒打的方式来教育孩子。正是这样,父子之间渐行渐远,小张认为父亲不爱自己,不关心自己,自己在家中是可有可无的存在,因此会做出许多不良行为企图获得父亲的关注。小张父亲信奉"棒棍底下出孝子",总是用责骂或棒打的方式来教育孩子,认为打怕了就乖了。

### （二）沟通情况

当小张父亲认识到自己的教育方式似乎无法教出一个"乖"孩子的时候，也曾经很懊恼，那个时候小张已经很少和家人交流了，在家时总是把自己锁在卧室，外出读书除了要生活费也很少往家里打电话，家长在与小张的沟通上感到无奈和苦恼，想改变又不知如何改变。

在了解以上情况之后，我与小张进行了谈心，通过小张的陈述发现，父亲的强势与粗暴常常让他感到无助，感受不到别人口中深厚的父爱。父亲对小张缺乏信任，每每听到有关小张不好的言论，通常不听孩子的解释就先动手打，对孩子的感受很少顾及。家长简单粗暴的教育方式使得亲子关系疏远，也使得儿子不愿意再与父亲沟通。

## 三、案例分析

### （一）小张不良行为的养成与父母离异可能有关

学者吴奇程在《家庭教育学》一书中曾指出："离异家庭对未成年人有着消极的影响，并且这种影响是长期性的、整体性的。"有研究结果表明，离异家庭的孩子在"冲动倾向""孤独倾向"等几个方面表现较差。小张种种行为的背后似乎透露着他极为渴望得到关注与爱。在多次的谈话中，小张常常表现出孤独感，自我否定，觉得自己什么都做不好，没有人会喜爱自己。在"心理健康"课上分享父爱、母爱的时候，小张表情异常冷漠，无动于衷。虽然父母离婚已经成为过去式，但是母爱的缺失，父爱的隔离，使得他既渴望得到关注，又表现得冷漠和憎恨。

### （二）家庭教育方式不当

父母离婚与再婚已无法改变，但如家庭教育方式得当，小张或许会有积极的发展。从案例描述中可以看到，小张在缺失母爱的同时，也感受不到父爱的关注。他年幼时，忙碌的父亲为生计管教较少，长大后教育方式都是简单粗暴，经常训斥和批评，很少站在孩子的角度去看问题，也缺乏彼此之间的尊重。这使得小张养成了易躁、易冲动，自我价值感低的性格，极度渴望得到别人的关注和肯定。对待青少年，家庭教育应该付出更多的爱与坚持，严格要求的同时尊重孩子，了解孩子内心的想法与感受，采用恰当的教育策略，显然，小张父亲的教育方式缺少了爱与尊重。

### （三）亲子沟通不当

在家庭教育中，良好的沟通是有效教育的前提，而良好的沟通需要相互的理解与尊重。家长在教育中常以命令、强制的方式发号指令,这种缺少理解与尊重的沟通方式常常会受到青少年的逆反。在一次与小张的谈话中,我问道:"你有没有尝试把你的想法告诉你的父亲,有没有试过据理力争?"小张回答说:"说了也没用,反正不管说什么他总说是我不对,我不学好,我成绩不行,朋友不行,什么都不行。"小张父亲很少去倾听儿子的心声,过于强势,对小张缺乏尊重和理解,时间长了小张也开始编各种理由欺骗父亲,两人之间没有信任的基础,使得沟通更加困难。

## 四、家庭教育指导策略与实施情况

### (一)指导策略

要解决小张的家庭教育问题,关键是要解决家长教育方式和沟通方式的问题。针对案例中的家长情况,在了解到家长也很渴望能够改善与孩子的亲子关系时,我制定了以下的指导策略:

1. 与家长保持联系,建立良好的家校关系,取得家长的信任。

2. 帮助家长寻找家庭教育方式存在的问题,理性地认识青少年阶段孩子的成长特点,转变"棒棍出孝子"的理念。

3. 帮助家长认识沟通的重要性,共同梳理出家长在亲子沟通中存在的问题,再学习正确的沟通方式:学会倾听,换位思考,理解与尊重,学会信任等。

4. 及时与家长沟通孩子的在校情况,同时向家长了解孩子的在家表现,关注家长的所采取的教育策略,为家长出谋划策。

### (二)指导目标

小张不再出现打架行为;改变学习态度;改善与父亲的亲子沟通情况。

### (三)实施情况

1. 帮助家长寻找家庭教育方式存在的问题,转变教育理念

家长已经认识到自己的教育方式似乎不仅没有达到自己理想中的教育效果,反而把孩子越推越远。在和小张父亲多次交谈中,小张父亲自述自己也是在父亲棒棍下长大的,为什么轮到自己的孩子就不起作用了。面对儿子经常性的不良行为,在多次教育无效后,小张父亲已经失去了教育小张的耐心,既愤怒又无奈。在了解到小张父亲的想法后,我表示理解与感同身受。在家长敞开心扉后,再鼓励家长,帮助家长理性分析存在的问题,并寻找解决的对策。

在案例中,我发现小张父亲对青少年的身心发展规律认识不足,对孩子有过于强势、不信任的现象,改变家长的教育观念是措施实施的关键点。父亲对小张了解不够,常常看到小张和朋友在一起就认为一群人都是去"干坏事",胡乱猜测,常常责骂孩子。有一次沟通中,小张父亲说道:"小张总是喜欢出去和一群朋友混,肯定是去干坏事了,这个所谓的朋友肯定不是什么好人。"在我问及有没有尝试过了解小张和朋友具体平时都去哪里玩的时候,家长表示不了解。在"两个肯定"的背景下,我的建议是空出1到2天的时间去访问一下小张玩得比较好的朋友,了解一下他们在一起都做了什么事情。小张的父亲听取了我的建议后,去访问了小张的朋友,了解他人对小张的评价,以及他们的日常活动方式。访问后发现其实孩子更多的是去打篮球,帮助小伙伴干农活等。小张的父亲反思说:"他们好像并不是我想家中的不良少年,我似乎从来没有认真地去了解过孩子。"在这个过程中,我不断与小张父亲分析交流,转变小张父亲的教育理念,放下自己强势的态度和刻板印象,自觉去走近孩子,理解孩子。

**2. 帮助家长认识沟通的重要性,学习正确的沟通方式**

有效的沟通是亲子教育的关键一环。小张父子在沟通中,有许多不恰当的地方,不够理解、尊重和信任,不能很好地控制情绪,没有倾听,也没有理解等都是导致沟通不畅的原因。我帮助小张父亲认识到沟通的重要性,共同梳理出家长在亲子沟通中存在的问题,改变自己错误的沟通习惯。

当时即将寒假,我建议小张父亲抽出3到5天的时间陪伴孩子,增加沟通机会。在沟通技巧方面,指导家长控制情绪,学会倾听孩子,听听为什么,孩子当时的想法、情绪和感受,多一些换位思考的理解。当发现孩子的想法与自己出现分歧的时候,允许有分歧的出现,相互理解尊重的基础上彼此协商,相互退让达成一致。小张父亲听取了我建议,在小张回家后找到一个合适的时机与小张进行沟通,了解小张在校打架的原因,理解小张打架的初衷是为了朋友,是一个很讲义气很好的朋友。随后表达了自己对于小张的担忧,担心过分的冲动可能会做出不好的事情,可能会触犯到法律。后来小张父亲和我说,其实自己对法律也了解不多,但是那天他和小张沟通的气氛特别好,小张出乎意料地说带着他一起去学习法律。

经过多次的有效沟通,小张及其父亲做了一个共同的约定,约定内容如下:小张父亲定时抽出时间回来陪伴小张(父亲工地做工,常常不回家),并且还是要这样有效的交心交流,有时间也可以陪伴小张一起去打篮球(小张喜欢篮球)。小张返校之后,也要常常电话沟通。而小张要尽量地控制自己的情绪,避免冲动,当遇到自己很想冲动的事情时,先让自己稍微冷静,可以找父亲或者是班主任一起来商量一下,是否还有更好的、更合适的解决方法。除此之外,改变自己的学习态度,找到自己的学习目标并和父亲分享。如果双方有谁违反规定,需要写检讨书,大声朗诵并录像。

本约定是在彼此民主平等的条件下,尊重彼此的需求协商制定的。制定的方式是在良好沟通的前提下,各自提出自己对对方的需求,双方经过考虑和协商最终达成一致。后来小张和我说:"老师,我特别开心,我爸爸从来没有对我这样温柔过,我第一感受到了父爱,感受到自己也是被爱着的。"

在家庭教育转变的同时,我也在基于对小张性格特性了解的基础上,让小张做了班级的体育委员。小张外向、活力满满,班级同学都很喜欢他。除此之外,还尝试着慢慢让他承担一些班级管理的工作,培养他的责任心和自信心。

**(四) 指导效果**

小张在校期间,我们保持着良好的家校关系,根据情况不断地调整指导策略,强化良好的行为。三年执行下来,尽管中间有些反复,但是小张有了很大的改变。后来,小张再也没有出现过打架的情况。小张说:"我是班委,应当带头遵守行为规范,而且这也是我和父亲的约定。"在小张二年级的时候,他主动提出要洗去身上的纹身。在学业上,虽然因为基础原因还是会有落后的情况,但是他在专业课的学习上逐渐变得认真、积极,常常受到专业课老师的夸奖。小张父亲也很感慨于自己的改变,说:"这几年感觉和孩子变得亲近了,不再针锋相对。我也在反思自己在教育方式和沟通方式上的问题。"

小张毕业后,在父亲的支持下,凭借实习期间的良好表现,顺利地留在了上海,留在了实习所在的企业。从小张的表现和家长的反馈情况来看,本次家庭教育指导取得了较好的效果。学生家庭教育工作需要社会、学校和家庭的共同努力,寻找有效对策,促进学生的健康发展。

# 从"冷暴力"到暖相伴

## ——搭建沟通桥梁 解开亲子心结

上海市松江区新桥职业技术学校 钟成文

**摘 要**：在中职学校中，有很大一部分学生都有留守儿童的成长经历，来到上海之后才与父母开始长期相处。和谐的亲子关系对于学生三年的学习成长至关重要，但是必要的生活基础和情感基础的缺乏，使得较多随迁子女家庭沟通现状令人担忧。学生的内心诉求长期无法得到回应，孩子与父母之间便会衍生许多新的问题。如何指导家长提高与孩子沟通的能力，并且指导学生学会主动跟家长沟通，在双向沟通的基础上，促进学生身心健康发展，这是我们中职班主任家庭教育指导工作中的重要课题。

**关键词**：随迁子女 家校共育 亲子沟通指导

## 一、阴雨连绵

小凤同学是我们班的副班长，好学乖巧，认真细致，责任心强，性格天真烂漫，深受老师们的喜爱。可是新学期伊始，我就觉察出了她的异样。平常那么爱笑的女孩却天天戴着口罩，连上体育课也不肯摘下，像是隐藏着难以言说的心事。口罩外的大眼睛迷茫而忧郁，无神地耷拉着，像是在无声地叹息。原本以为小凤只是一时心情欠佳，却没想开学没多久我就陆陆续续收到了同学和老师们对这名"优生"的投诉：不是冲动易怒，爱流眼泪，就是实训课无心学习，各种逃避。甚而我交给她的班级常规工作，她也心不在焉，难以如期完成。问起小凤的挚友，也说她极为反常，整天一副魂不守舍的样子。看来非常有必要私下找她谈谈。

## 二、愁云满怀

一天中午，我去教室寻小凤谈心，却发现午休课她并不在教室里。经过一番询问,我才在图书馆里找到了她。她依旧戴着口罩,眼神忧郁。我拉过她的手,并轻轻搂了搂她的肩膀,她心中的戒备似乎放松了几分。我将小凤带至办公楼后的小树林,与她并排坐在树下的长凳上,柔声问起最近是否遇到了什么困难。她摇摇头,不愿说话。我轻轻握了握她的手,又问:"看你一直不开心,是有什么心事吗?"小凤双眼含泪,哽咽着打开了心扉:"我妈妈已经一个月不跟我说一句话了。"我心里咯噔了一下,并不作评论,只是静静地倾听着。"不管我怎么讨好她,她还是一回家就板着脸。爸爸在家休息她一直笑嘻嘻的,可爸爸一走,她的脸上就又冷冰冰的了。"说着眼泪便顺着脸颊滑落下来。

我曾去过小凤家里家访,一家三口挤在同一间狭窄的出租房内,她心中的压抑与痛苦可想而知。"那这种情况是从什么时候开始的呢?"我一边问一边帮忙拭去她眼角的眼泪。"寒假从老家回来,妈妈就一直不高兴。大年三十那天,二姐就是忘了按时煮米饭,她就破口大骂。我们认了错,妈妈仍旧不依不饶。回上海后,她与大姐二姐都说话了,可唯独不理我。她甚至还说:'我本来在厂里上班开开心心的,下班回来一看见你的脸就高兴不起来了。'难道是我犯了天大的错吗?"这世上当真有如此狠心的妈,竟将亲生女儿当仇人?

此时下定论,似乎还为时过早。我只好安慰她:"小凤,妈妈如此待你,这绝对不是你的错。或许她是一时遇到了极大的压力,等她把问题解决了,心情自然就舒畅了。以后你有什么心事跟老师说,老师会尽力帮你的。"小凤点点头,她说出了心中的愁闷,这时已停止了哭泣。上课铃响,我只好先送她回教室。

## 三、拨云见日

### (一) 寻求帮助

这次谈话以后,本想着小凤的情绪问题会有所好转,没承想她的厌学情绪越发不可收拾。任课老师反映她在实训课上完全不动手操作,发呆,玩玻璃纸,还旷课不见人影。早午自修,我也很难找到她人在哪儿。多次找她谈心进行情绪疏导,她的回答却是:"老师,我知道是我的问题,可我不想改变,不想走出来。""老师,我想我肯定待不到毕业了。""老师,我宁愿妈妈没把我带来人世,我想自残可是我怕疼。"

我想事态已经超出了我的能力范围,只好第一时间把小凤的情况上报给了学校的分管领导和学生科老师。学生科科长王老师认为青春期孩子情绪不稳定是一种常见的心理现象,即使要进行专业的心理干预,也得当事人同意才行。因此王老师建议从小凤妈妈这边了解情况,如果有必要进行家访,她愿意陪同。

## (二) 了解原委

上次家访只见到了小凤爸爸,小凤妈妈为人如何,她是否愿意配合学校解决孩子的问题呢?正当我发愁如何与小凤妈妈进行沟通时,小凤妈妈竟主动打来了电话。她发现孩子这一学期以来总是心事重重,身形日渐消瘦,担心小凤在学校出了什么事情。这一问,我也是哭笑不得,看来母女之间一定是有着什么误会。我提出要去家里家访,小凤妈妈怕孩子心里有想法,便想着先与我单独聊聊。于是我们约定瞒着孩子,次日放学后在办公室面谈。

第二天初见面,我发现小凤妈妈真诚直率,满口夸着女儿乖巧勤快,满心担忧着女儿的心理状态,完全和小凤嘴里的"冷暴力"妈妈判若两人。那小凤说的是怎么回事呢?我一一向小凤妈妈寻求答案,了解了原委:大年三十那天发火是因为女儿延误了过年习俗中的"吉时";今年厂里工作忙碌,几乎没有休息时间,以前周末还有空陪陪孩子,现在工作上的压力大得回家不想说话,母女间交集变少;看见女儿整天闷闷不乐却不知道如何开口,只能消极等待女儿自我消化情绪,导致误会加深。直到孩子出现问题,还以为是在学校受了委屈。看样子,这是个心直口快,不善言辞的"糊涂妈"。

明白了事情的真相后,我真诚地与小凤妈妈分析了孩子情绪异常的原因:小凤来到上海后,原本期望着和谐幸福的家庭生活,渴望着多年来不曾拥有的爱与陪伴,可现实却是父母的忙碌与粗暴的言辞。她尝试着表达内心的想法,换来的却是不理解,不支持。多次碰壁后,她宁愿选择沉默来避免与父母的争吵。于是,我建议小凤妈妈要尝试着走进孩子的内心,学会理解孩子,特别是处于青春期的孩子有着多样的心理需求。同时要认识到父母是孩子最大的支撑,家庭是孩子温暖的港湾,作为长辈要学会控制好自己的不良情绪,积极寻求机会与孩子主动沟通,致力营造良好的家庭氛围,为孩子学习成长保驾护航。听了我的分析和建议,家长表示非常认可。幸而家长与我们的目标一致,那么事情的解决便会顺利许多。而问题的关键在于创造合适的契机,化解母女间的误会。

## (三) 暖爱入心

征得家长和孩子的同意后,一次致力于化解寒冰,打开心结的家访如期到来。家访前,我把妈妈的焦虑和担忧告诉了小凤,同时叮嘱小凤妈妈一定要对小凤说出自己的心里话,表达自己对女儿的认可以及内心的担忧,一定要先于孩子跨出沟通的第一步,让孩子感受到母亲的关爱。小凤妈妈虽不善表达,但表示愿意尽力而为。

下班回家，小凤妈妈特意提前下班带小凤吃了晚饭，并备好了水果。晚上七点我和王老师来到小凤家。在小小的出租房内，孩子虽然一直脑袋低垂，但是妈妈的心里话却是第一次听。"婷婷（小凤的小名），你从小就乖巧，总为别人着想。妈妈呢，读书少，性格又急躁，不像老师们说话那样委婉中听，想着要关心你，可说的又不是你想听的。妈妈心里也着急，可不知道该怎么跟你说……"在真诚的话语中，母女间心与心的距离拉近了。在误会解开的基础上，王老师告诉小凤要正确看待问题，学会接纳自己和接纳父母。而后续的亲子沟通，我们希望小凤妈妈注意沟通的方式与技巧，多夸夸孩子，无论多忙要多陪陪孩子，学会回应孩子的心理诉求，多多理解和支持孩子，做一个温柔、温暖的妈妈。家访结束后，母女俩坚持将我们送到路口，能感觉到两人之间的氛围轻松了许多。

## 四、雨后彩虹

当然，解决亲子沟通问题不可能毕其功于一役。我持续关注着小凤的心理动态，并交代小凤身边的朋友放学及周末尽量多陪着她，转移她的注意力，让她的心情好起来。而小凤的妈妈也接受了我们的建议，开始学着做一个贴心的身边人：当孩子的情绪问题出现反复时，在QQ及电话里，她多次与我沟通解决办法，学会了多给孩子一点耐心以及时间和空间；当孩子获奖或有其他好的表现时，她尝试着用朴素的语言认可赞美孩子，有时也会给予诸如新衣服、小饰品等物质奖励，这换来了孩子的欣喜；下班或是假期，总是想方设法挤出时间陪小凤吃饭、逛街、在周边散心，尽力做孩子感兴趣的事情让她不感到孤单；谈到升学，小凤妈妈不再提及孩子中考的失败以及将之与成功考上大学的姐姐作对比，相反对她的技能学习表示会给出最大的支持，让孩子安心学习。

功夫不负有心人，慢慢地，小凤妈妈求助的频次越来越少，谈起孩子不再是忧心忡忡，而是母女间相处的点点滴滴。小凤也摘下了口罩，恢复了笑容，对学习又上心起来。在献礼百年主题朗诵活动中，她主动请缨，勤加练习，拿得了校一等奖的好成绩。学期结束回访，刚好在路上碰见母女两人一同逛街，一副其乐融融的样子。这时，我心里的一块石头终于落下地来。

## 五、案例反思

小凤同学的案例虽已告一段落，但是我的心中仍是忧虑重重。在中职学校，亲子沟通问题不是个案,它较多地存在于随迁子女家庭之中。

法国教育家巴威尔曾说过:"父母教育孩子的最基本的形式就是与孩子谈话。我深信世界上最好的教育,是在和父母的谈话中不知不觉地获得的。"沟通,是父母与子女心灵交流的桥梁,沟通在家庭教育中有着举足轻重的作用,但随迁子女家庭的现状却是:孩子与父母非必要不沟通,甚至有必要也不沟通,或者沟而不通,有沟有通的情况极少。如果亲子沟通不畅,孩子厌学、行为偏差、早恋、情绪失落等问题则难以得到解决。

要治疗学生的"病症",很多时候需要我们班主任从家庭的生态环境入手,积极争取家长的配合,以及站在孩子的角度思考问题。一是要转变家长的错误观念,时代在变,不能只关注孩子吃饱穿暖,却忽略了孩子的心理需求。要及时关注孩子的情绪状态,给予适当的情绪疏导和高质量的陪伴。二是要指导家长学习青春期和心理健康方面的相关知识,让家长明白不能总把"罪责"归于"叛逆"二字。如果不能理解孩子,反而横加约束,只会导致矛盾重重,冲突升级。三是要教给家长必要的沟通技巧。老师的十句夸赞比不上家长的一句认可,只有在尊重理解的基础上实现有效沟通,才能促进孩子的健康成长。四是增进孩子对父母的了解,指导学生主动与父母沟通,以双向沟通消除亲子隔阂,以融洽亲子关系为孩子的学习和心理健康保驾护航。

总而言之,要实现双向沟通,促进学生成长,在家长和孩子缺乏必要的生活基础和感情基础的情况下,双方都需要指导。也就是说,当亲子隔阂成了难以跨越的鸿沟,班主任应当主动搭建亲子沟通桥梁,成为联通孩子与父母之间的彩虹,为孩子驱散阴雨,点亮人生。

# 发现每一个闪光的孩子

上海市机械工业学校　韩白沙

**摘　要**：每一个问题都能成为教育的契机。教育就是帮助孩子认识独一无二的自己,也许我们的学生都不那么完美,但我相信每个个体都有值得挖掘的教育契机。正如马卡连柯的平行教育理论以心育心,用同伴鼓舞同伴,终会结出人生的幸福之花。

**关键词**：平行教育　发现亮点　因材施教

有人曾经说过：每一个孩子都是一颗希望的种子,播撒了什么就会收获什么。对于中职的孩子来说更是如此。

今天我要给大家分享的是我们班屈同学的故事。屈同学是一个高高瘦瘦的男生,由于单亲家庭,因此比较敏感。可能源于妈妈的保护过多,使他有畏难的情绪,缺乏毅力和恒心,处事极易受情绪影响。对有些学科的学习兴趣较弱,有抵触情绪。在上课的时候也发现有些课程他经常会睡觉。刚开始我批评教育了他,感觉效果也不是很明显,经常是非常虚心地接受,但是屡教不改。

我常常反思为什么他明明知道一切道理,也有很好的认错态度,但是却始终不改。到底是我的方法出错了,还是他的表现是敷衍我。不改是结果,造成这个结果的原因是屡教,我想一定是教得不得法,没有真正地对症下药。

通过多次和家长沟通,才得知原来他一直有注意缺陷与多动障碍(ADHD),也就是俗称的多动症。屈妈妈其实对儿子付出了非常多的关注,为了更好地抚养孩子放弃了原本的工作,选择了更灵活、能照顾他的工作。几乎每天都会和我在微信上联系,仔细询问孩子在校情况。对于反馈的情况也非常积极配合,并在孩子身上能看到改变。

得知他的情况后我和他也进行了长谈,原来我一直错怪他了,他已经在努力地控制,实在觉得控制不了自己的时候选择趴下睡觉,尽量不影响其他同学。

对于自己的病他比较自卑，为了帮他找回自信，激发学习的热情，我观察了他很久，在他的身上我发现了很多闪光的特质，比如待人接物谦逊有礼，能非常诚恳地接收批评，平时他会阅读很多书籍，知识面很广，也很喜欢和同学讲历史谈政治。因此在主题班会的时候为他举办了一场辩论，来展现辩论才华，在慷慨激昂的陈述中，大家看到了熠熠生辉的他。辩论回去后，妈妈接收到了我发回的现场照片，激动地给我打来电话，说这是她第一次看到儿子脸上洋溢自信，觉得快不认识那个闪烁着光芒的孩子了，真的是她的孩子吗？

屈同学的音色很好听，朗读课文十分优美，但是由于自控能力差，在以往的学习生涯中，从小学到初中，一直都被老师排除在集体演出之外。这次大合唱排练前，他悄悄和说我想退出，不想影响班级。

其实集体活动不就是展现班级凝聚力和鼓励学生自尊自信的很好的载体吗？因此在这次大合唱的中我让他担任朗诵和领唱，告诉他即使失败也没问题，全班同学陪他一起，一定可以的。

每次看到他一个人默默地练习背诵，我都为他感到欣喜。合唱比赛前，在候场的时候，他突然说要去厕所，可能是紧张吧，我嘱咐他快去快回。可是一直到快上场了也迟迟等不到他归来，于是我带着几个同学分头去找他，我在楼梯间找到那个紧张地搓手、反复踱步的他。他告诉我，他想回来上场，但是又害怕自己不能完成，怕拖后腿，不敢面对上场后说不出话的后果。我告诉他，我们班不需要一等奖的奖状，但是需要那个能勇敢地走上前，大声唱出来的他。这时候，几个他的好兄弟也来找他，给他加油打气。上台后，他紧张得拿着话筒直哆嗦，我在台下不停地给打手势，终于他深吸一口气，唱出来了。虽然我们班的合唱不是特别完美，但是我却觉得特别棒，感动于他的勇敢，也感动于全班同学的耐心配合。我想宝贵的演出经验，允许孩子试错的这些尝试，其实也是帮助他们慢慢克服自卑，在获得自信的路上走出的有意义的一步。

看着大合唱的照片，屈妈妈兴奋地连发三条朋友圈，我想这时候的她一定是幸福感爆棚的。

屈同学喜欢摄影，拍出来的照片非常棒，我也经常会发一些关于珠宝的展览给他，让他背着相机，边看专业展览，边练习摄影。同时鼓励他将摄影作品用绘画的形式展现出来，把专业学习和爱好结合起来。鼓励他和同学组团队去参加"互联网＋创新创业"比赛，用一次又一次的活动来让他看见自己的各种可能，找回自信。

屈同学的妈妈经常和我说,感觉孩子来到中职学校后整个人积极起来了,很喜欢学校和老师,也很喜欢这个专业。我想这些点滴的改变学生本人、家长和老师都能感受到。也许在今天看来,他才开始逐渐适应并融入学校的生活,但是我相信他的未来一定值得期待。

泰戈尔曾说:"不是锤的敲打,而是水的载歌载舞,才使粗糙的石头变成了美丽的鹅卵石。"师爱无痕,花开无声,让我们在成长的道路上扮演好引路人的角色,耐心陪伴发现每一个闪光的孩子。

# 寻找一个支点　为家庭教育赋能
## ——家校联动下"学困生"帮扶探索案例

**上海市机械工业学校　王琴琴**

**摘　要**：教育部印发的《中小学德育工作指南》中指出，要促进德育工作专业化、规范化和实效化。德育是学校工作中的重要一环，而班主任作为学校德育工作的主力军，要提高德育工作的实效性，必须实现良好的家校联动机制。笔者在带班过程中，发现学困生问题尤为突出，究其原因，家庭教育被弱化，学生的自我效能感不足，因此，笔者通过与家长的联动，赋能家庭教育，对学困生进行帮扶。

**关键词**：家校联动　学困生　家庭教育　赋能帮扶

2020年9月开启了我的班主任工作，我的班级是机电技术应用专业，全班35人，其中有3名留级生，尤其是李同学已经留了两届，按照《学生手册》相关规定：学生留级以3次为限。即李同学如果这一学年依旧无法顺利升学，面临的结果可以想见。

未见到李同学前，我向曾经教授过他的任课老师了解了他学业上的基本情况，了解后，我给李同学写了几个关键词——遵守纪律，懈怠学业。开学报到后见到了李同学，我给他布置了第一个工作：帮班级同学领书。通过这件事情，我又给李同学写了几个关键词——做事可以，灵活不足。入学教育第二天下午放学，我路过教室，发现李同学独自一人在教室整理清扫垃圾的工具，于是我走进了教室，在教室里和他进行了第一次沟通。感受到李同学的紧张，于是，我从自身经历谈起，引导他主动谈谈自己。通过一个多小时的沟通，我了解了一些信息：

1. 李同学家庭情况：家庭环境和谐，和妈妈关系不错，哥哥是硕士研究生。

2. 李同学在学业上确实存在困难：他的信息技术课程学不好；他的英语一直以来就是特别差，听不懂；他的数学课程题目总是不会做。

3. 李同学也有目标：他不愿意再做打扫卫生的劳动委员；他在学校的广播站

待了好几个学期但依旧是个干事;他想升学,继续读书等。

和学生沟通后,我再一次给李同学写了几个关键词——有想法,缺乏主动性。

经过一段时间的观察,结合第一学期期中考试成绩,我可以确定,李同学的确是一位"学困生",造成的主要原因是自控能力极差。

针对李同学的情况,我和他妈妈多次进行沟通。和他妈妈进行的第一次电话沟通中,虽未见其人,但从声音中能够感受到:这位妈妈很焦急但也很无奈,我跟家长交流了学生在学校的表现,特别是对学生在学校做得比较好的地方特意进行了表扬,家长随即告诉我:学生在家挺乖,经常做一些力所能及的事情,周围邻居都夸赞。后来,通过微信语音、文字,和李同学妈妈沟通的频率增加了,通过一系列沟通,我发现:学生妈妈对学生是有教育的,但缺乏切实的监督。我当时建议让家长落实监督,给家长提出一些建议,比如,可以检查一下学生每日的作业和课堂笔记。

但期中考试后,和李同学妈妈沟通学生的学业成绩时,学生妈妈说了一句话:"王老师,我家孩子这一次留级后,我就放弃了,我也和他说了,不给他读了,但他又能做些什么呢?"听完后,我想:我还能怎么帮助学生呢? 我当时问家长:在家是否和孩子进行交流,是否督促了孩子? 交流得知:由于工作原因,家长每天下班较晚,学生一放学就会回家,但很少主动写作业,家长没法切实做到监督。家长问我:怎么办? 针对这一情况,我和家长达成了一个共识:每天放学,学生在校留一个小时左右,班主任进行监督,家长回去后,将要求复习的课程再进行检查,再给班主任进行反馈。但需要家长和老师共同做学生的工作,我告诉家长:回家心平气和地跟学生谈这件事情,可以晓之以理动之以情,千万不要用"务必、必须"等字眼,家长欣然同意。于是,我先找了李同学进行沟通,学生有些犹豫,我让他回去考虑一下。第二天,学生主动来找我,他同意了。至此,学生每天放学会在学校自我学习一个小时左右,学生每天从学校回家,我会跟家长在微信上沟通,有时是学生今天的表现;有时是提醒家长回家对未完成的作业进行督促;有时学生今天表现不错,建议家长语言上多给孩子一些鼓励。在和家长的沟通中,家长反馈:学生现在回家主动写作业的频率提高了。经过一段时间的试验,在第一学期期末总评成绩中,李同学的学业成绩终于有了提升,除数学不及格,其他课程全部及格。当期末成绩单发给李同学妈妈时,家长的信息反馈中一方面能够感受到家长的开心,另一方面也了解到了李同学通过自己的努力获得了进步,他非常开心,并且在家做事更加积极了。

中职生中"学困生"的数量并不少,造成学困的原因各异。作为新任班主任,首先,需要对学生有一个心理预期;其次,要有自己的班级管理理念;最后,需要借助家校平台,切实做好家班联动。李同学的这个教育案例,源于我在新生入学前就对班级学生在校的学业情况进行过了解,特别关注到了李同学,感觉他是典型的"学困生"代表,但他的行为表明,这种"学困"并不是他智力的问题,由此,我猜想可能是他"自我效能感"不足。因此,在和李同学的第一次沟通开始,我有意识传递给他一个信号:你很不错,但你如果这样做会更好。通过有效沟通,对学生会有一定了解,再进行接下来的观察,基本可以确定,李同学"学困"的原因是自控能力差。李同学是走读生,要帮助学生,必须要落实与家长的联动,和家长的第一次沟通中,家长传递的信息是迫切想让学生学业提升。寻找到了这一个支点,接下来和家长的沟通都是十分顺畅的。

针对李同学的情况,尝试了以下具体措施:1. 和学生沟通,建立正向联系;2. 和家长沟通,关注学生动态;3. 制定目标,班主任重视监督,家长落实反馈。

这些具体措施获得了一定的效果,直接反馈在学生当时的学业成绩中,学生的自信心也有所提升。但之后在对李同学的观察中,发现了一个问题:削弱监督后,学生有目标,但后劲明显不足。针对这一问题,我约家长进行了一次面对面沟通,从这次沟通中发现:家长输送给学生的目标是偏低的,甚至没有一个长期的、明确的规划。我想,这可能是问题来源之一,而如何解决这个问题,真正落实学生的可持续发展,仍要继续探索。

# "家长沙龙"解难题　家校合作谱新篇

上海市第二轻工业学校　戴恩民

**摘　要**：上海市第二轻工业学校的"家长沙龙"着眼于学生的家庭教育，以"家长沙龙"为主要形式的家校互动模式，对家长进行针对性指导，有效提升科学家教水平，改善家校沟通环境，营造和谐平等的沟通氛围，形成教育合力，通过家校共育培养"美丽职业人"。

**关键词**：家长沙龙　家校共育

## 一、活动目标

"家长沙龙"活动主题丰富、形式多样、针对性强，通过互动式的活动和跟踪辅导，让家长认识到自身家庭教育存在的不足和问题，通过辅导老师的指导，提升科学家教水平，引导家长创造和谐的家庭教育环境，改善亲子关系，改善家校沟通环境，促进学生健康成长，全面提升学生综合素质。

## 二、实施过程

### （一）在调查了解的基础上，找准教育方向

在家长沙龙前和家长沙龙中，我们广泛倾听家长对学校教育工作的建议，了解家长对学生成长发展的规划和要求，同时通过班主任了解家长在学生教育中的一些棘手问题，通过专题分析，找出家庭教育的热点，制定家长沙龙的学期活动计划，确定活动主题，有序开展家庭教育的系列培训活动。近两年来，我们先后开展的家长沙龙主题有：与孩子进行有效沟通；引导孩子正确地与异性交往；引导孩子合理消费；如何给孩子做规矩；孩子不听话怎么办？；如何了解孩子；青春期孩子的特点和家庭教育；如何引导有攻击行为的孩子；引导孩子学会情绪管理；沟通与家庭教

育;让孩子更好地适应中职生活等。

### (二) 在和谐温馨的环境中,倾吐教育心声

在家长沙龙中,我们创设和谐温馨的交流环境,设置一定的情景,其中温馨环境包括温馨的物质环境和温馨的人文环境。温馨的物质环境主要体现在场地的布置上。学校的团体辅导室是沙龙的举办地,深色地板、清新的励志挂图、淡雅的窗帘、可移动的座椅,给人感觉宁静舒适;家长面向投影设备方向,围坐在一起,让人感觉亲切而温暖。

温馨的人文环境体现在我们周到细致的工作过程中。

1. 电话联系贴心

几位心理老师根据班主任提供的名单,分头跟家长电话联系,了解孩子的各方面情况。我们设计了这样一条沟通路径:首先,向家长说明自己是谁以及电话联系的目的;其次,向家长了解孩子的情况以及对学校的意见和建议;最后,向家长确认是否参加本次活动。我们发现,当我们这样做之后,家长的参与率大大提高,没有特殊情况,基本上都能来参加,而且到得比较准时。

2. 接待服务细致

包括校门口门卫的管理、停车安排、茶歇的准备、会场的布置、引导和签到等。其中许多工作由学生心理协会同学组织完成。

3. 沟通交流真诚

主持沙龙的老师会早早地来到会场,对照签到表、报名表与各位家长交流沟通,在电话沟通的基础上增加感性认识,尽量把学生的信息与家长的信息结合起来,为后面的家庭辅导打下基础,也为接下去的活动提供更丰富的资料。沙龙开始后,我们会把自己的联系方式(电话、QQ、邮箱地址)留给所有的家长;沙龙结束后,心理老师会热情地与留下来的家长交流沟通,倾听其心声,并给予指导。

### (三) 在家长的积极参与中,探讨教育方法

家长沙龙是一项活动,家长在老师(主持人)的带领下开展交流。老师首先邀请家长和学生,演说自己家的家庭教育的做法和结果。所有出席的家长、学生和老师平等交流,众家长各自介绍自己的家教方式和体会,各位学生也纷纷讲述了自己对自己家家庭教育的态度和意见。在你我他做法的碰撞中,探索适合个人的家庭

教育方法。

活动分为热身、导入、展开、分享、总结几个部分。

1. 第一部分——分组与热身

家长在老师的引导下,通过不同形式快速完成分组。我们会根据主题的需要精心设计热身活动,带领家长在轻松愉快中彼此认识、活跃气氛、激发兴趣、交流情感,使身心都投入到活动中去。

2. 第二部分——导入与展开

导入是热身的自然展开,我们让家长谈谈采访的体会,家长进行简单的交流,主持人进行简单共情和总结,然后引出活动主题。展开是整个活动的主体部分,需要运用心理辅导的一些技术,如"家庭雕塑""情景扮演""空椅子技术""行为训练技术""放松技术"等。

3. 第三部分——分享和总结

分享和总结是展开的自然结果,是整个活动的落脚点和画龙点睛之处。情景表演结束后,主持人引导家长讨论一些问题,这些问题可以分组讨论,也可以自由回答。最后,主持人对沙龙的主题进行总结,并对家长的意见和建议表示感谢。

家长是沙龙的主体,所有的活动安排都是为了让家长在参与中感悟,在感悟中学习和掌握家教的一些理论和方法。因此,在整个沙龙活动过程中,主持人起着引导者的作用,一方面,为家长创造温馨、和谐、安全、真诚的氛围;另一方面,对主题的基本观点进行概括和总结,对家庭教育进行正面引导。

### (四)在家长的配合行动中,落实教育措施

家长沙龙活动后,我们还建立学生档案,针对个案实际,进行跟踪辅导。设立了两条家长热线:政策咨询热线和心理辅导热线。及时跟踪辅导,指导家长有效地开展科学的家庭教育。主要包括学生个别辅导、家长辅导和家庭辅导这样几个阶段。一开始,我们对问题学生进行个别辅导,在辅导的过程中,我们越来越意识到学生的问题往往与他的家庭教育密切相关,因此,我们逐步开展对学生家长的辅导。经过一段时间的辅导,我们在进行辅导效果评估的时候,发现家庭辅导的效果好于仅对某个家长的辅导,于是我们逐渐朝家庭辅导的方向转变。

## 三、案例成效

**（一）家长沙龙活动在创新家校互动模式的同时，也提高了家长参与的热情**

家长沙龙主题针对性强、交流平等，形式机动灵活，氛围温馨和谐，改变了传统的家长会上"一个人讲，多数人听"的模式，还原了家校联系中家长、学生的主角地位，提升了学生、家长参与的热情，进而实现学生、家长、学校的有效沟通，受到了家长的欢迎。举办家长沙龙，家长出席率越来越高，有近千名家长积极参与其中，提出自己的问题，展示自己的做法，常常是沙龙活动结束时间到了，家长们还意犹未尽，围着辅导老师咨询，或者留下联系方式，以求更进一步的指导。近两年，跟踪辅导的学生有上百名，凡是参与过辅导的家长都逐步改变了家庭教育的方法，家庭教育方式有了变化。

**（二）家长沙龙活动在帮助家长了解职业教育的同时，也提高了家长对职业教育的信心**

家长沙龙以互动的形式向家长普及教育学知识、心理学知识，随时指导家长改进教育方法，吸引家长积极参加学校的各种教育活动。家长沙龙也展示学生才艺，帮助家长了解孩子的成长和学校的专业发展。一次烹饪专业"成果汇报"主题沙龙，家长们看到一盘盘精致的菜肴、一份份精美的糕点、一朵朵雅致的蔬果刻花，看到孩子在制作糕点、烹制菜肴时的那份认真劲儿，有的当场就流下了热泪："我的孩子长大了，懂事了。""今后我们一定支持孩子的专业技术练习。"不仅给孩子树立了专业学习的信心，也得到了家长对学校专业发展的信心和支持。

**（三）家长沙龙活动在提高家长教育能力的同时，增强了家校教育的合力，使孩子得到更快更大的进步**

家长沙龙活动主题丰富、形式多样，经过近些年的持续开展，受众参与面不断扩大，通过理论和实践的结合，让更多家长清楚自身家庭教育存在的不足和问题，以便采取有效的方式去改变教育现状，从而提升了家长科学家教的水平。学生的参与其中让孩子从另一方面了解了家长的想法，拓宽了亲子沟通之路，有效地提升了亲子关系的和谐性，促进了家庭和谐，提升了家庭教育的效果，在家庭和学校的合力下，学生得到更好的成长。

"家长沙龙"这一家庭教育指导模式被上海市教委评为上海市中职校德育先进经验进行推广,《家长沙龙"四个一"、家教谱写新篇章》被市教委评为优秀德育案例。

## 四、案例反思

正如苏霍姆林斯基说过的那样:"若只有学校而没有家庭,或只有家庭而没有学校,都不能单独地承担起塑造人的细致、复杂的任务。"家长沙龙作为一种探索形式,在体制机制的长效性和工作的系统性、方法的创新性方面还需要不断改进和完善。家庭和学校作为孩子重要的社会化场所,只有实现功能互补,才能形成教育合力,为孩子身心的全面健康发展营造一个良好的教育环境。

# 以藤励志以劳化人　家班共振育匠心
## ——家班共育劳动教育的探索与实践
### 上海工商信息学校　孙小妮

**摘　要**：以学校青藤文化中"平凡,但绝不平庸"的核心精神作为价值引领,借助劳动教育这一载体,通过家庭、班级搭建的育人平台,凝集合力,构建双向互动、通力协作的劳动教育模式,实现"以藤励志以劳化人　家班共振育匠心"的育人目标,培育具备不断探索、精益求精、追求卓越的工匠精神和爱岗敬业的劳动态度的青藤匠人。

**关键词**：家班共育　劳动教育　青藤文化　匠心精神

## 一、从国家站位看劳动教育成为家班协同育人载体的重要性

2018年9月,习近平总书记在全国教育大会上指出："要努力构建德智体美劳全面培养的教育体系,形成更高水平的人才培养体系。要在学生中弘扬劳动精神,教育引导学生崇尚劳动、尊重劳动、劳动最伟大、劳动最美丽的道理,长大后都能辛勤劳动、诚实劳动、创造性劳动。"

2020年3月,中共中央、国务院发布《关于全面加强新时代大中小学生劳动教育的意见》,指出家庭劳动教育要日常化、学校劳动教育要规范化,社会劳动教育要多样化,形成协同育人格局。3月30日,教育部党组书记、部长陈宝生也提出："劳动教育仅靠学校关起门来抓是不行的,必须推动建立家庭、学校、社会各方面齐抓共管、协同实施的机制。"

可见,从国家站位角度来看,新时代劳动教育应成为家校教育的有机联结,加强家校联动,形成家校协同育人格局是必然趋势。

## 二、从当下学校教育方位看家班劳动共育的薄弱问题

目前,全社会重提劳动教育,补劳动教育的短板,暴露出中国劳动教育的诸多薄弱环节,在中职院校劳动教育的种种不足体现在:劳动教育在学校教育中被弱化,在家庭中被软化,在社会中被淡化,在学生群体中被漠视的情况依然普遍存在。主要表现为:

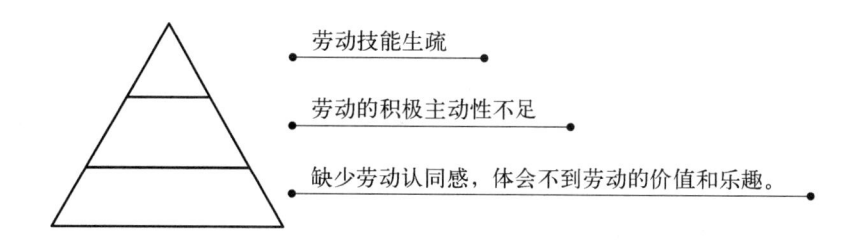

- 劳动技能生疏
- 劳动的积极主动性不足
- 缺少劳动认同感,体会不到劳动的价值和乐趣。

苏联教育学家苏霍姆林斯基指出:"学校和家庭要一致行动,要向孩子提出同样的要求,要志同道合,抱着相同的目标。"中国教育学家陶行知同样倡导:"把学校与家庭构成一体,彼此可以互通有无。"这些家校共育的理念都体现了教育逻辑一贯与整体化的发展思路,目的促成教育成效的最大化。家校共育以家庭和学校沟通合作为基础,合力育人,而家班共育落地到班级层面上的家校合作,这就要求班级和家庭之间建立一种合作伙伴关系,聚合力量,形成教育的合力。

## 三、以藤励志以劳化人的家班共育的整体构架

### (一)中职生心智特点下的劳动教育的意义

16~18岁的中职学生无论从生理还是心理都是处于学校人向社会人(职业人)转变的关键时期,进入了品德和正确人生观确立的关键期。从认知规律来看,曾经的学习和生活经历使他们渴望被关注、被尊重,中职学生的自我意识初步形成。如何被关注、尊重?通过踏实勤奋的劳动,收获自信、乐观、勇敢、坚强,取得成绩,获得老师、家长、同伴的认可,成为"平凡,但绝不平庸"的青藤学子,实现自我价值认可。

### (二)以藤励志的劳动教育的班级建设目标

1. 学校青藤文化赋予劳动教育的生命力

青藤学校文化是指青藤作为文化意象,迁移青藤植物品性,以"平凡,但绝不平

庸"为核心精神,激励团队沉淀感恩进取、坚忍不拔的集体人格,形成全体师生共同生成并遵守的主流价值体系的学校核心文化。青藤文化赋予劳动教育强大的生命力,所倡导的核心理念使学生端正劳动态度、增强劳动信念、提升劳动能力,成为具有可持续发展能力的幸福的青藤匠人。

2. 班级目标

家班共育的班级目标由"以藤励志"的精神、"以劳化人"的载体及"家班共育"的平台共同构成,详见图1。

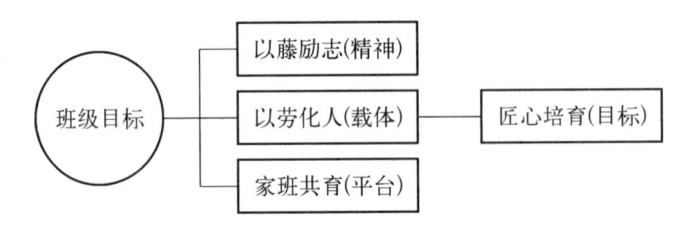

图1 家班共育的班级目标构成

3. 阶段目标

家班共育有着近期目标、中期目标、长期目标、可持续目标等四个阶段目标,详见表1。

表1 家班共育的阶段目标及内容

| 阶段目标 | 时 间 | "一班一藤"文化诠释 | 内　　容 |
| --- | --- | --- | --- |
| 劳育·播种（近期目标） | 一学期内 | "寻藤问根,追本溯源。"藤,不起眼,不挑剔生长环境,只要给她一点空间,她就能顽强地、坚持不懈地朝着目标奋进。 | 以"劳动实践周"为抓手,把劳动教育融入行为规范养成教育,帮助学生熟悉同伴以及认识和了解职业环境。 |
| 劳育·萌芽（中期目标） | 一年内 | "耕藤作蔓,纵横交错。"藤,互相交错、互相支撑,凝聚生长的力量! | 开展"小菜园"班级劳动实践基地建设,进行班级个性化的劳动教育实践,通过家校联动,凝聚班集体,培养学生"理解感悟、相互协作"团队意识。 |
| 劳育·展枝（长期目标） | 两年内 | "藤影菁菁,枝繁叶茂。"藤,绿意盎然,用满墙的绿荫庇护一方水土。 | 将劳动教育融入专业学习,用一技之长参加社会实践活动,培养"懂感恩、行感恩"的国商专业人才。 |

| 阶段目标 | 时间 | "一班一藤"文化诠释 | 内容 |
| --- | --- | --- | --- |
| 劳育·绽放（可持续目标） | 三年级转入高职 | **"垂藤引夏凉，花瀑香袭人。"**藤，用其不懈的努力拥抱未来，展现出一篱的绿、一柱的花、一墙的果之美景。 | 培育不断探索、精益求精、追求卓越的工匠精神，从而提升社会责任感和建设使命感。 |

## 四、以藤励志以劳化人的家班共育的具体举措

通过劳动实践基地、住宿指南、劳动主题沙龙、家长开放日、家长微课堂等家班共育举措，真正实现家校社联动，培养了学生的劳动意识，也促进了亲子关系、师生关系、生生关系，家庭教育的劳动成果和学校的劳动教育合力，促进学生的成长。

### （一）"小菜园"架起家班劳动小桥梁

班级以"小菜园"为劳动实践基地，开展一系列家校联动劳动教育的探索与实践研究。学生邀请种植经验丰富的家长走进田间，和同学们一起制定计划、明确分工、分组开辟三块蔬菜种植地，以小组为单位，实施责任制、开展精细化管理种植。学生在体验劳动快乐的同时，也体会到做平凡事也可以实现自己的价值。"小菜园"劳动实践的具体内容有：

1. 邀请家长进课堂，讲述自己的劳动故事，让学生从思想上了解劳动教育的重大意义，动员学生行动起来。

2. 利用学校提供的劳动教育基地，邀请方同学的爷爷作为"小菜园校外指导老师"，"9号楼宿舍阿姨校内指导"指导学生种植蔬菜的技术，正确使用劳动工具，丰富学生的劳动知识。

3. 收获季节，开展家班共育"小菜园牌饺子"劳动亲子活动，邀请家长们一起包饺子、包馄饨，学生制作寿司卷、水果沙拉，并和任课老师、家长一起分享劳动成果，在劳动中体会愉悦。

### （二）"今天我铺床"打响家班劳动第一枪

加强家校合作，共同培育学生尊重劳动、崇尚劳动的价值观。例如中专一年级新生报到，通过对所有住宿生家长的引导，优化家长对住宿生的家庭教育，推动劳

动教育润物无声地进入每一个家庭。

### (三)"今天我掌勺"秀出家班劳动巧双手

疫情期间,组织学生居家参与各种家务劳动,开展"美好生活,劳动创造——居家劳动'晒'成果"班级云达人秀活动,邀请家长进入云直播会议室,一起观看学生劳动成果,学生在家务劳动中体会到不断进步、精益求精的工匠精神。

| 类 别 | 作 品 | | | |
| --- | --- | --- | --- | --- |
| 手工作品 | 衍纸画 | 树叶画 | 中国结 | 绒娃娃 |
| 制作美食 | 蜜汁炸猪排<br>章鱼小丸子 | 番茄蛋汤 | 油焖大虾 | 凉拌莴笋 |
| 电子小报 | 《抗击新冠病毒》 | 《武汉加油!》 | 《拒绝野味 武汉加油》 | 《致敬逆行英雄》 |
| 微视频 | 《班级友谊篮球赛》 | 《疫情中的00后》 | 《知恩报恩》 | 《国防素质教育》 |

### (四)"我们都很棒"组织家班劳动共分享

家长资源就是专家资源。如在学校开展的"体验职业,发现自己,启迪未来"为主题的学生职业体验日活动中,邀请家长观看技能比武的整个过程,国商专业的"巧手点缀生活"项目组的礼盒包装比赛,学生通过耐心、细心、专业的包装方式和通俗易懂的教学语言,向参与者指导包装、装饰物点缀礼盒、展示作品。又如劳动实践周,邀请家长走进校园,分享学生劳动照片,家长亲眼看到孩子用劳动打造的干净整洁环境时,亲身示范,指导学生如何更好劳动,并走进课堂,和孩子们分享自己的劳动感受,对"平凡,但绝不平庸"的价值表示深刻认同。

### (五)"爸爸听你说"开设家班劳动微课堂

以我班为例,邀请家长结合自己的工作,为学生讲解劳动岗位和工种知识,使学生对于社会职业有直观认识。如姚同学的爸爸从事企业安全管理工作,他不仅亲自参与生活劳动,开荒种菜,更难得可贵的是通过自己的努力,在本职岗位上不停学习,提升专业竞争核心力,成为全班学生学习的榜样。他在发言中这样说道:

"我大学毕业后，一直从事企业安全生产管理工作。自2004年开始，国家开始实行安全工程师资格考试制度，2005年我报名参加了这个考试，自己买来大纲和教材，每天自学。通过努力，最终在当年顺利通过了四门考试，取得证书。之后，又参加了国家安全评价师的考试并取得证书。今年，我又报名参加了一级消防工程师考试，同样也是自学，计划年底考试。明年，准备参加环评工程师考试，后年打算参加监理工程师考试……我虽然很平凡，但我同样可以在岗位上做出不平凡的事迹。"

### （六）"比比谁勤劳"优化家班劳动多元评价

劳动教育评价融入优秀学生评价体系中。在"劳动实践周"以自评、家长评、指导老师评价、班主任评价等为多元评价方式，评选出"劳动先进个人"；在每学期末的学生品德评定中，优先考虑在校内外公益劳动、家务劳动方面表现突出的学生。

参与校"劳动实践周"课程，树立劳动意识，掌握劳动技能，加强劳动纪律，提升劳动态度、增强吃苦耐劳、劳动光荣的优良品质。以实践周指导老师和家长为课程教师；以自评，指导老师，家长评价，班主任评价等为课程多元评价方式。

学生将在劳动实践周树立的劳动意识、掌握的劳动技能、培养的劳动责任迁移到家务劳动中，和家长制定"家务劳动安排表"，明确各自的家务劳动职责，制定计划，并互相监督，共同完成。

## 五、以藤励志以劳化人的家班共育的创新点

### （一）引领重价值观导向，共振家班共育的可持续性。

学校青藤文化正是以其品质特征，以藤励志，以劳化人，从而形成"平凡，但绝不平庸"的价值认同，对平凡工作、平凡岗位、平凡人劳动的认可，特别是对父母所从事劳动的认可，认可父母通过劳动之手给家庭带来更好的生活。学生懂得感恩父母，用行动回报父母，培养学生踏实、认真做好小事、平凡事、简单事的品质。例如：一年级上学期学生通过开展各种劳动教育活动，变得更加自信勇敢了，回家能主动承担家务劳动，学生传递给家长"平凡，但绝不平庸"价值理念，获得了家长的认可。

### （二）目标重匠心培育，夯实家班共育的建设性。

工匠精神是最为本真、最为核心、最为优秀、具有职业品质的劳动精神。劳

动精神是工匠精神的根脉和本原。对中职校学生,以劳动教育培养学生良好的劳动品质和娴熟的劳动技能,是工匠精神养成的必经阶段。

将劳动教育与匠心培育紧密结合,激发学生内在发展需求,培育不断探索、精益求精、追求卓越的工匠精神和爱岗敬业的劳动态度,坚信"三百六十行,行行出状元",认同劳动不分贵贱,任何职业都很光荣,都能出彩。学生对于工匠精神不再觉得高不可攀,而是能够脚踏实地地完成劳动任务,在劳动中践行工匠精神的真谛。

### (三)过程重管理合作,提升家班共育的获得感。

家班劳动教育的过程中,教师、家长和学生明确自己的角色定位,学生是主体,教师和家长在整个教育过程中起引导和辅助作用。充分发挥班级家委会的管理作用,广泛听取家长的意见,并发挥不同家长的优势,建立不同的部门,如宣传部、策划部、后勤部等,调动家长投身班级活动的积极性,家班通力合作,增强家班凝聚力,在陪伴孩子成长的过程中体会到成就感和获得感。通过一年的家班劳动教育,亲子关系更加亲密,学生从内心深处感恩父母的付出,并用自己的实际行动回报父母。

## 六、家班劳动共育的不足与反思

家班劳动共育虽取得一定成效,但在操作环节亦存在一些问题:一是部分家长对于劳动教育的错误认识及教育方式;二是家长在劳动教育指导上缺乏有效性;三是劳动教育实践基地不足。

青藤文化中"平凡,但绝不平庸"的精神内涵濡养着每一个青藤学子,在学校、家庭、班级搭建的各种平台上,只有通过劳动教育这一最基础的载体,才能培养具备工匠精神的人才,学生才能成为可持续发展的青藤匠人,成为国家所需的职业技能和职业素养全面发展的职业技能型人才。

# 线上线下同频共振　家校携手合力育人

上海市材料工程学校　杨建兵

**摘　要**：上海市材料工程学校着力聚焦新形势下中职校家庭教育工作的新规律、新机制、新对策，不断创新家庭教育工作形式，拓展家庭教育工作途径，丰富家庭教育工作内容，形成了全方位、多层次的育人合力，凝练出"线上线下同频共振　家校携手合力育人"的特色品牌，有效促进了家长和学生共同成长，切实提升了学校家庭教育指导工作的针对性和实效性。

**关键词**：同频共振　信息化平台　家校互动

家庭是人生的第一个课堂，父母是孩子的第一任老师，家庭教育是一切教育的基础。苏联著名教育学家苏霍姆林斯基曾把儿童比作一块大理石，把大理石变成一座雕塑最重要的雕塑家就是家庭。由此可见，家庭教育在孩子的成长过程中至关重要。

2016年6月，学校家庭教育工作课题组通过对我校家庭教育现状的问卷调查发现，我校来自上海郊县和外省市学生占比82％，住宿生占比76％，学生层次多样，差异较大。为了克服学生家庭分布比较散、集中开展家庭教育指导现场活动较难的现状，学校紧紧抓住"互联网＋"新形势、新机遇，积极创新家庭教育工作的形式和途径，基于互联网思维，利用新媒体信息技术，从2017年3月开始实施打造家校互动信息化平台和数字化资源，经过不断实践探索，凝练出"线上线下同频共振　家校携手合力育人"的家庭教育指导特色品牌，全面聚焦学生个性发展和健康成长，教育和引导家长更新家庭教育观念、掌握科学教子方法、加强自我约束，重视言传身教、拓宽家庭教育空间，有效提升家长教育培养子女的能力和水平，持续提升家庭教育工作的针对性和实效性。

## 一、线上创新，紧密家校互动

步入微时代，我校充分利用微信、微博、QQ等工具加强家校联系和沟通，建立学校—年级—班级三级家委会微信群、班级家长微信群,及时发布学校重要工作,推送家庭教育指导的文章,并围绕学生相关工作开展征询活动。此外,我校充分运用互联网思维,结合信息化时代特征,积极创新家庭教育线上指导新途径,重点打造了两大信息化平台和三项微器。

**(一) 搭建两大信息化平台**

1. 建成家庭教育指导专题网站。家庭教育指导专题网站涵盖工作机制、新闻动态、师资队伍、家委会、家长学校、家庭教育指导读本与微课等数字化学习资源等14块内容,家长可以随时了解学校家庭教育指导的工作动态,随时查阅家庭教育电子案例集、家庭教育指导电子读本、微课等数字化资源,随时通过专家讲座、新闻学习新的教育心得和经验,并可以通过网站留下相关的意见和建议,拓宽了家庭教育指导工作的途径,丰富了家庭教育指导工作的内容,方便了学生家长的自主学习,加强了家校间的信息互通,提升了家庭教育指导的工作效率。

2. 打造家校通 APP。学校基于校园网平台和数据中心,开发了"家校携手,共育未来"的家校通 APP,架构"新闻频道""学习频道"和"我的孩子"三大模块,并具有"问卷调查""我要留言"和"消息提醒"等功能。利用手机,通过"新闻频道",家长可以查看学校最新新闻,实时了解学校发展动态;通过"学习频道",家长可以在线学习家庭教育科学理论知识和教子方法;通过"我的孩子"专栏,家长可以实时查看到孩子的学习成绩、德育表现、获奖荣誉、青春印记等校园学习生活状态。家校通APP 的"我要留言"功能拓宽了家校沟通的渠道,"消息提醒"功能使家长能及时知悉和学习学校发送的通知和学习资源,让家校互动更紧密、更方便。

两大信息化平台的应用,方便了家长、学校、教师三方的信息交流,使因学生家庭分布比较散、集中开展家庭教育指导现场活动较难的问题迎刃而解。同时,数据中心学生成长轨迹的形成,达到家庭教育指导工作的连贯性,充分实现了家校和谐共育的教育格局。

在新冠病毒疫情防控中,学校通过家校通 APP 平台统一推送《居家亲子手册》《关注孩子心理健康,和孩子一起抗"新冠"》等家庭教育学习资料,向家长手机等移动通信设备发布学校防疫与复学须知等,我校"线上线下同频共振 家校携手合力育人"模式充分凸显了其优势和成效,经过实践应用,愈发完善和成熟。

**(二) 开发三项微器**

1. 开发微课。学校以科研为引领,在课题调研、专家论证、微课设计、作品征集、微课开发、资源整合等一系列实践的基础上,通过家庭教育指导专题网站、家校通 APP 等平台向家长推广《向校园欺凌说不》《家庭美德》《感恩伴我们成长》《情绪 ABC》《家庭教育指导—沟通》等 21 门主题微课,进一步凸显家庭教育指导工作"时时、处处、人人"的新时代教育成效。

2. 创作微电影。为了增强家庭教育指导工作的针对性和实效性,学校积极倡导以发生在学生身边的真实人物或感人事迹为题材,邀请学生家长参与指导和出演,积极打造正能量微电影。经过长期坚持不懈的努力,成功拍摄制作《蜕变》《绿色青春》《新同学》《您就是天边那颗最亮的星》等 9 部微电影。这种体验式德育,通过角色互换、情景再现等方式,提升了家长和学生的同理心,拉近了亲子之间的距离。

3. 搭建微班刊系统平台。学校成功搭建并应用数字化微班刊系统平台,每学期开展主题微班刊制作竞赛,并邀请学生家长担任评委工作,将优秀微班刊通过微信共享到微信群和朋友圈,向家长、企业和社会更多更好地展示中职生风采。家长们通过浏览孩子自作自创的微班刊,看到了孩子的进步,加深了对孩子的了解,增进了亲子沟通与交流。

三项微器在紧密家校联结,取得良好育人成效的同时,还获得了诸多荣誉。如《绿色青春》《天生我才》《龙狮小子在成长》《蜕变》分别荣获第十二届、十三届全国中等职业学校文明风采竞赛活动微视频类一、二等奖。

## 二、线下实践,丰富活动载体

### (一) 科研引领

为科学开展家庭教育指导工作,上海市材料工程学校坚持科研引领的方针。通过调研分析,梳理总结凝练,形成家庭教育校本课程 7 门;主持国家级、市级课题 5 个,参与市级课题 1 个,其他课题 3 个;公开发表家庭教育指导相关论文与案例 8 篇;形成家庭教育指导相关论文和案例 15 篇,汇编成册;开发家庭教育指导校本教材和微课程。通过科学研究,进一步提升了家庭教育指导工作的前瞻性和科学性,为线上家庭教育指导提供资源,为合力育人夯实基础。

### (二) 家校互动

结合学校工作,设计不同主题的家校互动活动。如开设家长接待日、校园开放日等。在学校技能节、艺术节、体育节等活动邀请家长亲临现场,成人仪式、感恩节、转段仪式、毕业典礼等安排家长参与其中。邀请家长进学校、进课堂,参加主题班会,现身说法,以身示教。依托家委会,定期邀请家委会成员参与到学校的具体管理中来,如参加学工部组织的主题微班刊评比工作,参加学校食堂的质量监督和内控管理,参加学生校服征订等事宜的研讨等。

### (三) 家庭教育指导

面向全体家长,开设"身心培育""亲子沟通"等专题讲座,推送《家庭教育指导读本》《当代家庭教育指导》等书籍,供家长们研学自修。针对不同家长的需求、热点和难点问题,邀请专家或家长学校骨干教师开设相关专题培训。开展家庭教育指导系列活动,针对不同学段、不同层次、不同专业的学生家长开展针对性的家庭教育指导工作,邀请行业家长代表、专业教师及优秀毕业生现身说法,对家长进行专业介绍、行业分析、就业前景及升学渠道的答疑,让家长更好地了解专业,更好地指导孩子的职业发展。

班主任定期召开家庭教育指导家长会,并及时组织开展期中反馈家长会、期末总结家长会、网络家长会,辅以个体面谈和团队辅导等形式,教育和引导家长更新家庭教育观念、掌握科学教子知识、重视言传身教、拓展家庭教育空间,提升家校合力育人的成效。

## 三、实践应用,凸显成效

### (一) 家长线上学习全覆盖,家庭教育指导满意度逐年攀升

家校通 APP 通过绑定学生学籍号、学生身份证号码和家长手机号,实现了学生家长注册率100%。当学校发布最新学习资源或通知公告时,家长手机能及时收到相应的消息提醒,并能同时利用家校通 APP 和家庭教育指导专题网站进行学习,结合学校公众号及班级家长群推送,家长线上学习的参与率持续提升。根据班主任的调查统计,家长线上学习参与率从87%提升至100%,实现了家长线上学习的全覆盖。

家校互动信息化平台和数字化资源,一方面给家长提供了丰富的学习资源、及时的动态信息和亲子沟通的体验,构筑了家校沟通的立交桥,拓宽了家庭教育的空间和覆盖面,有效解决了学生家庭分布比较散、集中开展家庭教育指导工作较难的问题。另一方面利用大数据分析,实时检监测与分析学生成长过程,为学生全面健康发展提供针对性的诊断和服务,便于开展分类、分段与分层的家庭教育针对性指

导工作。以家委会为推手，不断丰富家长学校各项实践活动，家委会自发组织家长学习交流活动频次日渐增加，家长线下活动参与人数不断增多，对家庭教育指导工作满意度逐年攀升。

### （二）家长家庭教育观念转变，提升子女教育能力水平

线上线下同频共振模式，切实保障了家长对学校办学活动和管理行为的知情权、参与权、建议权和监督权，并将先进的育人理念和育人方法进行宣传推广，让更多的家长受益。与此同时，家长们充分意识到家庭教育对于孩子成长的重要性，在更新家庭教育理念的同时，主动参与到学校教育的各个环节，及时了解学校各项重点工作，如学校慧竹文化建设等。

在家庭教育指导工作不断深化开展下，家长们更懂得了言传身教的重要性，运用所获的科学教子的知识和方法，有效改善了与子女之间的关系；家长们创造家庭教育机会，积极主动与学校沟通孩子情况，支持孩子参加适合的社会实践，拓展了家庭教育空间，真正与学校教育一起形成育人合力，有力促进了学生德智体美劳综合素质的全面提升，如金×同学完成了从多次提出退学到成功转段高职的华丽转身，王××同学实现了从自卑男孩到学校艺术之星的转变，同时，也涌现出一大批优秀学生，如王×同学，作为国家奖学金上海市六名学生代表之一荣登人民日报；艺术达人李×同学，随上海市星光合唱队赴英国爱丁堡上海音乐节登台表演；美德少年陈××，主演的舞蹈、音乐剧、微电影等多次荣获大奖；家、校、社协同育人典范周××，成为第八人民医院"百雁"志愿者，被授予八院优秀志愿者光荣称号。

### （三）形成学校特色品牌，发挥辐射影响力

学校"线上线下同频共振　家校携手合力育人"家庭教育工作模式，经过实践应用，愈发完善和成熟，形成学校特色品牌。党委书记金怡在全国建材职业教育会议上分享了我校"线上线下同频共振　家校携手合力育人"模式创建的背景和具体做法，上海市第六期中职德育培训班教师到校学习与交流家校互动信息化平台和数字化资源建设与应用，东方网教育专栏报道并宣传我校"线上线下同频共振　家校携手合力育人"家庭教育指导特色品牌，"搭建志愿者服务平台，家校社协同合力育人"典型案例在全国与市级平台获得推广，上海市中小学带头人朱慧群班主任工作室平台的交流与辐射，省市学校到校学习与交流家庭教育特色品牌工作经验，均起到了良好的示范辐射效应。

# OH 卡在中职校家庭教育中的实践研究

上海市机械工业学校　陈晓霞

**摘　要**：学校在参与中职学生家庭教育的过程中存在活动形式单一、家长学生参与热情不高等困境。本文结合中职学生家庭教育的实际情况，探讨 OH 卡在中职生亲子团体活动中的应用价值，并提出具体的使用方法以及取得的成效。

**关键词**：OH 卡　中职生　亲子团体活动

2015 年 10 月 11 日，教育部以教基一〔2015〕10 号印发《关于加强家庭教育工作的指导意见》。该《意见》充分论述了加强家庭教育工作的重要意义，并且强调了要充分发挥学校在家庭教育中的重要作用。

各中职校结合学校的专业特色和家长学生的需求，通过培训讲座、家庭教育咨询、主题活动等形式指导家长开展有效的家庭教育，努力营造良好的家校关系和共同育人的氛围。

## 一、中职校家校活动的现状

培训讲座有其参与面广和便捷的优势。因此，这是目前学校最常用的家校互动的方式。除了讲座之外，学校也在不断尝试家长咨询、在线微课等家长培训活动。在多年的实践过程中，帮助家长了解了学生成长的规律，掌握了一些亲子沟通的方法。每个学生都有其成长中的个性化问题，家庭教育需要体现个性化差异。家长们也期待趣味性、互动性更强的亲子团体活动，期望通过参与活动对孩子有更深入的了解。目前的家校活动与家长学生的期待之间仍存在一些差距。

### （一）活动形式缺乏吸引力，主动参与率低

新生家长在参与几次培训讲座之后，觉得每次讲座内容都大同小异。久而久

之,学生进入高年级后,家长不愿意继续参加学校组织的活动。甚至有些家长会觉得家校活动是班主任强加给家长的任务。学生们也会觉得学校的家校活动枯燥乏味、缺乏创新,自己不愿意参与。

### (二) 家长参与时间有限,活动效能低

中职校的生源和初中阶段不同,很多学生都是跨地区入学。家和学校之间的距离都比较远,家长们参与一次学校组织的活动途中需要耗费很长的时间。因此,学校的家长活动一般间隔时间较长,而且单次只能限制在1.5小时左右。由于每次活动的时间非常短,活动频率也很低,家长们会感觉活动不够深入,收获有限。学校也很难在有限的时间内完成深入的亲子互动。

### (三) 学生处于青春期,和家长互动意愿弱

处于青春期的学生都不太愿意和家长一起参加活动,他们更愿意和同学、朋友互动。学生不想把自己的秘密告诉父母,觉得他们不能理解自己。久而久之,父母和孩子之间彼此都有距离感。家长们不了解自己的孩子,也无法开展有效的家庭教育。

## 二、OH卡的理念和在团体活动中的优势

OH卡也叫"潜意识投射卡牌"(Subliminal projection Card),由德国人本主义心理学家Moritz Egetmeyer和墨西哥裔艺术家Ely Raman共同研发,整合"词语联想""罗夏墨迹测验""沙盘""房树人绘画"后,形成的第五大心理投射技术。它由88张图卡和88张文字卡组成;图卡为水彩图案,内容涉及日常生活中的各类场景,文字卡可以作为图卡的背景设定,当选择将任意一张图卡置于任意一张字卡中,则会有7 744种不同的排列组合方式和意义。

在普通的心理咨询领域,OH卡的投射咨询适用于理念不合理而产生一般心理问题的个体来访者或因认知、情感差异而产生人际冲突的小群体。OH卡在中职生亲子团体活动中应用有其优势,适用于学生心理咨询大部分主题,包括社会适应不良、情绪情感困扰、学习困难、人格缺陷等主题。

### (一) 活动形式新颖,提升参与兴趣

目前,OH卡系列卡牌共有20多套,每一种卡牌都有不同的绘画风格。家长和学生都对OH卡丰富多彩的画面充满好奇,愿意尝试类似的活动。每一种卡牌都

有其特点,可以选择不同的卡牌探讨不同的生命议题。家长和孩子第一次肩并肩共同讨论和分享卡牌,彼此都会觉得整个过程充满趣味和未知,更愿意认真地参与和倾听彼此的讲述。参加过活动的家长说,这是孩子第一次放下手机和自己深入地互动。

### (二) 运用方式灵活,即时感受效果

OH 卡作为心理治疗的工具,可以运用在个体咨询、家庭咨询或团体活动中,活动的形式可以结合使用者的理解和参与者的需要做变化和调整。灵活的运用方式也会呈现出不同的活动效果,即便是同样的参与者也会在不同方式的带领中感受不一样的收获。

OH 卡作为潜意识投射卡有其神奇之处,很多人抽到对应的 OH 卡都会发出"哦"的惊叹声,这也是 OH 卡名称的由来。我们每个人眼中看到的 OH 卡就是自己生命故事的呈现,我们嘴里描述的 OH 卡故事,往往和我们的经历有关联。家长和孩子在参与的过程中,总有很多人被自己抽的牌卡所触动,能引发参与者自我思考和觉察。

### (三) 激发自主表达,减少学生防御

处在青春期的孩子,在心理上觉得自己已经长大,不愿意在父母面前讲自己的心里话。他们会认为与父母互动,被其他同学看到会很不好意思。OH 卡很好地解决了这一问题,大家好像只是在说图片中的人和事,不会有太多的防御和抵触。但是参与者彼此又能从讲述中听到心里话,避免面对面表达情感的尴尬。

很多平时沉默不语的学生,借助卡牌和父母进行了深入的沟通。父母也借助卡牌向孩子表达了自己内心的担心和期待,比起日常生活中的唠叨和叮嘱,孩子们更愿意接受这样的"建议"。

## 三、OH 卡在中职校亲子团体活动中的应用与成效

结合中职学生的特点,笔者尝试了很多种 OH 卡使用的方法。OH 卡能够和亲子团体活动结合,用不同的形式达成了不同的目标。

### (一) OH 卡促自评,彼此向内看

在和中职生探讨亲子关系时,他们总是会抱怨我爸妈太唠叨,什么都要管。与

父母谈起中职阶段的孩子时,他们也总是嫌弃孩子那么大了仍旧不懂事,总是让父母操心。想让彼此客观地自我评价,那是一件不容易的事,他们总是会觉得对方才是亲子矛盾的导火线。

引导父母和孩子分别选择一张 OH 卡代表自己,此时彼此会把关注点放在卡牌选择和自我评价中。接着,让双方分别看一下这张卡牌让你想到什么?为何选择它代表自己?在考虑——选择——讲述的过程中,双方都会把关注点放在卡牌和自己特点的链接中。通过 OH 卡,有效地引导家长和孩子彼此向内看,而不是总是盯着对方的缺点。从自己身上找问题是促进亲子关系的基础,唯有看到自己的不足,才能开启关系的改变。

**(二) OH 卡述期待,客观互评价**

多数父母和孩子都会觉得对目前的亲子关系不满意,但又找不到解决的办法。这是因为父母和孩子总是在关系中指责或抱怨,常年的沟通习惯导致双方都不去思考自己期待怎样的亲子关系和期待对方怎么做。

可以尝试让彼此选择卡牌代表"我的亲子关系",然后和父母交换分享,看看自己眼中的亲子关系有哪些满意或不满意的部分。完成这一环节后,父母和孩子能听到彼此对亲子关系的评价。接着,引导双方选择一张卡牌代表"我期待的亲子关系"并讲述原因。在这一环节,彼此能听到各自对亲子关系的期待。例如,有一个学生用缠绕的毛巾代表自己的亲子关系,并且表达母亲对自己过度的担心,让自己感觉和母亲之间过于缠绕,自己觉得很不舒服。他选择剪刀剪断布条的卡牌代表自己期待中的亲子关系,并表达希望母亲把自己当成大人,给自己一些空间,剪断这种缠绕的感觉。借助 OH 卡,妈妈也能更直观地感受到孩子的感受,并表达会尝试着慢慢放手。相信这样的互动,比孩子直接告诉妈妈,"你不要管我"效果要好得多。因为孩子用 OH 卡呈现的是自己的感受,而不仅仅是对妈妈的要求。

**(三) OH 卡送祝福,亲子互感恩**

活动最后,可以让父母和孩子为彼此选择一张 OH 卡,作为礼物送给对方。表达祝福和感谢对于青春期的孩子来说是很难说出口的。对于多数父母来说也很少做这样的事情。借助 OH 卡,可以让彼此真诚地表达祝福,引导青春期学生思考父母的需要,懂得感恩父母。例如,有位男生选择一张背书包的男生的卡牌送给爸爸,并希望爸爸不要总是忙于工作,偶尔出去旅行,放松心情才能更好地工作。爸爸收到儿子的礼物之后说,我好像真的已经好久没有自我放松了,工作强度太大了。另外一位父亲,选择一朵花送给孩子,并表达希望儿子像花一样茁壮成长并绽放自己。孩子们听到父母的祝福,很多都低头不语,但从他们的表情中可以感受到他们被祝福感动。很多妈妈会在这个环节悄悄抹眼泪,他们会感觉其实孩子们已经长大,对爸妈也很关心,只是平时羞于表达。

在中职生亲子团体活动中应用OH卡,让亲子关系以图片的形式呈现,发挥卡牌心理投射的作用,通过参与者自由联想,引导学生思考和觉察亲子关系。在过程中学会倾听父母的心声,体会父母对自己的情感,学会感恩父母。家长通过体验,学会如何倾听和回应孩子,掌握基本的亲子沟通和互动的方式,对青春期子女也有更深入的了解,对他们的内心多一些理解,提升亲子教育的能力。

# 家长篇

# 伴随孩子一起成长
## ——女儿的学琴之路

**上海建筑工程学校  文忠（学生家长）**

**摘　要：** 培养孩子的兴趣爱好，不仅能让孩子有一技之长，还能在培养兴趣爱好的过程中帮助孩子养成勤奋细致、持之以恒、善始善终的习惯，这些习惯对孩子今后的成长大有裨益。同时家长也不可以轻言放弃，认准方向后必须坚持到底。

**关键词：** 家庭教育　管理时间　持之以恒　善于倾听

2002年11月晚，我家宝宝文涵轩出生了，她的到来给我们全家带来了无尽的喜悦、快乐。出生后第一次睁开眼看见世界，第一次口齿不清地喊妈妈，第一次蹒跚地行走，甚至第一次离开爸爸妈妈的怀抱，第一次打针喝药，都是在成长，都倾注了家长的希望和培育。我们体验到了从未有过的经历，从混沌到清晰，从新鲜到熟悉。孩子一天天长大了，我喜欢看着她蹦蹦跳跳、欢呼雀跃，每当此刻，再累再辛苦，都觉得幸福，都觉得这一生值得了。

我们夫妻一直有一个"女孩子应当懂得一门乐器"的念想，主要原因是：（1）能改善你的健康；（2）训练你的大脑；（3）有助学会管理时间，培养持之以恒的好习惯；（4）有助提高你的学习能力；（5）能使人成为一个更好的倾听者。

欢乐时光过得飞快，女儿已经上幼儿园中班。一次带女儿在亲戚家做客，晚饭后，主人家10岁的"小公主"为我们弹奏了一曲德国钢琴家默克尔的钢琴曲《蝴蝶》，随着十指飞快地落在黑白琴键上，优雅的琴声活灵活现，栩栩如生，丰富的和声语言、活灵活现的附点节奏、加跳跃进行的织体结构，让人仿佛看见翩翩起舞的蝴蝶在草丛中飞舞的样子……这时的女儿像着了魔似的，伫立在钢琴旁，一声不发，眼睛直直地盯着琴键上飞快滑动的十指，直到曲终也没回过神来。在回家的路上，她告诉我们这琴声太优美了，她也想学钢琴，她也要弹《蝴蝶》。回到家后我们开了一个家庭会议，我们语重心长告知孩子，父母必定全力支持，但学琴之路枯燥而艰辛，需要有坚定的信念与毅力，持之以恒，方能修得正果，正如今晚所听到的那曲《蝴蝶》，没有5年的坚持不懈不可能达到这样的弹奏水准。当时女儿信心满满，告诉我们将来也会让爸妈亲耳聆听她演奏的《蝴蝶》。

　　在这次谈话后女儿的学琴之路正式开启。一个月后我们购置了钢琴，选好了钢琴教师，枯燥而艰辛学琴之路随之开始。刚开始，女儿连哆咪咪都分不清，手就像被猫追得不知所措，按键的时候，全身冒汗，生怕弹错。老师耐心地从简单的乐理知识、五线谱初级教起，用手把着女儿的小手，一个键、一个键落在琴键上。功夫不负有心人，女儿终于开始找到感觉了。但没学多久，练琴的枯燥就开始出现，女儿开始不爱学了，一提到练琴，她就哭，开始闹，特别是听到楼下其他孩子的奔跑吵闹声，整个心都已放飞出去。我们苦口婆心的劝说、争吵成了家常便饭。

　　这样的学琴状态持续了一年，这期间别说女儿自己了，就连我自己内心就斗争了好几次。为此我也跟她急过很多次。每当看到女儿练琴那痛苦的模样，我心里也想过放弃，还女儿一个自由，让她也像小区里其他的孩子一样，天天在院子里疯跑，但一想到已坚持学了这么长时间，我又不想让她放弃。到底是选择放弃，还给孩子自由，还是坚持？这个问题我也问过她的钢琴老师和其他学琴的孩子家长，他们都劝我既然已经学了，就坚持下去，可以放慢进程，但不要放弃。我觉得他们说得有道理，于是坚定了我的决心。为了帮女儿更好、更准地识谱，我开始自从零开始学五线谱、研究琴谱，自己也开始学琴。

　　不得不说，学琴就是三分学七分练。练习是钢琴学习非常重要的一个环节。我一直相信只要投入努力，就能收获成功。所以孩子在家练琴，我自己亲自陪练。每天再忙也坚持在她练琴时陪伴身旁。有段时间，女儿练琴非常消极。我让她练琴，她总是不情不愿，不肯上琴凳。练琴也不积极，常常错音错节奏。我有时候一生气，压不住怒火，就会责骂她几句，她练琴练着就哭了起来。可以说，一说起练琴，家庭气氛就十分紧张。也在学琴的我经常跟女儿交流学习心得，跟她说学琴学的是一种技巧，需要靠专注和时间，不断练习才能达到纯熟的技巧。女儿自律能力差，她平时练琴总拿"一会儿要喝水""一会儿要上厕所"的借口去偷懒，但是有了我这个陪练的严格监督，一起练琴、一起探讨，不懂的地方向她请教，这让她有成就感，这样她练琴更专注、更有效率了。当她发现自己的熟练度提高，非常开心，变得更具主动性。当我看到她每天主动打开琴盖，稚嫩的手指灵活地在琴键上不知疲倦地跳动，我深感欣慰。我们希望女儿能通过钢琴的学习，真正爱上钢琴，和音乐相伴，更希望她在学琴过程中养成的好习惯让她在未来的学习中收获成功。希望她能在音乐的陪伴中长大，有一个更加多姿多彩的人生。

这样的日子持续了7年,2014年11月,文涵轩同学已顺利地拿到了上海音乐学院钢琴十级证书,对女儿来说当年那曲属于她钢琴启蒙曲的默克尔的《蝴蝶》,技术难度对她来说已是信手拈来。现在钢琴已成了她释放学习压力最好的方式,美妙的琴声在学习之余在我们耳畔回响,优美的旋律就是对这些年我们和她自己坚持付出的最好回报。经过多年对钢琴演奏的不懈学习与练习,艺术是相通的,孩子的兴趣逐步延伸至绘画、舞蹈等,这些能力将使她在今后的学习、生活和工作中受益终身。在她考入建筑工程学校学习生活的过程中,她的阅读能力、协调能力、分析能力、理解能力、想象能力、记忆能力均有了明显的提升。她的付出得到了老师和同学们的肯定,她被选为班级宣传委员,多次在黑板报等评比中获得一等奖等殊荣。孩子多年受音乐熏陶,培养美感,陶冶情操,激发智慧和创造力,分善恶、辨是非,树立了正确的人生观、理想与信念,并在今年正式成为了一名中国共青团团员。她收获的不仅是美妙音乐,更有凡事坚持到底,懂得付出的良好习惯,这些是她一生最宝贵的财富!

# 家　庭
## ——孩子健康成长的港湾

上海市贸易学校　杨永（学生家长）

**摘　要**：家庭是孩子的终身课堂，而家长是孩子的终身导师。作为一个家长，我认为注重孩子的品德教育和培养，营造一个良好的家庭环境，父母以身作则，努力培养孩子的自信心，正确对待考试成绩至关重要。

**关键词**：家庭教育　品德培育　父母责任　家校联手

我是中职三年级学生的家长。孩子从开学以来，在各位老师和同学的共同帮助下，很快适应了学校的学习环境，逐渐养成了良好的学习习惯，成为一名合格的中职生。在此，我对各位老师的辛勤付出和对子君无微不至的关怀，表示最衷心的感谢。我教育孩子最大的感受就是：优质的学校学习环境和良好的家庭学习氛围，共同造就孩子良好的学习习惯，二者相辅相成缺一不可。而一个孩子一旦拥有了良好的学习习惯，这将会使她终身受益。家庭是孩子的终身课堂，而家长是孩子的终身导师。作为家长，我就家庭教育这个问题，谈一谈自己的切实想法和体会。

## 一、注重孩子的品德教育和培养

俗话说得好，"十年树木，百年树人"。拥有良好的思想品德将会影响孩子的一生，陪伴孩子的一生。一个人如何发展，将取决于他做人的原则。所以，拥有良好的品德素养，为孩子"系好人生第一粒扣子"，树立正确的人生观、价值观和世界观至关重要。我深切感到，家庭在这一个问题上的影响力是非常重要的。家长是孩子的第一任老师，也是孩子启蒙时期的学习榜样，所以我平时在家非常注重和孩子的言语交流，从不说粗话和脏话。试想一下，如果孩子长期处在一个恶劣的语言环境中，久而久之，会在内心深处形成一个错误的思想意识：长期浸润在这样的言语中，耳濡目染可能导致孩子形成不良的语言习惯而被孤立。总之，让孩子拥有一个良好的思想品德是非常必要的。

## 二、营造良好的家庭环境

家庭成员的和睦相处对于孩子的成长是非常重要的,家人之间的互敬互爱同样也会让孩子在无形之中学会为他人着想,学会对他人宽容、关心和尊重,在潜移默化中让孩子成为一个有爱心、有同情心和责任心的人,增强孩子在学习生活和社会生活中的荣誉感和责任感。在我们家有老少三代人,生活的过程中也难免会遇到一些磕磕碰碰,爷爷奶奶对于孩子的溺爱与父母亲对孩子的严格要求难免会发生一些小矛盾,但是为了孩子的健康快乐成长,我一般是采取一些"迂回"战术:先和家里老人沟通,做思想工作,让他们明白他们的这种想法和做法,所谓对孩子的"爱",不利于孩子健康成长,是对孩子的一种错误意识的灌输。同时我也会和孩子摆事实,讲道理,让她明白这个时候应该做什么,怎么做才是正确的,该做的事情一定要提前规划、提前做,不要拖拉,这样的话很多问题也就随之化解。因此,在孩子的心中也就不存在家庭矛盾这样的问题,这也给孩子无形中营造出一个更好的家庭环境和学习氛围。

## 三、父母要以身作则

前面我也说过,父母是孩子的第一任老师,因为孩子从出生到长大成人接触最多,影响最大的就是我们作为父母的,所以我们父母要以身作则,用自己日常的点滴行为与语言来影响孩子,给孩子带来一种正能量,为孩子树立良好的学习榜样,无论是平时做人做事还是言谈举止中都要注意自己的言行。这是个很重要的课程,会说话才能和别人相处愉快,在家里我们也常会跟她说要懂得站在他人的角度去思考,你认为对的事情,人家不一定那么认为,等对方主动询问的时候再开口,不能去做好为人师的事儿,不要上赶着去给别人提建议,不可以强迫别人去接受自己的想法。也要让孩子学会尊老爱幼,同情在生活中遇到的弱者,平时遇上有需要的人,孩子也会出手相助。教育她在平时的生活和学习中,学会积极帮助身边有需要的同学,做好老师交给他的每项任务。

## 四、努力培养孩子的自信心

自信心绝对不是虚荣心,这点上我很庆幸,炫耀欲和时刻想要出头的小聪明倒是没有在她身上看见踪影。我家的孩子从小胆子小,做事情瞻前顾后,缺乏自信心,连平时课堂上老师提问都不大敢大胆地举手发言,只有少数自己确定的答案才会回答,生怕答错了同学笑话她。因为这个事儿,以前每次去学校开家长会,没少受老师的"数落"。后来我与老师进行沟通,同时也结合自身的情况去引导她,这样她就慢慢开始主动在课堂上回答问题。记得有一次她回家高兴地对我说,她今天举手回答了一个少有同学知道答案的问题,而且还答对了,受到了老师的表扬,感到特别有成就感。看到孩子那一刻神采飞扬的样子,我打心底为她高兴,于是我也借此机会,再给她多一些鼓励,让她明白,无论在什么情况下,都要相信自己,坚信自己的想法,哪怕错了,我们从头再来。到了初中,孩子把握一些机会体验了一次次小成功,这让她发生了不小的改变:会积极地参加一些活动,去帮老师做事情,去做志愿者,帮助一些有需要的人。现在的她和以前相比,简直是判若两人,不但敢于表达自己的实际想法,更难得的是,她会把想法变成实际的行动,有时会代表班级和学校参加各项活动,并取得一定的名次,这对于她以后的人生成长道路影响会很大。学校组织的各项活动她在这几年里参加的也不少,我可以很清楚地感受到她这两年的变化,所以我们不会因此劝她要心思都放在学习上,我们很高兴看到她在自己喜欢的事情上努力作为。

## 五、正确对待考试成绩

在家庭教育中目前存在一个普遍问题,就是家长如何看待孩子的考试成绩。家长会时常出现重视考试,轻视孩子平时的学习过程,甚至对学校老师平时的提醒不放在心上,可一旦考试结束以后,就迫不及待给老师发微信,打电话来询问考试的情况,考的成绩是多少。我感到这对孩子的学习并没有任何帮助,最后往往适得其反。我始终认为,对于孩子的学习是抓在平时,让孩子养成一个良好的学习习惯,从每个学期开始就要制定自己的学习计划。我们从来不去给她制定什么目标,让她自己去制定一个适合自己的目标,让她朝着这个目标去不断努力,在她努力的过程中,我们家长只是做到鼓励和提供物质方面的帮助即可,只要她是按照一个积极向上的方向去不断努力,我们就不会过多干预她。在制定学习计划的过程中,有什么困难先试着自己去解决,如果不行的话我们再一起商量解决。只要平时学习的知识掌握牢固了,考试自然就没有压力了,轻松多了。对于孩子考试的成绩,不要过多去评论,如果考的不理想,也不要从言语上去刺激孩子,而是应该让孩子认真总结反思,在接下来的学习中,如何做到不犯之前犯过的错误,让孩子明白学习是学生的首要任务,就像平时父母的上班一样,学好了才算是完成自己的任务。

## 六、始终保持与学校的沟通工作

从小孩上学第一天起,她与老师相处的时间就远远多于我们家长,要想全面地了解孩子,除自身与孩子主动交流之外,另一个更好的办法就是与老师交流。除了在平时接送孩子时与老师交流之外,还要通过电话或微信和老师进行沟通,随时了解孩子在学校的学习情况。但也不要过度去了解孩子在学校发生的任何事情,事无巨细的了解会造成一种无形的压力,让人喘不过气。适当了解孩子在学校的基本情况即可,因为孩子随着年龄的长大,也明白了好多我们大人所不能明了的事情,适当地给孩子留出个人发展的空间。但如果老师主动来找家长交流,那一般情况下问题就比较严重,我会及时与孩子沟通交流,对犯的错误加以指正、批评。有的孩子出于本能的自我保护,会把责任推到别人身上,或找其他的理由来搪塞。但我作为家长,一定会主动去和老师沟通,了解事情的真相,而不是轻易听信孩子的一面之词,也不会一味去指责孩子。

总之,在家庭教育的过程中,不同的家庭有不同的方法,其中既有酸甜也有苦辣,我们和孩子相处的过程是美好的,我们也很享受这个过程。在孩子以后的学习和生活中,我们会积极地配合学校,并不断摸索,把孩子培养得更加优秀,让她健康快乐地成长。

# 信任放手加陪伴　家校合力助孩子

上海科技管理学校　张言斌(学生家长)

**摘　要**：参加上海科技管理学校"融·和"文化引领下的"心之翼"家庭教育指导社团的家庭教育和心理健康教育活动后，我和爱人慢慢地消除对孩子成长路上的担心与顾虑；看到孩子渐渐地融入学校生活与学习，我们信任学校的老师和同学们，更加相信我的孩子必将健康成长。尽管孩子才情不高，看到他在上海科技管理学校四年读书期间，在师生们坚持不懈的陪伴下，孩子付出持之以恒的努力。当孩子在2020年拿到大学录取通知书，我和爱人坚信家校合力，定能成就孩子的未来。

**关键词**：家校合力　信任　放手　陪伴

## 一、把脉问题：因担心和焦虑而不敢对孩子放手

我和爱人定期会参加上海科技管理学校"融·和"文化引领的"心之翼"家庭教育指导社团组织的家庭教育指导活动。在活动中，我们获益匪浅，并慢慢地改善了担心和焦虑的情绪，懂得学会放手，让孩子成长。

原来，我们很担心孩子被同学欺负，被同学孤立，因孩子情况有些特殊，学习又有困难，且不善于人际交往。想想作为父母就是孩子的依靠，当孩子遇到困难的时候，我们不及时出面解决，孩子势必会形成懦弱的性格。可当家长出面解决孩子之间的矛盾后，发现我的孩子在学校里没有朋友，我和爱人也只好每天接送他上下学。看着他在学校孤单独行，我们也很是心疼，却又无奈，更担心起孩子的未来，焦虑的情绪时不时在我和爱人的脑海中蔓延。

社团指导老师和我们深入沟通后，我们发现自己过于担心与焦虑，使得我们对孩子不敢放心、不敢放手！在老师的指导下，一方面我们采用一些心理放松技术和运动，如冥想、正念、一家人跑步、打羽毛球来放松全家人的紧张情绪；另一方面，当

孩子告诉我们在学校遇到困难的时候,我们激励孩子去寻求老师的帮助。

当我和爱人放松下来了,孩子也轻松起来。社团老师鼓励孩子参加校外巡视活动的时候,我们也积极响应。看到孩子融入学校的老师、同学们中,为学校热情付出,我们悬着的心、紧绷的情绪也慢慢放下。孩子遇到学习困难也敢问老师,碰到人际关系问题也乐于和同学交流,回家时更乐于分享学校的点点滴滴了。孩子在一点点努力进步着,我们的心情也越来越好。

## 二、助力成长:放下自我,支持与鼓励孩子

### (一) 放松自我,给孩子赞美与鼓励

每个人的成长都是磕磕绊绊的,正因为这些挫折,让人得以成熟、成长。我们的成长经历太曲折,总是带着美好的愿望,希望孩子少走一些弯路。我们忘记了我们的成长过程,"心之翼"家庭指导老师指导我们先放松自我,然后再帮助孩子成长。

学校指导老师鼓励我们家长首先要学会信任,信任自己,信任孩子,可以从家务事开始尝试。孩子放学回家后,我们一起上街买菜,做饭,饭后我们一起洗碗、擦桌、扫地,看着他认真的模样,我和爱人特别高兴。以前从不敢让他尝试,担心他菜不会烧,油溅伤手;担心他洗碗时会把碗打碎,割破手指;担心他拖把拧不干,把木地板弄得很湿,走路打滑摔跤。真的去让他做了,发现孩子远比我想象中的做得不知道好到哪儿去。

老师其次希望我们学会赞美,赞美可以建立孩子的自信。当问孩子作业情况的时候,他说做完了,我们会赞美他办事效率高;当他帮忙做家务事,我们会赞美他懂事,爱父母,为父母分担劳动;当他清洗电扇的时候,我们会赞美他手巧,拆装电扇都在行,且心细。

老师最后提出让我们学会鼓励孩子,提高孩子的抗挫折力。当孩子考试成绩不好的时候,我和爱人问他,那些考出来的分数是怎么努力出来,怎么做对的。等孩子告诉我,他也努力了,懂的知识点都已经答对,而那些失去的分数,确实是知识点没有掌握。我们鼓励他说:懂的地方一分没有丢,很厉害啦!这些题目我们大人都不懂呢!最后,我们鼓励他向老师讨教没有掌握的知识点,并且相信孩子肯定能学懂。不因一城一池得失而否定全部。

突然间,我们懂得了,担心孩子读不好书,做不好事,交不到朋友,我们经常越俎代庖,其实是对孩子的不信任,也是对自己的不信任。

### (二) 放手观望,助孩子融入同学

社团老师希望我们家长鼓励孩子参加校外巡视社团活动,开始我是一百个不放心的。因为从小到大,孩子除了家里的兄弟姐妹关系好外,基本上没有学校里关系好的同学,在学校他总是被同学欺负,我们开始跟老师提出要求,一定要为孩子撑腰。老师回答:不会让任何一名学生受欺负的,请尽管放心。

开始,我远远地跟在巡视队后面观察孩子们的动静。看到同学们井然有序地跟着老师做巡视工作,我的心稍稍安稳一些。有一次,我看到自己孩子和同学推搡在一起,好像快要打架的样子,我那时候真想冲上去,帮自己的孩子,但想起老师的话,让我尽管放心,我忍住了,看看老师是怎么处理此事的。老师好像跟同学们没聊几句,两个孩子就笑着拥抱在一起,我很惊奇。回家后,我问孩子发生了什么事。孩子跟我说:同学踩了我一脚,我打了同学一下,我们正要起冲突的时候,老师阻止了我们的行为,并让我们分别站在老师的两旁,老师首先关心我们并问有没有身体受伤。我们回答没有。然后老师继续问,发生了什么不愉快事,让一起为学校做事的同学之间那么生气。我们就讲了实话。老师就问那位同学:"不小心踩了同学的脚,你说怎么做好?"那同学回答:"向小张同学道歉。"然后他向我道歉,老师赞美了他。然后老师又问我:"刚才你又推了那位同学一把,你觉得怎么做更好?"我就向那位同学道歉了,老师也夸奖了我。老师最后问:"我们校外巡视队的仪式是什么呢?"我们回答:"互相拥抱,并感谢!"当我跟同学拥抱在一起,我们忍不住都笑了起来。

听了孩子讲述他的故事,听到老师是这么有条不紊地处理学生关系时候,我夸奖了孩子懂礼貌,更感受到老师的良好教育能促进孩子之间的友谊。

此后,我再也没有悄悄地跟踪着孩子,不放心孩子了。只是,我学会了听孩子给我分享学校里发生的点点滴滴,他说学习进步一点了,朋友多了几个了……而我满怀喜悦。

### (三) 有效陪伴,做孩子的朋友

无效陪伴,哪怕附身孩子身上,孩子觉得厌烦;有效陪伴,即使相距很远,却近在咫尺。

随着对孩子的放心,我也渐渐地忙碌于自己的事业了。孩子一个问候,一句留言,都让我满心欢喜。我发现孩子渐渐地懂得感恩父母了。当我累了一天,回到家的时候,孩子主动会给我端洗脚水,捶捶背。我们聊任何事都是很轻松的。真正的疲惫,不是身体累,而是心累;真正的放松,不是身体的放松,而是心灵的放松。

孩子告诉我,他现在跟老师建立了良好的关系,经常会到办公室问老师不懂的题目,经常参加学校组织的各种活动,如心理健康嘉年华、志愿者服务等。我们做家长的,也积极投入到学校的活动中,和孩子们一起玩,做孩子们的朋友;和家长们一起分享育儿经验,做家长们的朋友。2019年,在孩子的努力下,他拿到了学校的进步奖,这是他有史以来的第一张奖状。我们分享着孩子的喜悦与快乐!

倾听孩子的痛苦、快乐的时候,家长及时给予相应的支持、鼓励、赞美、祝福都是行之有效的陪伴。陪孩子一起做他喜欢的、他觉得有意义的事情,是最好的陪伴。

## 三、家校融合：促成孩子进入大学

学校又一次开展"心之翼"家庭教育指导社团活动,我们特别开心,跟一起参加活动的家长分享孩子成长的故事,每个孩子的进步都来之不易,每位家长、老师的付出都是艰辛不已,我们为此感动。2020年5月份,孩子收到了上海城建职业学院制冷专业的预录取通知书,我们把好消息分享给了社团指导老师和孩子的班主任,大家都为孩子的努力成果感到骄傲与自豪!

2020年6月,上海科技管理学校参评家庭教育示范校的建设,我们很高兴作为家长代表应邀出席,谈谈家庭教育助力学生的成功经验。当年9月,当获知孩子的母校被评为"家庭教育示范校"的消息,我们做家长的更是由衷高兴。

我们做父母的,总是想把最好的给孩子,总希望以自己的经验教育孩子少走弯路,却忘记了孩子需要什么。在家庭教育中,在陪伴孩子成长的道路上,我们家长体会最深的是:信任孩子,放手让孩子去探索;有效陪伴孩子,和孩子共悲喜;聆听孩子,读懂孩子的心声;相信学校的老师们,和学校共同抚育孩子健康成长,培养孩子做一个为国为家、有责任、有担当的人。

# 家校共育,同谱成才之路

上海商业会计学校　杨勇(学生家长)

**摘　要**：我对两个孩子的要求从来都不是以成绩为重,但对她们的引领也从未放弃。两个孩子都考入了上海商业会计学校,一个进入中高职贯通物流管理专业学习,另一个考入物流服务与管理专业。平时督促鼓励她们学习,掌握专业知识,但"德"的教育也一直放在了第一位。经过三年的学习,在和学校的共同培育下,两个孩子顺利毕业,并都被评为了优秀毕业生,她们走向了自己的成才之路。

**关键词**：引领　立德　扎实学习　家校共育

我是拥有一对双胞胎女儿的母亲,姐妹俩叫林琳、林杨。在外人看来,两个女儿乖巧懂事,但是作为妈妈,深知要养育并将她们培养成才并不容易。我坚信对孩子要有快乐教育。如果有着快乐的思想,我们就会用快乐、乐观、豁达的胸襟去面对人生,我们的人生就是快乐的。但是孩子成长之路,不只是快乐教育,更是每一步都要做好引领。

## 一、孩子学习的道路,需要家长的引领

为什么要用功读书,怎样去学习？从小我便给林琳、林杨灌输要怎么去学习的思想,在她们小学一年级的时候,我就要求她们每天至少要读一个小时的书。书籍中蕴含的知识是丰富的,那一个小时里,我不去限制她们看的是什么类型的书,但希望她们在那一个小时里可以有所收获,锻炼她们的阅读能力,提高文学素养。

我并不是那种古板的家长,认为考不上高中就是失败者,考不上大学就一定没有出息。在每个年龄阶段每个孩子都有她自己的使命。如果考不上高中没关系,那就选择去中专,学一门以后可以满足自己衣食住行的专业,解决人最起码的需求。在中考志愿下来后,我看到他们俩都进了商会校,那一刻我最起码是安心的,

在同一所学校里姐妹俩可以相互照应。2018年暑假的最后几天,我和她们俩说:"马上你们就要进到商会校了,高中也好中专也罢,它们都如同这社会的缩影一般,在这里你们会遇见形形色色的人,有的会带领你们走向一条光明大道;有的如同一双魔爪将你们推进万恶深渊;有的像毒品使你们沉迷堕落。但你们一定要有明辨是非的意识,懂得分清什么是善什么是恶。"

我对于善的定义就是做一个心存正直、敢于担当、不畏谣言、不存恶意的人。我经常和她们讲做人一定要善良,一定要正直。起初她们总是敷衍我:"嗯嗯,好的","我知道了","好的,好的,我会这么做的"……我经常以为他们没听进去,后来我发现并不是这样——在地铁上给有需要的人让座对她们来说是习以为常的,她们不会因为外界的谣言而轻易对一个人下定论,且有着自己坚定的信念和正确的思想。每次她们放学后在家里聊天,聊着一些我认为她们这个年龄段不应该做的事情,我问她们:"你们看着你们同学去酒吧喝酒,你们不会有想一起去的念头吗?"她们和我说的话,让我印象深刻:"我们不会,我们知道在我们这个年纪应该做什么,什么不应该去做",在这一方面我要承认她们做到了。

## 二、家长的陪伴,促进孩子的成长

在做一个善良的人之外,我一直让她们认真学习专业知识,鼓励她们去考职业证书及参加职业技能大赛。两人虽然都选择了物流专业,但一个是中高职贯通物流管理专业,一个是物流服务与管理专业。在一年级的时候,林杨就有幸被挑选参加上海市星光计划职业技能大赛。在为期半年的训练里,我能明显感受到在参加完比赛后,她的专业技能有着显著的提高。虽然很遗憾并没有取得奖项,但是我相信这样大型的赛事对于她来说也是很好的磨炼。

这三年里,她们对于物流管理从完全陌生到逐渐熟悉,再到现在她们已经可以掌握大部分知识,林琳考取了两个职业技能证书,我看到了她们在学习这门专业后的不断成长。今年三月的三校生高考,林杨通过自己的努力,在小六门综合考中,考出了80分的好成绩,并被上海民航职业技术学院航空物流管理专业录取。

在专业学习之外,她们也注重自己综合素质的培养。林琳担任普陀校区团总支秘书处部长、宣传部部长、2551802班班长,曾获上海市"进馆有益"征文活动三等奖、上海商业会计学校优秀共青团员、优秀班干部等奖项,为人正直,热心助人,有着较强的组织能力。而林杨则担任了普陀校区文体部部长、班级团负责人,曾获上海市二等奖学金、上海商业会计学校三好学生、优秀共青团员、优秀班干部等奖项。

她俩为人乐观，永远用积极的态度，秉持着赤诚之心去面对所有事情。毕业时两人都被选为优秀毕业生，这是对她们中职三年学习的肯定和见证。

## 三、德智体美劳，德是第一位

在教育林琳、林杨品行方面，我和孩子爸爸始终站在一条战线。我们都坚信一个人在这个社会上立足的根本是做一个品行高尚的人，校园亦是如此。为了给她们俩起到一个榜样效应，在她们小时候，我和孩子爸爸就经常给他们讲述一些正能量的故事，希望她们可以永远朝着光前行而不是躲在黑暗里去议论一些不够光明磊落的事情。"未经他人同意，擅自拿他人东西"，这是一条从小明令禁止的规定，他人未同意的情况下擅自拿走他人的物品这就是偷，所以她俩都是在得到允许后才触碰他人物品。我们始终保持对她们的鼓励，在期待他们的同时也带着信任与支持，让孩子知道所有的爱都不应该是单向奔赴，而是双方的共同努力。

在心理学上有一个词我觉得很好，这个词叫做"抱持"，"抱"是拥抱的抱，"持"是坚持的持。父母要让孩子生活在抱持的环境下，孩子做得好的时候夸赞他，孩子遇到挫折的时候支持他。要让父母的期待值与孩子现阶段的实力相符合，分阶段定下目标，随着孩子的不断成长而提升要求，这样就可以将我们的期待转变为她们所期待的目标，循序渐进，不可操之过急。纵向的比较是让她们和过去的自己相比，和过去的自己相比会让她们产生动力，和别人家的孩子相比会使她们产生压力，同时过高的期待会使他们产生一种无形的压力，压得她们无法喘息。所以我们一直用纵向的比较鼓励她们，体现父母满满的期待与深深的爱。

## 四、爱有很多种，溺爱最伤人

如今，很多家庭都存在着溺爱现象。我和孩子爸爸都懂得爱得"克制"，在给予她们的爱之中，舍弃掉了溺爱。在小学一年级时，便培养她们自己独立上下学，她们十七岁时独立完成人生中第一道亲手做的菜。很多孩子在得不到自己想要的玩具时，便在地上哭闹来回打滚，她们不会这样。我和孩子爸爸经常告诉她们，如果你们有一件很想要的东西时，你们可以想一想，我是否真的很想要这件物品，还仅仅只是因为别人拥有所以我也要拥有呢？如果是真的很想拥有，那可以坐下来好好地和爸爸妈妈说，我有一件很想要的物品，而不是大吵大闹、哭哭啼啼，她们确实很乖，一直以来真的做到了，遇到想要的物品总是提前和我们说。她们这种独立自主的性格确实一直延续到现在。

作为家长和监护人,必须承担起"第一责任人"的责任。我们深知这个身份的重要性,在很多时候,家庭教育的引导显得尤为重要。很多事情事无巨细都是循序渐进的。关于孩子的事无小事,面面俱到是作为家长最起码的责任,事关成长、成人、成才。社会的复杂多变,需要她们的善良和坚强来应对,善良永远是相互的,坚强才能立足。

## 五、家校共育,助孩子成才

在商会校的三年,我们能明显感到孩子的快速成长,她们逐步成年,也更加地成熟。三年的学习和各方面的锻炼,让她们逐渐有了大人模样,这些都和学校的教育分不开。

### (一) 学校给予锻炼机会

林琳、林杨进入学校就在各自班级担任了班干部,一个是班长,一个是团负责人,并都进入了团总支、学生会。在三年的工作和锻炼中,管理能力、组织协调能力都得到大大提升。她们组织了多项大型的团学活动,也在各自班级发挥了重要的作用,成为老师的好帮手。

### (二) 注重专业能力培养

两个孩子学习刻苦,成绩优秀。林琳在老师的指导带领下,考到两个物流专业的职业技能证书,还参加了长风网学霸拉力赛,并获得一等奖;而林杨则先后参加了上海市星光计划职业技能大赛和长风网学霸拉力赛。

### (三) 班主任各方面的教导

林琳和林杨的班主任都很关注孩子的成长,关注她们学习、生活的方方面面。在学校里的教导重任,都由各自的班主任肩负。两人遇到了困惑或是难题,都会向自己的班主任求助,一些不愿意与我们分享的心里话,会向班主任吐露。班主任也与我们保持着紧密的联系,共同解决孩子成长中的问题。

如今她们都已毕业,未来还有很长的路要走。快乐伴随着她们的成长,成长的快乐,应该是学校、家长及孩子们所付出之后的收获,我坚信她们会无惧将来的风雨,心向阳光,继续前行。

# 平等交流　尊重个性　自信成长

上海商业会计学校　韩鹏（学生家长）

**摘　要**：青春期是每一个学生必经的过程，也是家庭教育的一场"高考"，面对各类问题，有针对性地选择不同教育方式尤为重要。例如信息时代手机普及，要用民主平等的交流方式，引导孩子合理规范手机使用时间；面对中考失利，要不断鼓励支持孩子，帮助孩子重新树立自信心。除此以外，家长需要将正确树立人生观和价值观，培养良好的品格、习惯始终贯穿在整个家庭教育过程中。

**关键词**：家庭教育　交流　独立　鼓励

家庭教育是一门科学和艺术，与学校教育相比，它更侧重于良好的品德、行为习惯和心理品质的培养。

## 一、民主平等的交流，培养独立自主意识

进入青春期后的青少年，最主要的表现是独立活动的愿望变得越来越强烈，但由于缺乏生活经验，容易不正确地理解自尊，只是强烈要求别人把他们看作成人。这个时期的青少年，尽管自我意识发展了，但自我控制能力还比较差，常会无意识地违反纪律。他们喜欢与人争论，但论据不足；喜欢发表见解，却又判断不准；喜欢批评别人，但又容易片面；喜欢怀疑别人，却又缺乏科学依据。如果这时家长还把他们当孩子来看待，他们就会厌烦，就会觉得伤害了他们的自尊心，就会产生反抗的心理，萌发对立的情绪。因此，家长必须学习一些心理学的知识，尊重子女的自尊心，要尽可能地支持和理解他们，尤其在他们遇到困难、失败的时候，和他们平等交流，帮助他们分析问题、明辨是非、正确处理，父母切忌使用包办（大事小事都替子女完成）、专制（所有的大小决定父母说了算，子女只能顺从）的手段和想法去替代、强加给子女，限制他们的行为、思想和意识。另一方面，家长又不

能过于迁就子女的不合理要求,以防子女以后总是用反抗的方式来要挟父母,达到自己的目的。

现在手机成了必不可少的联系工具,几乎成年人都是人手一部。不得不承认手机大大方便了家长和孩子的联系方式。在孩子小学的时候,还常常会出现因为孩子身上没有手机,家长有特殊事情却联系不到的情况,因此有了手机在某些事情上能使家长更安心。但是它就像一个潘多拉魔盒,打开之后里面有很多游戏、小视频、社交软件等让孩子爱不释手,经常是拿到手机就放不下。有些自控能力差的学生,游戏经常玩到半夜,作业不完成,成绩一落千丈,让我们家长深恶痛绝。这里谈谈家长应该如何正确引导小孩合理使用手机,如何控制时间,把玩游戏的手机变成适当学习的工具。

六年级的时候,孩子拥有了她人生中的第一部智能手机,我明显发现她在日常生活中使用手机的频率高了不少。偶尔我会问她在用手机干什么,她也只是支支吾吾,说不出个所以然。果不其然,在接下来的家长会中,我被班主任邀请去"喝茶",班主任告诉我:孩子这段时间成绩下降得很厉害,上课听讲也不是很专心。我马上意识到——可能是手机惹的祸。

回到家我就把孩子拉到房间,并没有开门见山,而是心平气和地问她:

"最近学习上遇到什么困难了吗,这次期中考试是不是考得不太理想?"

"嗯,我觉得我最近静不下心来学习。"

"那你有想过是什么困扰了你吗?是因为妈妈最近给了你一部智能手机,而你没有合理控制好时间吗?"

"不是的!"

"那你可以告诉妈妈,你最近都用手机在干什么吗?"

"呃,和同学聊天、看新闻、查题目,还有……玩游戏。"

"那你有注意过自己平时是聊天、看新闻、查题目的时间多,还是玩游戏的时间多吗?"

孩子也知道自己这次期中考试没有考好,心里不好受,想了一会儿和我说:"可能玩游戏的时间更多一点吧。"

"经过这段时间的'手机无限使用',你觉得自己的自控力合格吗?"

孩子沉默了没有说话。"妈妈觉得你最近这段时间每天的手机使用时间太长了,一定程度上可能对你的学习产生了干扰,更多的是妈妈还担心你的眼睛。这样子,这学期接下去的这段时间,平常上学时间手机暂时由妈妈保管,周一到周四每天晚上作业完成后给你 15 分钟的时间自由分配,你觉得怎么样?"

"15分钟时间什么都做不了呀,我做作业有些题目不会,也要用手机查的。"

孩子对我所说的建议不太赞同,我在要求合理的情况下,也会做出退让。"那每天半个小时,不能再多了。作业有问题的可以直接去问老师,老师会比线上搜题讲得更好呢。"

最终我与孩子意见达成一致,在后续的期末考试中,孩子也有了明显的进步。

在孩子青春期的成长过程中,由于自主意识还未发展完全,有些事情的严重性是她们意识不到的,这个时候家长适当的干预自然必不可少,但同时也要做到尊重孩子的想法。随着孩子内心世界的不断成熟,家长可以选择慢慢放手,引导孩子学会承担自己所做的每件事情的责任。

## 二、多鼓励,多支持,培养自信心

中考过后,得知被上海商业会计学校录取了,孩子表现得有点失落。晚饭过后我把她拉到房间和她闲聊,她告诉我"×××(孩子的闺蜜)上了市重点,但是我却要去一所职业学校上学,我以后怎么和她们玩啊。"我能理解孩子的心情,她的中考成绩也许能上市重点,但因为户口的原因不得不选择中职学校。早在报名上海商业会计学校之前,我和她其实就做过了解:中职学校相比普通高中来说活动会更多,对于她来说能有很好的机会展示自己、增强自信心。

为了摆正孩子的心态,我鼓励孩子积极参加学校的各项活动,也许是因为过往的十几年学习生涯一直都忙于学习,她在班级、学校中也常常都是"小透明"。对自己的不够自信,所以一开始每次活动通知下来,她都会问我"妈妈,你觉得我有能力参加这个比赛吗?我之前都没有参加过哎。他们肯定比我强……"这个时候我都会不厌其烦地鼓励她,即使她知道,妈妈的肯定代表不了所有人,但这就像是孩子心里的定心丸,告诉她:在爸爸妈妈眼里,你就是最优秀的。幸运的是,一开始她自荐成功,担任了学校某次升旗仪式的主持人。这让她的第一步跨得十分顺利,顺其自然她也开始在校园大大小小的活动中活跃起来。从最开始的参与每个活动她还要询问我的看法,到现在她都会主动报名参加,常常在餐桌上给我分享她获奖的喜悦。我真真切切感受到了她心态以及性格的转变,变得更加成熟、自信、开朗。中考后的失落情绪也完全没有了,平时她也很乐于与那些普高的同学分享自己中职生活的乐趣。感受得到沉浸在题海中的普高孩子,对于我女儿所描述的学校生活是眼中放光的。

## 三、正确地树立人生观和价值观,培养良好的品格、习惯

培养孩子良好的品格有多种途径,我认为最为重要的有两条:

一是以身作则。父母的品行优良,孩子就会有样学样。父母不能在吃饭的时候准时坐下来吃饭,孩子就有可能要追着去喂;家中物品乱放,孩子也就不去整理他们的东西;父母过度依赖人际关系,孩子就会放弃自我努力……

孩子初二的时候,由于一些特殊原因,经济学零基础的我正在备考中级经济师资格证。这对于我一个大学所学与经济学专业毫不相干的人来说有一定的难度。那段时间我不得不早上上班,晚上回家后便坐在电脑桌前,备好笔记本开始学习。一直学习到半夜一两点都是常事。我的这些举动都被孩子看在眼里,有时她学习结束了,看我还在学,会给我端来一杯热牛奶。渐渐地,我发现孩子学习的主动性更高了,成绩也有了明显提升。有了这段经历,我深刻认识到了父母以身作则的重要性。

二是家庭环境。孩子的性格养成受家庭环境、学校环境和社会环境的影响。其中,家庭环境是影响孩子性格的最重要因素,对孩子而言,从出生起就受家庭环境的影响。家庭环境看似寻常,实则却潜移默化地影响着孩子的成长。从孩子的成长规律来看,幼年时期是性格形成的关键时期,此阶段家庭环境的影响不容小觑,直接决定了孩子的性格特点。

在日常生活中,父母要注意自身的语言和行为习惯,同时要维持好家庭关系。保持民主的婚姻关系和亲子关系,时刻注意与孩子的沟通方式和相处方式。和谐融洽的家庭氛围讲究的是民主与尊重,时刻调节自己的情绪,不把工作中的负面情绪带到家庭中,家庭才会充满欢声笑语。作为家长,不能专断独行,这样容易导致家庭矛盾。孩子长期生活在有矛盾的家庭环境中,必然会对孩子的心理造成阴影。良好的家庭氛围,代表着这个家庭有着温馨的气氛和美好的归属感,会给孩子一个健康的成长环境。

孩子的成长是多方面因素影响的结果,家庭教育、学校教育、社会教育是教育的三大支柱,三者缺一不可。家庭教育是一门科学和艺术,与学校教育相比,它更侧重于良好的品德、行为、习惯的培养,侧重于健康的心理品质的培养。而这样的培养对子女的一生都有着重大的影响。古人流传下来的三字经"人之初,性本善。习相近,性相远。"告诉我们这样一个道理,原本人与人出生下来的时候并不存在较大的差异,但是后天教育的好坏,将直接影响到她最终能否成为对社会有用的人才。最后,唯愿普天下每个孩子都能成为社会的有用之才!

# 与教育同呼吸　与孩子共成长

上海商业会计学校　聂家卫(学生家长)

**摘　要**：社会日新月异，环境变化万千。为获悉一个能帮助孩子赶上时代浪潮的教育方法，我们苦苦寻觅。那么，家庭教育到底如何才能取得成功？成功的家庭教育之路究竟在哪里？又该怎么走？结合我们家的实际情况，我认为各位"家庭教育业同志"可以从以下三方面共同探索实践——包容共进、充实自身、鼓励发展。

**关键词**：陪伴　引领　家校共育

我的孩子就读于上海商业会计学校，担任校学生会部长、系学生会主席、班长等职务，曾荣获2020DI青少年创新思维竞赛全球一等奖、2021中等职业学校国家奖学金、2021 ITC国际贸易挑战赛中国区第三名等荣誉……作为一名自豪的父亲，我对女儿的学业放心、为她的荣誉骄傲、因她的懂事欣慰。然而在孩子的成长道路上，我们也曾遇到分歧，产生矛盾，彼此不理解。借本次优秀子女培养案例分享的机会，回首教育过程中的点点滴滴，诸多感悟涌现心间。

## 一、陪伴孩子逐渐成长

对于孩子来说，世间的一切都是新鲜的，无论是日常沟通的言语，待人处事的风格还是应对困境的方式，都是靠我们家长一点点去引领的。他们稚嫩的心灵犹如白纸，不同的家庭教育方式可以描绘出不一样的画卷、塑造出不同的品性。从古至今，没有教不好的孩子，只有会教和不会教的父母。可见家长教育孩子使用的方法是否妥当，直接影响着家庭教育的效果。

### (一) 潜移默化

父母是孩子最好的老师，他们的首选学习方法便是模仿。从很小的时候开始就会将看到、听到、感受到的东西融入正在发育的大脑,并在以后的生活中不知不觉地加以效仿。所以我们要谨慎选择自己给孩子的行动反馈,防止被一时的情绪占领高地,从而在心理建设层面逐步破防,为孩子树立反面教材。例如面对孩子偶尔的考试失利,焦急、忧虑、愤怒等情绪刹那间就不受控了。但作为成年人,我们应该有能力控制自己的情绪,应该避免一味责备、全盘否认孩子此前所做的努力——这样孩子可能会逐渐丧失对学习的兴趣,甚至是对于任何挑战都会习惯性回避,进行自我否认。我们说出的话,做出的行动,给出的眼神,甚至看不见的精神世界都可能给孩子带来潜移默化的影响。因此,我们应该调整心态,在孩子最失意的时候陪伴其左右,鼓励其振作,以更加易于理解的方法关心孩子。潜移默化的,孩子在未来的人生中也能感受到家庭的支撑,拥有爱与勇气去直面困难

## (二)将心比心

突如其来的疫情使我们与孩子意外收获了远长于平时的相处时间,惊喜感趋于平淡后,大大小小的争执便随之产生了。彼此不对等的对话中女儿越来越频繁地反驳我,且常常固执地与我的想法背道而驰,关上房门的动作在我眼里等同于封闭她自己……我也曾困惑、为难,我眼中"过来人的意见"在她看来居然只是在唱反调。毕竟,我只是想为她好。后来我想通了,孩子已经长大,对事物有自己的判断标准,和我有意见不统一的情况很正常。

我的孩子一向自我意识很强,很小就表现出了对学习的自主能动性,日常生活中的各种情况也大多可以自己解决。然而扪心自问,我们作为父母是无法完全放心她的。今年寒假她一个人跟着学校的团队前往江苏参加社会实践活动,分享过来的照片上她笑得十分轻松,看起来也将自己照顾得很好,倒是我们每天等待她来电报平安过得尤其忐忑。看到女儿脱离家庭保护伞后的真正成长,我才终于愿意将孩子放在与我同一水平面的位置考虑问题。她一个人可以应付学习,照顾自己,解决任何在她这个年龄能够遇到的问题,那是否就意味着她可以尽情回避我的关注、关心和关爱了呢?答案当然是不,只是我先前找错了路径。

"我是为你好!"

"我的意见是这样,你要怎么做全看你自己。"

两句话变化的不只是语调,更是对选择权的把持。孩子到了年龄,都会渴望自主选择的权利,父母控制得了一时操持不了一世,就我个人来说,是绝不愿意孩子以后丧失了自主决定的能力,以沮丧的面容生活的。孩子第一次来到世间,我们又何尝不是第一次作为家长?感谢为时尚早,子女会随着接受教育程度的深入而使

自己的世界观逐渐成熟,家长也应及时调整心态,让自己的观点与时俱进,让我们一起成长!

## 二、引导孩子健全价值观

我一直认为,欲使孩子成才,先要教孩子做人,这是家庭教育的首要任务。孩子随年龄增长,从懵懂无知到对身边事物有所感有所言,我尤其能领悟到家长在孩子价值观建设、完善过程中起到的重要作用。

### (一) 要求孩子

在这里,分享几点我对孩子的合理要求:

1. 她应真诚赤忱,对接触的人事物不含恶意的隐瞒。她不应将别人的物品通过不正当的行为占为己有;不会轻易答应自己做不到的事情,到头来以食言收场;不会行事表里不一,为达利益不择手段。

2. 她应和善宽容,对接触的人事物抱有天然的尊重。她不应在未知事物全貌的情况下妄下评价;她不应作为围观者甚至是起哄者,放任恶性事件的发展;不应因为别人的短处斤斤计较,缺乏包容、理解和感恩等美德。

3. 她应有所担当,对接触的人事物心存责任的意识。她不应将他人的付出视作理所应当,而任由感恩之心消逝;不应遇到棘手任务只会推诿回避,无法展现一名学生干部、年轻团员的能力与胸襟;她不应将自己的失误掩在时光遮蔽之下,反而会主动暴露出来、积极改正。

4. 她应敢于思辨,对接触的人事物留有质疑的权利。她不应尽信书而全无自己的判断,只通过前人的经验丈量世界;不应畏惧强权,而盲目地相信一切不正确的言论;她不应人云亦云,只做芸芸众生中一个用固定公式思考的随大流者。

5. 她应知法守法,对接触的人事物保持理智的分寸。她不应将自己的安全抛之脑后,去挑战车辆的无情与事故的冰冷;她不应违反社会制度与公德制约,去做伤害他人之事;她不应模糊人与法之间的界限,不思后果任意踰矩。

### (二) 要求自己

哲学家亚里士多德有过一段精彩论述,他说:"播种一种行为,收获一种习惯;播种一种习惯,收获一种品格;播种一种品格,收获一种命运。"我曾仔细地与女儿解释过自己提出的这些要求并不是无凭无据,且会对她的人生发展大有益处。拿前三点来说：

1. 她对别人的真诚赤忱别人都能感受到，那么她的意见就更容易为别人所接受，她的想法就更可能为别人所赞同，这将使她拥有更好的人际关系。而人际关系是事业成功的重要保障。

2. 品德高尚的人往往胸怀宽广、豁达乐观。因为他们考虑自己少，患得患失的情绪也比较少，更有精神动力去专注于自己的学习、工作、生活方面的提升。而这种积极的情绪很有助于事业的成功。

3. 拥有责任感的人容易有成就感，因为他们从完成任务得到的回馈中，也获得了对自我价值的肯定。获得认可——全力以赴——收获肯定，形成良性循环。这种成就感是人生努力的重要推进剂。

这些都是我浓缩了自己的社会经历后得出的结论，毫无疑问这套行为标准在我身上一定是首先实现的。家庭环境是孩子健康成长的沃土，家长教育孩子的目的是把孩子培养成心智健全的人，那么我们在日常生活中就应做到尊重孩子，明确"只有以爱育爱，在孩子心中播下善良的种子，孩子才会拥有健康、幸福的人生"，让孩子与我们人格平等。首先做好自己再适当引导孩子就足够了。关于孩子的教育和未来，我一点也不焦虑，因为我知道我们已经为她打好了基础，以后只会越来越轻松，我对孩子和自己都很有信心。

## 三、鼓励孩子实践创新

上海商业会计学校是一所关注学生课业学习、拓展学生课余发展，做到校内校外两手抓的美好校园。进入商会校后，她积极投入到了独具清荷文化特色的多元化活动中去，并在老师的引领和我们家长的支持鼓励下主动将理论转化为实践，拥抱更好的自己。

### （一）校内

今年年初，女儿被选为种子选手参加了上海市职业技能"星光杯"项目。在备赛日程中，我明确感受到了她的快乐与激情，能在自己擅长的方面得到认可想必是她获得能量的一大方式。因此我和她的母亲出了十分的心力去确保她有健康的身心状态，顺利比赛。孩子只在刚开始半脱产进行密集训练时有些不适应，总是感觉压力大而导致睡不够，甚至单词背着背着就睡着了。我敏锐察觉，并适时找她沟通，了解她心中隐约的忐忑并告诉她在"星光杯"的赛场上总是一山更比一山高的，她不可以轻易动摇,要为了自己的目标持续不懈地奋斗,而爸爸妈妈会永远支持她。当她反映"单词量不够"已经成为困扰时,我每天都会抽出时间陪她听读,拓展女儿词汇量的同时,我的外语也有了不小提升。从生活角度来说,我总是见缝插针地提示她做好时间规划,训练的日子里女儿偶尔会展现出拖延的坏习惯,我会明确指出——如果今天不整理资料的话,明日复明日,只会积攒越来越多的资料要整理,最终难以收场。女儿乐于受教,从那以后能够第一时间把需要完成的事情解决掉。看到女儿在我的陪伴下逐渐适应备赛状态,能够逐渐化解初次参赛的焦虑,转为能合理掌控自主时间的从容不迫,我深感欣慰。

### (二) 校外

女儿同时也是学校 DI(全名为 Destination Imagination)团队的一员。与其他的队员不同,她此前没有过这类创新思维的参赛经历。自 2020 年 10 月至今的八个月里,市赛、国赛以及正在进行的全球赛,她在这全新的世界中与队友齐头并进,逐渐实现了个人与团队的共同成长,我作为家长也起到了护航作用。

在 DI 赛道上的第一站——上海市赛期间,女儿诉苦说团队内部彼此并不算熟悉,他们来自不同班级、不同教学部、甚至是不同年级。我耐心听完后提出了"沟通"在团队合作中的突出地位。如果孩子们开门见山地约定好,在 DI 工作室这个大家庭,所有人的意见都可以自由地提出,任何合理的声音都应该被倾听,这将大大减少后续爆发冲突的可能。即使意见相悖,队友们也会通过自由平等的沟通来找出一个有效的解决方案。有了这次的经验,相信女儿以后融入新集体一定会轻松许多。

一个优秀孩子的培养离不开家长、学校、社会等多方面的结合,本质上看,我们父母才应是这些因素中陪伴孩子时间最长的。天底下每个父母都有一个共同的心愿,渴望自己的儿女长大能够成才,能够有所作为,能够出人头地。尤其在当代,科学技术日新月异、知识经济日见分明,我们对子女的期望值更高,对家庭教育也更为重视。以我个人来说,我相信坚持"包容共进、充实自身、鼓励发展"三方面的研究发展一定能取得可喜成果。当然,我也会积极与孩子沟通,适时改变教育策略,与教育同呼吸、与孩子共成长!

# 家校共育　静待花开

上海市工商外国语学校　陈洁红（学生家长）

**摘　要**：孩子的成长与学校教育、家庭教育以及社会教育都密不可分。对于中职阶段的孩子而言，接受的比较多的是家庭教育和学校教育，而家庭教育基本上一直需要。作为家长，的确是因为很多原因忽视了孩子的家庭教育，孩子的班主任、家委会的老师们一直说的"家校联合，共同培育孩子的成长"，三年来我和孩子在学校里共同的成长经历让我感受颇深。

**关键词**：家庭教育　家校联合　反思　收获　感悟

作为工商外国语学校商外二部的家委会代表，我很荣幸也感觉到了庆幸，非常庆幸能够参加家委会，在学校家委会的组织以及家长会上，让我感受到教育孩子真的是一门艺术。很多家长认为把孩子丢到学校就可以少操心，事情让学校去解决。我现在想想，这是对孩子也是对自己的不负责任吧。苏霍姆林斯基说：教育的效果取决于学校和家庭的教育影响的一致性。所以说孩子的学校教育，一定离不开家庭教育的支持。

## 一、成长与反思

都说父母是孩子的第一任老师，然而孩子从幼儿园到初中，我这个母亲算是个失败的"老师"！当初由于种种原因，孩子上幼儿园的时候我没在她身边管教，以至于她上了小学后成绩一直跟不上，从最初的循循善诱到后面的歇斯底里，甚至打骂，都未见起色。更有一次，她的班主任老师在办公室质问我在家怎么教育孩子的时候，我感到无地自容。一直以来，我都特别害怕家长会的召开，对于孩子也就有了更多的责备和批评。孩子也因此变得自卑，破罐子破摔，成绩也几乎每次都是垫底！而她仅有的一点自尊让她有时候又变得很不讲理，脾气倔强，在家里从来不跟我们家长进行沟通，她总会说一句：跟你们没什么好讲的。我有所愧疚，之前我虽一直在反思，但也一直找不到好的方法去改变。随着孩子进入青春期，对孩子的教育更让我迷茫、不知所措！直到孩子上了工商外国语学校之后，学校组织了家长学校，同时遇到一个年轻却非常认真负责的班主任曹老师，我感觉在教育子女的道路上忽然亮起了一盏明灯，让我彻底改变了我的理念。现在孩子慢慢变得自信，勇于担当，自立，并懂得了感恩！

## 二、初进学校，自卑懵懂

孩子初进工商外，本想着入读中专，大家成绩应该差距不大，新的环境，新的开始。没想到班级里成绩好的同学比我女儿高出 200 多分，如此大的差异，让我心里又多了几分担心，孩子会不会因此又自暴自弃，不好好学习了呢？然而第一次的家长会上，她们的班主任曹老师以自己亲身经历告诉我们："每个孩子不管之前怎么样，只要努力，都是有希望的，做家长的要对他们有信心，要多发现她们身上的优点，多鼓励，多表扬！基础差没关系，慢慢来，学习本不是一蹴而就的事，不能着急！"

某个周五孩子回家把自己锁在房间哭，态度非常坚决地跟我说要退宿走读。她情绪稳定些后告诉我，她没及时回寝室群里的信息，群里小伙伴就孤立她，在朋友圈故意讽刺她！我觉得就因为这件小事不至于此，也就没答应她退宿走读的要求。但孩子说了句："我就是不想跟她们住一起，你让我回寝室，她们都孤立我，你想想我什么感受，你想逼死我吗？"我当时委实一怔，有些犹豫，真怕她做傻事，但想想她现在选择退宿，上课不还是要面对那些同学吗？难道以后她们再闹矛盾，还要退学吗？于是我先安慰她："同学这么孤立你是她们不对，大家有什么事一定要说开了，你想想是不是还有其他什么事，引起她们对你有隔阂呢……"周日下午原本她自己去学校，那次我陪她一起到校，并告诉她："逃避永远解决不了问题！你先自己静静，妈妈相信你会处理好这件事的，加油！"两天后孩子主动给我打电话，说她跟寝室的同学谈话了，原来她有时说话、做事不注意，让同学不开心了，她主动给寝室的同学写了封道歉信！大家把事情说开了，互相道歉并原谅了对方，她现在又和同学打成一片了！后来当她们班有一同学因为抑郁而退学时，我庆幸那次我选择了让孩子自己去解决问题，学会了担当和原谅。

## 三、成长与经历,家校联合

### (一) 架起桥梁,增加和班主任的沟通

我跟班主任了解孩子学习情况,我听到更多的是"近期孩子进步挺大哦""前几天孩子受到韩语老师表扬了""她主动去练习乒乓球了呢!""今天我表扬她,她开心地笑了,她笑起来很可爱。"等等,我开始反思,为什么老师能发现她那么多优点,我却不能呢? 这让我想起孩子曾经说过的一句话:"在你眼里我都是缺点,你咋看不到我的优点呢?"这几年我确实很少表扬她,即使偶尔的一次夸赞,也被无数次的批评给淹没了。感觉她做得好是应该的,做得不好就得挨训。

跟班主任聊了很久,得到的点拨就是,中职阶段的孩子很多都是从小在责备中长大,那就多夸夸她。我心一横:既然之前的方式不行那就听老师的,多发现她的长处,多夸赞,多鼓励! 哪怕孩子真的做错了,我也不能着急,我要认真地分析问题,看看事情的整体,看看孩子的初心,如果真的错了,再耐心地跟她讲道理。就像班主任说的: 她们是能听进去道理的,不要用高高在上的态度面对她们。

暑期孩子在家读韩语一开始不是很流利,结结巴巴,加上孩子父亲说她几句,后来她直接不肯读了,后来我跟孩子说:"你前面几天能天天坚持读韩语,不会的还在网上查! 这很好呀! 我们慢慢来,多读几遍,读熟了,自然就流畅了! 我们再来试试!"孩子听了也就重新开始读。到暑期结束时明显比刚开始进步了很多。我发现老师说得很对,一味地批评只能停留在原地,适当地鼓励,让孩子重拾信心就能向着好的方向发展!

### (二) 家委会成果初尝试:转变思考方式

记得开学时,因为学校离家远,所以我们选择了让孩子住宿。第一次离开父母,离开熟悉的环境去过集体生活,我担心她会不适应,但学校的老师告诉我们,孩子远比你想象的要优秀! 一定要让他们融入集体,学会跟同学、老师和睦相处。

都说独生子女娇气霸道,不懂得感恩,孩子刚开始也一样。老师建议如果条件允许可以带孩子去自己的公司看看,了解父母上班在做什么,让他们知道父母的艰辛和不易。那次周末我加班就抱着试试看的心理带她去了我公司,一开始

她还挺兴奋,但看到我忙着接电话,设计图纸,跑出跑进后,她有些诧异地跟我说:"妈妈,你上班原来要做这么多事情啊!"我笑着说:"对啊,回去我还得给你洗衣、做饭、打扫卫生呢!"后来的一个周末,她主动说:"妈妈,你回来晚还要做饭,要不你教我做吧。"尝试了几次后,她终于能独立完成一顿饭菜了。第二年的暑假,每天我下班一到家都能吃上女儿做的饭菜了。并且那年过年时姥姥给她压岁钱,她硬是不收,说姥姥退休了还出去打工赚点钱不容易。临走姥姥偷偷塞在她书包里,她回家发现后立马还给我,并嘱咐我一定要还给姥姥,并让姥姥别出去打工了,太辛苦。我顿时感觉女儿长大了,懂得感恩了!我转过身,特别感动,非常感谢学校的老师。

### (三) 沟通是一门艺术

不管孩子再怎么懂事,终究还是个孩子,三年级的时候,她一定要申请走读一周,我们家比较远,所以一直是住宿。她申请走读的几天又是风雨交加,我非常不理解,也不赞同,在我准备制止她的时候,我还是跟班主任沟通了一下,老师说:您放心吧,有时候我们也不要把她们当孩子来看,既然在我说迟到要收手机的时候她还是很坚决,那就趁着这个机会让她明白要对自己说的话负责。不管怎样的风雨交加,既然是自己选择的,就让她明白这个道理。很显然,我被老师说服了,也同意了她的决定。但是父母就是这样,在孩子看不到的地方不断地操心着,整晚我都没有睡着,甚至做梦她迟到了。早上在我慌张地起床准备叫她的时候,发现她已经在刷牙,那一刻,我真的很欣慰。下午放学以后她还非常开心地跟我分享班主任很遗憾没有收到她的手机,看着她满脸自豪的笑容,我一扫担忧和不信任。以后,女儿这种乐意跟我分享的心理成了常态。反观三年前,我也成长了很多。

## 四、收获与感悟

### (一) 无声无息,孩子真的长大了

三年级下半学期孩子面临实习,我帮她找了个培训学校助教的工作,她除了平时在办公室做些图表和网站链接,有时还要独自跑客户,当面给客户答疑。我一开始担心她做不好,不能吃苦,做不长久……当我跟她经理询问女儿的工作情况时,经理也是经常表扬她,夸她做得好!我告诉她做得很棒时,她满脸的傲娇,发自内

心地开心。实习结束公司还舍不得让她走,欢迎她周末或寒暑假再去兼职。我想要不是这三年不断鼓励,让她重拾信心,那是绝对做不好这些事的!要不是三年来我在家委会的学习和跟班主任的沟通,改变了我对她的姿态、语言、交流、信任等,是不会有这样的效果。

### (二) 感悟

孩子是第一次当孩子,父母也是第一次当父母,教育孩子,老师有教师证,而父母却没有证。但在工商外我遇到了老师,参加了家长学校,这些经历对我的影响很深,在教育孩子方面让我受益匪浅,我改变了思维,并取得了良好的效果,也真正体会到了:家校共育,静待花开的过程是多么令人满足和自豪。真的非常感谢学校的老师和学校开展的家长学习讲座。作为家长,我为孩子能进入工商外和遇到这么负责的班主任老师感到庆幸和自豪。希望有更多手足无措的家长们多跟老师们沟通,多跟孩子们交流。

愿学校和各位老师发展得越来越好!

# 浅谈家庭教育心得体会

上海市西南工程学校　陈建芳（学生家长）

**摘　要**：古语有云"近朱者赤,近墨者黑",又见"岳母刺字",不难发现家长的素养和家庭的环境与孩子一生的成长息息相关。家庭是命运的摇篮,一个人的性格品德和选择的人生道路,都无不打上家庭的烙印。本文从家庭教育的特点、现状问题以及操作方式等多方面来阐释家庭教育的意义,浅谈家庭教育的心得体会,探索可行的家庭教育方式。

**关键词**：家庭教育　特点　误区　意义

在"望子成龙,望女成凤"的心态驱使下,我和很多家长一样曾给过我女儿很多强制的"爱"。例如在课余周末时间,给孩子安排一整天的课程,她稍有退步我便会大发雷霆,有时甚至动用家庭暴力。这些时候她往往都有抵触情绪,有时是行为上的抗议,常常也能从孩子眼中看到怨恨与不满。那时我们母女就像是仇人一样,彼此厌烦焦虑。每当这个时候,我和老公又是好言相劝,又是物质奖励,为了让孩子达到自己的目的,用尽各种手段,把自己以为的爱强加在孩子身上。然后,有一天我们发现物质已不再有吸引力,而且女儿也开始极力逃避。"学习"无形中拉开了家长和孩子的距离。曾经亲密无间的关系开始变得疏远,孩子越来越不愿和家长交谈,不愿分享自己的想法,家长也渐渐无从了解孩子的状态。

家长常常借"爱"的名义绑架孩子,让孩子背负原本属于家长的焦虑,完成自己未完成的期待,让孩子成为家长假想的自己,按照家长的节奏成长。这样的"爱"是不健康的。家长应该找到爱孩子的正确方向。作为家长,要让孩子在兴趣的促使下主动学习,而不是把自己的意愿强加到孩子身上,让孩子在焦虑与紧张的氛围下生活。家长想要改变,首先从放下自己的期望开始,多观察孩子的喜好,尊重孩子的兴趣,在合理的范围内给予孩子需要的帮助和引导。

家长对孩子家庭教育的好坏,很大程度上决定了孩子未来道路的顺畅与否。那什么是家庭教育呢? 家庭教育是所有人一生中接触最早,但影响最深的一种教育,是孩子的父母及家人在孩子成长过程中有意识对孩子的引导与培养。区别于学校教育,家庭教育并不是立竿见影,往往需要长期坚持才能显现出效果,但它却能在成长的关键期直接塑造一个人在个性、品格、爱好、能力等多方面的雏形,为今后的成长发展铺垫坚实的基础。然而家长们却经常忽视了家庭教育的重要性,以为只有学校教育才是教育,无意识地形成了一种教育误区,也是一种中国式的家庭教育模式。

为了增进家长的认识与促进孩子的成长发展,在此从现代家庭教育的特点、现代家庭教育的现状和问题以及如何正确指导家庭教育等方面,来谈谈家庭教育的作用意义和具体操作方法。

## 一、现代家庭教育的特点

家庭教育对孩子的成长具有奠定作用,对个人成长有着十分重要的意义。家庭教育有着感染性、权威性、终身性等多种表现。

家庭教育具有感染性。孩子从出生起最早接触的人是父母,最早接受的教育就是家庭教育。孩子就像一张白纸,父母家人就是这张白纸的书写者,最终白纸呈现的状态都是由书写着决定。因此,一个家庭的生活氛围和父母家人的言行举止都会或多或少对孩子的成长产生影响。更是由于父母子女之间存在着天然的血缘关系,彼此之间拥有更为强烈的情感感染性。有时家长的喜恶取舍,往往决定着子女的行为表现。在家庭教育中,父母对子女的这种情感上的感染作用有时是很突出的。

家庭教育具有权威性。在孩子心目中,父母和家人有着天然的权威感,这是有效地影响和教育子女的重要前提和优势,比起陌生人,父母和家人更能行之有效地引导孩子。

家庭教育具有终身性。在孩子的一生中,享受最长的教育就是家庭教育,这是任何一种其他教育所无法取代的。由此可见,家庭教育对于孩子的成长有着不可忽视的重大意义。

## 二、现代家庭教育的现状和问题

在家庭教育中,父母家长一个常见的误区就是把分数当成智力发展的唯一标准,当作孩子学习能力好坏的尺度。但现实中太多高分低能的学生案例表明,分数只反映智力水平的一部分,这两者之间并没有必然联系,也不能一概而论。

家长物质刺激膨胀,孩子心灵关爱缺失,是另一种教育误区。中国的家长对物质奖励都不陌生,孩子在学习成绩取得进步时,大肆褒奖,各种物质奖励纷至沓来,而一旦孩子成绩下降排名退步,立刻指责抱怨,认为孩子没有努力或不够努力,孩子的自信心和自尊心大受打击。这样的方式让孩子如何建立独立的竞争意识和健全的人格？对物质的贪婪,成为孩子的唯一目标,导致孩子心灵精神的扭曲。

另外,还有些家长不注重培养孩子的自学能力。事事包办,孩子稍微遇到一点困难,家长就第一时间上手解决,不给孩子自己思考动手的机会。长此以往,孩子自然就不会去自己思考,习惯性依赖家长,丧失自己处理问题的能力。一旦遇到问题,自己就无法独立解决处理事件。我女儿原来在学校遇到一些她觉得难或烦的事情就会叫我帮忙,我觉得举手之劳也就帮她处理了,慢慢地我发现帮她做的事越来越多,越来越散,最后我就果断拒绝她了。现在她亲力亲为制定学习计划、做PPT、写活动策划,我觉得她为人处事的能力、责任担当的意识和组织协调的能力都有了很大的提升,最关键的是她的自信心有了很大的提升。

## 三、如何正确开展家庭教育

### (一) 给孩子营造良好的家庭环境

家庭的和睦对于孩子的成长至关重要,家庭成员之间良好和睦的关系会让孩子学会宽容,学会理解,学会如何去爱,爱自己也爱别人。很多现实案例都显示,缺少家庭关爱的孩子相比获得家庭关爱的孩子,他们会表现得越来越自私和自我,对外界的事物越来越冷漠。很多时候孩子的麻木甚至是堕落等问题,都是因为缺失了来自家庭的关爱。试想如果一个孩子长期处在一个剑拔弩张、纷争不断的家庭环境中,父母都毫不关注、爱护自己的孩子,那孩子该如何学会关心家人,又该如何学会关心体贴陌生人？所以,给孩子营造一个温馨和谐的家庭生活环境显得尤为重要。让孩子充分体验到家庭的关爱,营造给孩子一个良性的成长环境,对孩子之后的心理和性格发展起到至关重要的作用。

### (二) 父母要以身作则

父母是孩子的行为榜样,一言一行都会在不经意间给孩子带来巨大的影响。

所以,在要求自己孩子尊重他人时,父母首先要想想自己是否做到了呢?在日常生活中经常出现小孩在公共场合大声喧哗或者高声呵斥他人的现象,他们的父母家人也不加阻止,甚至有旁人提出异议时,他们还理直气壮地驳斥只是小孩子的玩闹。试问这样偏袒宠溺的行为会给孩子造成怎么样不良自私的心理影响?又如何能给孩子树立正确的行为准则?对于孩子来说,父母是他们最初认可的老师,会本能地模仿父母的日常行为,因此父母家长更需要谨言慎行,三思后行。

### (三) 先学会尊重孩子,而后让孩子学会尊重他人

家长经常会要求孩子尊重他人,然而要让孩子学会尊重他人,首先父母要先学会尊重孩子。在孩子很小的时候,父母就能蹲下来听他的意见。有人会说,这么小的孩子能有什么意见或者小孩子的意见有什么可听的,其实不然,再小的孩子也是一个独立的个体,他也有自己的思想,也许浅薄甚至幼稚,但也是他思维的体现。成人有成人的世界观,孩子有孩子的世界观,家长也要尊重孩子的想法。例如孩子出门总要带一个心爱的玩具,父母觉得麻烦就会阻止,孩子就会哭闹,虽然最后放下了玩具,但是总是哭好久。事后想想,那时孩子的哭闹也许就是对父母家人的不尊重理解而感到不满后的情绪释放。如果当时学着和孩子沟通商量,理解孩子的需求,事先和孩子约定好出门的规则,可能孩子会更好地接受,而不会每次哭闹。

孩子在外面和别人相处时,教他学会尊重他人。我女儿小时候看到别人的玩具,自己也很想要时,我就教她跟别人商量,"等你不玩的时候把玩具给我玩一会儿,好吗?",或者别人想要她的玩具时,叫女儿"把玩具给这个小朋友玩一会儿,好吗?"。当然,这一切要看孩子的个人意愿,不要强迫他人也不要强迫孩子,让孩子有自己选择的权利。一味地强加大人的意愿,只会增加孩子的挫败感,适得其反。

### (四) 营造孩子的学习环境,培养孩子的学习习惯

现在电子产品非常普及,家长玩电子产品时间长,孩子也跟着玩的时间长。如果在家里家长能多看书或报纸,孩子也能跟着学会阅读。我们家也是面临着这样的问题,女儿小的时候我们夫妻俩都陪着她一起看书、讲故事、做手工,慢慢地随着她长大,各自都会分开做自己的事。爸爸爱打游戏、妈妈爱追剧、女儿爱看电视,久而久之交流越来越少,孩子越来越倔。我和老公发现问题后,立刻停了游戏和热剧,陪着女儿一起逛书店、看展览,每人每天坚持半小时阅读,开始是一小段时间,

然后每次一点点增加时间,慢慢的一次阅读的时长就增长了,阅读的习惯也慢慢形成了。

家庭教育是对孩子一生影响最深的一种教育,直接或者间接地影响着一个孩子人生正确目标的确立与实现,也在一定程度上决定着孩子的人生发展的起点与终点。根据诸多现实案例不难发现,除了学校教育之外,家庭教育也是不可或缺的重要教育环节。常言道,"家长正儿女易行善,家长邪儿女易行恶。"家长们给孩子们营造良好的教育环境,自己身正为范,正确引导孩子为人处世,培养每个孩子独特的兴趣爱好,这样的家庭教育才是应该值得倡导的。

家庭教育有着其独特的地位和作用,是孩子认识世界的第一课堂,始终伴随着孩子的成长路程。家庭教育的参与者需要用心呵护这朵"花",用爱来浇灌,在开花结果的过程中倾注心血。每个孩子都是一个独立的个体,有着自己独立的人格,没有万能的教育,只能由每个家长在家庭教育中不断地摸索实践。罗马不是一日建成的,家庭教育任重而道远,家长和孩子一起成长吧。

# 陪　　伴
## ——让孩子慢慢长大

上海市逸夫职业技术学校　何明洁（学生家长）

**摘　要**：在孩子成长的过程中，每个家长都花费了大量的时间精力在孩子的学习上面，却较少去真正关心孩子的情绪变化、兴趣爱好。我们在女儿的成长过程中，不仅仅关注学业，更多地去是去陪伴。我们陪伴孩子一起做各种事情，和孩子建立信任亲密的亲子关系，这样就可以更多地和孩子沟通，更加了解孩子，帮助孩子树立正确的世界观、人生观和价值观，同时和给予孩子足够的安全感，让家庭教育在孩子成长的过程中起到积极正面的作用。

**关键词**：增进了解　加强沟通　相互尊重　把握分寸

　　孩子是祖国的花朵，也是每个家庭的希望。从小孩子呱呱落地，到长大成人，每个父母都倾注了大量的关心和爱护，希望自己孩子能健康长大，成为一个对社会有用的人。每个孩子都是独一无二的，所以对孩子的教育也应该有所区别。学校教育是普及教育，比较难实现个性化，在这方面，家庭教育就可以发挥它独特的作用。每个家庭，家长可以根据自家孩子的特点，针对性地进行帮助和教育。

　　我们家女儿性格比较内向，不够自信，这并不是说她本身能力不足，而是从小性格使然。在初三的时候，沉重的学习负担让内向的她一度无法承受学习的压力。在那种情况下，我们认真反思了原来的教育方式，以前我们自己的教育太过于关注成绩，导致孩子不仅仅厌恶学习，亲子关系似乎也有些功利，成绩好了家里就一团和谐，成绩差了家里就乌云密布。孩子对学习失去兴趣和动力，也影响到亲子关系，会认为父母更关心的是她的成绩而不是她本人。后来我们就认真和孩子商量，关于她今后的学习道路，最后我们选择了中职学校，报考了逸夫职业技术学校服装专业继续学习，这也是她自己喜欢的专业。进入逸夫学校以后，我们很快就感觉到女儿学习的兴趣和热情比以前好了很多。

我们自己也一直在改变和调整和孩子的相处方式,两年多下来,我们觉得陪伴是非常适合我女儿的一种相处方式,其实也是教育的一种方式。陪伴是指多花时间和孩子在一起,比如经常一起和宠物玩,一起散步,一起吃饭,一起看电视,一起看电影,一起看展出,聊聊她偶像最近的动态,还有时事新闻,微博热搜等,甚至有时候大家会待在一起但各忙各事,这也是一种陪伴。我们有空的话上下学经常会接送女儿,因为在路上也都是和女儿轻松交流的时间。多陪伴有很多的好处。

首先,陪伴使我们更加了解孩子。陪伴不仅可以更加了解孩子身心的发展,了解孩子周围的人和事,而且也可以了解到孩子思想和三观的发展和变化,有时候就可以进行适当的引导。比如说上下学接送女儿,放学路上可以问问看孩子今天在学校发生了什么有趣的或者不愉快的事,同时可以了解她学习的状况和她同学朋友的一些情况;孩子碰到了一些不愉快的事情,问问看她是怎么想的,怎么处理的,我们也会和女儿分享我们的一些想法,这也是希望给孩子建立正确的三观。陪伴可以让家长更全面地了解孩子,而不仅仅是她的学习情况。

其次,陪伴可以增进和孩子的沟通。多陪伴会让你更了解孩子的兴趣爱好,她身边的朋友同学,感兴趣的话题等。这样和孩子就会越来越有共同语言,沟通也会越来越多,形成良性循环。增进和孩子沟通的重要性我想每个家长都知道,但现在确实很多十几岁的孩子都不愿意和家长多说话,更不要说顺畅沟通。我们觉得父母需要花时间多陪伴自己的孩子,多陪伴才可以增进沟通,家长也能更多地参与孩子的成长,建立起必要的亲子信任。家长在孩子成长的过程中承担起家长应有的责任,同时也要用欣赏的眼光看着孩子的慢慢长大。

再次,陪伴让孩子觉得安全,有依靠。这并不是说孩子什么事情都依靠父母,自身毫无主见,没有独立性,而是在孩子需要父母帮助和支持的时候,你要让孩子感觉到你就在她身边。多陪伴会让家长经常和孩子待在一起,这样她遇到有什么事情很自然地就会问问看你的意见。但这里需要注意的是,家长需要在孩子的独立性和给孩子安全感、依靠感之间保持好平衡。我们家女儿已经很有自己的主意和看法,但在我们看来局限于年龄和经历,孩子的很多想法还是不成熟的。由于我们会花很多时间陪伴孩子,相互之间的沟通非常通畅,孩子就经常会和我们说她对很多事情的看法和处理方式,大多数的情况下,我给孩子的回复是:"我觉得你想得很有道理,处理得也很好,你自己决定就好了。"有时候如果确实觉得需要给孩子一些建议,我常用的开头是:"对这件事,我的看法是……"而不是"你应该……",而且通常的结尾是:"我们的想法只是给你参考,你自己决定就好了。"这样,我们给孩子的是建议,而不是指导或者命令。长久下来,孩子会觉得很有安全感,她自己的想法得到了尊重,有独立性,但是当她需要帮忙的时候,父母总是能够给到她及时的、有帮助的建议,即使父母一时没有合适的建议也一定会认真地倾听。当然,在遇到人生关键时刻的时候,我们也会很清楚地告诉孩子我们对她的希望,相信孩子也会很认真地考虑父母的期望。

陪伴也需要非常注意分寸和保持一定的距离,不要让孩子觉得你太过紧密,过度关注,甚至干涉了她的自由和隐私。中职阶段的孩子都已经十六七岁了,他们已经有非常独立的人格和自由的倾向。关心爱护孩子但是需要给孩子足够独立的私人空间和尊重他们的意见。比如说千万不要翻看孩子的日记、手机等私人物品,孩子出去玩也不要过于关心安全甚至暗中跟随,如果孩子发现家长这样的行为,会极大破坏家长和孩子之间的信任,而重建信任是非常困难的。女孩子出去玩家长确实会担心,我们的做法是和女儿说清楚,她现在的年龄还不能像成人一样处理各种突发的事情,家长是不放心的。和同学朋友出去玩是很正常的,我们理解、同意也支持,但是我们需要知道她去哪儿,这样如果有什么意外的情况我们可以很快地采取相应的措施,而且晚上超过一定的时间就要定时给我们发信息报平安,这样女儿能感受到我们的关心也能理解我们的担心。有时候她出去玩得开心了也会忘了发信息给我们,我们在过了约定的时间以后会打电话给她询问是否安好,女儿也不会觉得我们管得太多而有抗拒的情绪。

我们家女儿在上海市逸夫职业技术学校学习两年多了,她在逸夫学校学习了很多,收获了很多,成长了也很多。非常感恩逸夫学校有一个真心关爱学生,一切为了学生着想的领导团队和教师队伍,老师真的是一个非常崇高的职业,一个好老师可以影响很多学生的一辈子!明年又将迎来我们家女儿人生中的第二个重要的十字路口,希望她能继续努力,顺顺利利进入高等学府继续学习深造。

希望我们的分享,可以对其他家长有启示的作用,能有所帮助。能够让孩子健康快乐长大是每个家长最大的心愿,多陪伴不仅可以让孩子获益良多,而且可以让家长真正去享受孩子的成长快乐,同时也能够让整个家庭的氛围更加融洽和谐,让孩子长大以后有更温良的品格。希望所有的孩子都能够健康成长,德才兼备,成为社会的有用之才。

# 言传身教,当好孩子的第一任老师

上海市逸夫职业技术学校　陆颖(学生家长)

**摘　要**：家庭是子女的第一所"学校",父母是孩子的第一所"老师",潜移默化的家庭教育及影响,将直接关系到子女的道德品质、法纪观念、人生观等的形成。作为一双称职的父母我们努力做到以下几点：喜欢且经常与孩子亲近,爱而不纵,严而不厉;关心孩子的思想和学习,乐于帮助孩子解决学习、生活中的一些困难;善于和孩子交流和沟通思想感情;尊重孩子的兴趣和爱好;按照孩子的程度,给孩子提出合理的目标和要求;致力于创造一个和谐、欢乐的家庭氛围。

**关键词**：以德为先　全面发展　身传言教　乐于奉献

我们的女儿,戴文婧,中国共产主义青年团团员,现就读于上海市逸夫职业技术学校环境设计(中本贯通)专业。现任学校学生会主席,19级环境设计班班长。曾被评为2020—2021学年上海市静安区中等学校(高中、中等职业学校)优秀学生干部称号、荣获2021年全日制普通中等职业学校上海市一等奖奖学金。这些荣誉离不开学校领导和老师的培养和教育。我们作为父母,从小注重教女做人,促德行提升修养;注重兴趣特长培养,促素质全面发展;注重言传身教,促责任担当与奉献。下面就三方面讲述我们的教育实践探索：

## 一、教女做人,促德行提升修养

学会做人是孩子的立身之本。因此,欲使孩子成才,先要教孩子做人,这是家庭教育的首要任务。作为人民教师的我们,既是老师也是父母。我们教育女儿做人要做真人、好人、善人,做有理智、有头脑、有思想、有人性、有理智、有理想、有人格的人。对于儿时的她,自然是勤奋好学,刻苦努力,不断地积累知识、不断地提高自身的能力。女儿是个左撇子,刚上学时为了练习写字,每天放学回家都会要求女儿练习写字,每一笔每一画,我都会从旁认真指导。虽然每天下班已是身心疲惫,但对于女儿练字一事从不松懈。写得不好就擦了重写,哪怕是夜已深,也必须把当天的练习任务完成。坚持不懈,刻苦练习,让女儿如今习得一手好字。我们常说"字如其人",我们认为写字教学对女儿潜移默化的教育有着很大影响,写好一手字有助于养成她的良好品行,许多好的习惯如严谨细心,一丝不苟,专心致志,精益求精,持之以恒,都可以在写字中渗透和培养出来,而这些优秀品质会潜移默化地影响着一个人,使她在以后的学习和工作中形成良好的作风。

如今的她,在学校中努力提升自己的专业素养。在政治思想上,她认真学习党史、新中国史、改革开放史与社会主义发展史,了解时事政治新闻,以团员的要求严格要求自己;在文化课学习上,她规整的课堂笔记多次被老师提名表扬,成绩优秀,曾获中等职业学校上海市一等奖奖学金;本身绘画基础扎实的她在环境设计专业课程中更上一层楼,喜欢接触与专业相关的新知识,作业常常被用来做优秀案例供同学参考。课下的她会经常出现在各大艺术展览中,欣赏艺术家的作品拓宽自己的眼界,并从中摄取灵感,同时也会参加市区校级设计、绘画竞赛活动。广泛运用自己专业所学的知识,曾为校体育嘉年华绘制海报并被用作背景板,获"逸美"体育嘉年华海报绘画优秀奖。

古人把立德作为家教的重点,而英国思想家约翰·洛克曾说过:"在一个绅士的各种品性之中,德行是第一位的,是最不可缺少的。"由此可见,古今中外家教都把教子做人作为重点,它也是成功家教的一条最重要的经验。

## 二、注重兴趣特长培养,促素质全面发展

伟大的科学家爱因斯坦有句至理名言:"兴趣是最好的老师。"古人亦云:"知之者不如好之者,好之者不如乐之者。"是的,兴趣是学习的"原动力",兴趣是学习的"催化剂",它对孩子的学习有着神奇的内部驱动作用,能变无效为有效,化低效为高效。我们和许多父母一样,幼年时给女儿报了不少兴趣学习课程,如舞蹈、绘画、书法、讲故事、小记者、合唱团、游泳……最终,女儿还是最喜绘画。儿时的她,参加过各类市区级绘画比赛,获得过不少奖项,这些为她选择如今的专业学习奠定了基础。

如今的她兴趣爱好更是广泛,在业余时间学习演唱、乐器、主持、摄影等技能。为了提高身体素质与自律性,她一直保持健身的好习惯。她还热爱舞台,加入了学校的非遗旗袍走秀社,在艺术节、迎新晚会等大型活动中一直都能看到她的身影。

出于对写作的兴趣,她也加入了学校的小记者团,在学校的"逸夫伴你行"公众号上已经有了不少她撰写的报道。她在日常的撰写报道中不断锻炼自己的写作水平,也练得了一手不错的文笔。每逢大型活动,主持人中也有她的身影。同时,她还加入了华山艺术馆讲解员,在不断的努力下,她一点点积累经验,变得越来越自信。

每学期期末,她会积极报名参加与自己专业相关的工作坊活动。通过工作坊提早接触较成熟的设计流程,体验设计过程和实践的复杂性。锻炼自身的团队合作能力,学会控制情绪,有效地与团队成员进行沟通。虽然无法避免大家的想法出现分歧,但在一次次的争论与协商中,她吸取经验,总结不足,经历成长。

2021年的暑假,她有幸步入静安区共产主义学校,通过课程学习和团队交流来感知红色记忆。课程期间,她和同伴们重温习近平总书记对新一代青年的寄语与嘱托,学习他们不畏困难,以青春为国燃烧的精神。希望她在往后的学习和生活中能践之于行。

### 三、注重言传身教,促责任担当与奉献

身教胜于言教,身教与言教并举才是教育最好的方法。在家庭教育中,对孩子来说,需要的不是批评家,而是榜样。斯特娜夫人曾说过:"孩子是父母的影子。为了培养孩子的品德,父母亲的行为要自慎,应处处作孩子的表率。孩子好的行为或坏的行为都是父母教育的影响的结果。"

她的父亲是一名共产党员,2018年身为共产党员的他,积极响应上海市教委的号召,主动报名参加了"援藏援疆万名教师支教计划",远赴新疆维吾尔自治区喀什市巴楚县,在巴楚县第三小学支援当地的教育教学工作。还组建了"红柳志愿者服务队",并在全体静安援疆支教老师们的支持下,组织开展了多次的志愿者服务,给巴楚三小123位福利院没有爸妈的孩子们过了集体生日,并组织了以"红柳行动"为主题,给巴楚三小的这些福利院孩子周末送课,陪伴福利院的孤儿们健康成长。

虽然这一年半的时间,父亲没有陪伴在儿女的身边,更错过了女儿的中考,但父亲的"舍小家为大家"的敬业奉献精神,潜移默化地影响着女儿。

在平时,身为母亲的我也会鼓励女儿参与到父母的工作中,帮忙布置展厅、设计海报,在做志愿者的同时锻炼她刻苦钻研、不断进取的学习精神,也在不断激发她对自己专业的激情。我们觉得将孩子培养成人是每位家长义不容辞的责任,让女儿能够独立思考问题和解决问题也是十分重要的,孩子的独立性只能在实践中逐步培养起来。2021年12月,她身为校学生会主席代表学校参加上海市学生联合

会第十七次代表大会。因为疫情的封闭式管理,她和其他学校的青年干部一起在团校的青年公寓居住三晚,这次宝贵的经验,不仅激发了她身为青年干部的责任感与使命感,更是考验了她的独立性和自我管理能力。

女儿自考入上海逸夫职业技术学校后,身兼数职,从事多项学生干部工作,但她尽全力做到学习工作两不误,对自己一直都是高标准严要求。她是一班之长,又是一名共青团团员,同时也担任着学生会主席、校走秀社社长的职务。2020年5月,女儿正式加入了中国共青团,除了日常负责的团刊的绘制,还要协助班级的团支书组织团员志愿者活动。

她主动担任2020—2021年"走进艺术宫——学党史说'四史'"主题教育讲述者,录制过程中,她一遍遍地背诵、阐述艺术作品背后所呈现的红色革命记忆,深怀感激。2021年暑假,学校迎来了新疆巴楚县青少年赴沪夏令营,她积极参与组织了欢迎新疆巴楚县青少年联谊活动。她还积极报名担任学校的新生招生工作的志愿者,为新生和新生家长介绍学校的特色。

可见,作为家长事事必须以身作则,给孩子树立起良好的榜样,以堂堂正正的人的形象,留在孩子心目中。

女儿在校三年期间,经受锻炼,增长才干,不断锤炼意志品质,不贪图安逸,不惧怕困难,努力提高与时代发展和工作要求相适应的素质和能力。她常常会对自己做一个阶段性总结与规划,从中不断提高自我认识的能力,打开看待问题的视野和格局,为自己拟定发展计划,向着人生目标不断靠近。

女儿的成长不只是我们家庭教育的功劳,更多离不开学校的教育。但作为家长,要充分认识到家庭教育的重要性,自觉地做好孩子的教育工作,尽好家长的责任与义务。

# 我和女儿一同走过的成长岁月

上海逸夫职业技术学校　管沁（学生家长）

**摘　要**：第一次回顾女儿的成长，第一次提笔写下这岁月的点滴。忽然发现这其实是我们共同成长的旅程。小小的身影告诉我什么是倔强、什么是坚持、什么是勇敢、什么是率真；我则学会了"守护"，孩子真正需要的那种"守护"。女儿告诉我说：之前的挫折、低谷、磨难、所有的一切都是一分收获，所有的事和人都值得感谢。我想说："丫头，虽然你没有长成我期望的样子，但你随着自己的步伐给了我许多惊喜，更给我无限的期待……谢谢！"

**关键词**：挫折　蜕变　成长　喜悦

## 一、古灵精怪的学前期

　　从呱呱落地到蹒跚学步，我和所有初为人母的妈妈们一样憧憬着孩子美好的未来，精细规划着孩子每一个时期的生活。直到在幼儿园里女儿拒绝我所有给她安排的英语、舞蹈、钢琴、空手道等兴趣班时，我才意识到这是一个很不受控的"小狮子"，她有自己的想法。"在每节舞蹈课前向老师委屈地哭诉她的不情愿；和我聊天时告诉我钢琴很贵，她们班小朋友都不喜欢弹钢琴；看到外教直接逃出教室，告诉我她的老师像只猴子让她害怕"；她只想做她喜欢的事——画画，在家里的墙上画，地上画，门上画，在汽车的玻璃上画。值得欣慰的是，在徐悲鸿艺术幼儿园里，女儿度过了 4 年自由愉快的学前生涯。

　　第一次惊喜是女儿拿到了人生第一张等级证书——速写 3 级，和第一张获奖证书——第二十二届素质杯全国少年儿童书画竞赛铜奖。

## 二、一波三折的小学

　　女儿学前上的是私立幼儿园，各方面的发展也得到了家人们一致的认可，所以在小学的选择上我们也优先选择了寄宿制私立学校。然而,我忽视了女儿的感受及心灵上的影响。女儿超强的自理能力让她很快适应了学校生活,但也种下了对我们不满、怀疑的种子。直到多年后在孩子的一次情绪宣泄中我才得知一切,才明白原来我们自以为的对她来说的最好,却给了她很大的伤害。可是在当时,我像大多数妈妈一样被"不要让孩子输在起跑线上"的念头冲昏了头脑,在打听到私立学校不如公立学校时,我又着手女儿新学校的择校,在女儿适应了寄宿制学校的学习与生活后单方面决定给她转去新普陀小学。我把她从她喜欢的学校、老师、同学身边直接带走,没有一句解释,她多次向我要求回原来的学校也都被我拒绝。

新普陀是一所优秀的公立小学,教学严谨,老师们严格要求每个孩子学习习惯,与家长也有着密切的联系,当时我坚信孩子在这样的学校一定会很优秀,她一定会更好。但是女儿无法适应这样的教学方式、这样的老师与同学,这导致她在新学校很长一段时间都没有朋友、情绪低落、学习愿望也不高。那个每天在8点前都会完成作业并帮助同学去洗漱、整理寝室的女孩,现在10点完成作业都有很大困难。

发现女儿的变化,我也在反思,虽然不能回到原点,但我至少可以尽力而为。在其他孩子参加许多课外补习的时候,我们只选择了她最喜欢的国画班。小小的身影站在桌子前一画就是4小时,倔强的她即使抹着眼泪也要画到自己满意。累过、哭过、也发过脾气,但最后还是会拿起那支画笔再次投入,每次小小的进步都会让她开心上好久。她又找回了自己的快乐,那个爱笑、爱唠叨、爱跑、爱跳、像风一样的女孩子。

第二次惊喜是女儿小学毕业时完成了花鸟9级、山水6级、软笔书法5级。(惊喜的不是等级而是在低谷中她找到自己的快乐,认真对待自己的选择,坚持下去。)

## 三、青春期、充满叛逆的初中生活

由于小学我们花了较多的时间调节孩子的情绪等问题,在学习上没有过多的补习,致使进入梅陇中学后发现女儿和其他的孩子在学业上有着一定的差距,初中的学习进度也打了我们一个措手不及。此时的我反而陷入了焦虑,一口气给她报了全科的补习。我和女儿再次出现了意见分歧,我觉得当下读书最为紧要,其他可以忽略,而她却还是坚持自己的喜好,除了画画还参加了学校的篮球队。起初我极力反对,我叫停了她的篮球训练,绘画课也相应减少了次数,取而代之的是大量的语数英的补习、练习,然而发现孩子的学习成绩不但没有提升反而直线下滑。由于成绩不佳,女儿做什么事都失去信心,朋友也越来越少。孩子的世界很简单,分数成绩就是一切,"成绩好＝人品好＝好孩子＝可以做朋友",反之就可想而知了。

随着青春期的来临,女儿陷入了焦躁、不自信的双重漩涡中,原本不错的英语、语文也一落千丈。她不断地否定自己,觉得自己就是什么都做不好,学不好,觉得自己再努力也改变不了现状。看着这一切我心痛,我自责,但我知道这没有用,只有我坚强起来才能带着女儿走出这漩涡,才能拉回这个偏离的方向。女儿最需要的是我,是我的肯定,是我的支持、哪怕只有一个眼神,一个拥抱。我明白了如果孩子身心都被摧毁了的话,只有好成绩那绝对不是我要的结果,我深刻感到,当务之急是要恢复孩子的自信心。

在反对声中我决定恢复了女儿的篮球训练,那是我第一次去看她打篮球,第一次和她爸爸一起去给她助威,第一次为她在班主任那争取再进篮球队的机会(尽管老师最后答应她只能参赛,不能去训练,当时毕竟已经快升初三,学业的确很多,课余时间很宝贵,老师的做法也可理解)。2017年"中远杯"普陀区阳光体育篮球大联赛青少年篮球锦标赛中,女儿与她的小伙伴夺得了全区第一好成绩。这不单是一场篮球赛,更是一场自信心的反击战。

自此以后女儿渐渐地恢复自信,不再在意他人的眼光,坚定自己的信念做对的事,做一个善良的人。我之后还为女儿报名了她一直向往的专业滑雪课程,她取得了专业3级证书,也第一次踏上了中级赛道。她告诉我她真的可以做到。绘画一直是她的最爱,从未改变,她告诉我,在最低谷的时候,去画室是她最开心的时刻,在那什么都不用想,戴上耳机感觉这个世界就只有她、就只有画。

第三次惊喜是女儿在初三前取得了素描9级、水粉9级。女儿走出青春期的彷徨、走出挫折,再建信心。

虽然初中时期有很多遗憾,由于之前拉下的学业过多,调整好状态后奋力追赶也没有达到理想的分数,但值得庆幸的是她不再是那个患得患失的小女生了,她有了更多更实际的目标。规划着自己的人生,也会对自己的决定负责到底。她清楚地知道自己的问题,也清晰地知道自己必须更加努力才能向着自己的目标前进。一次失误不是一辈子的失误,只要不失去斗志就会有成功的一天。

**四、美好的遇见——逸夫职业技术学校**

中考前女儿根据自己实际的学业水平级和她的理想给自己选定了候选学校并参加了艺考。当收到上视与逸夫的艺考通过通知时,她对我说:"妈妈,我知道上视离我很远,但我就想去试试,看看我的画是否能被老师们认可,现在知道了我很开心。逸夫是我要去的学校,因为他们也是专业的绘画学校,是我理想中的学校。"虽然知道女儿从小的理想一直是国美,但能认清自身后不气馁就让我很欣慰。

女儿如愿考入了逸夫学校,成为绘画一班的一名成员,在班主任老师的带领下很快融入了这个大家庭。她与学校的同学、老师相处融洽,最主要的是每周都有她最喜欢的绘画课。她每天都会兴奋地拉上我给我讲学校的事和人。谁的素描画得最好,谁的设计课创意最强,谁是班里的学霸,谁最有艺术天分,当然还有她一直引以为傲的色彩,每次不聊个几小时都不放我离开。

### (一) 学生会

一个月后她郑重向我宣布:她要参选学生会,而且要参加宣传部,之后她会很忙,可能要晚归,让我们不要担心,她会注意安全。她还告诉我说,学校真的很棒,有许多参赛机会,她觉得这是个锻炼自己的机会,她非常有兴趣参加,并且一年后她还准备入团。这些事情是她在初中的时候想都不敢想的事,但现在她想去争取,她觉得她可以做到,她也愿意去努力,她希望我支持她。我其实知道她早已参加了宣传部的工作,虽然是一名编外人员,但只要接到任务她就会马不停蹄工作起来,做 PPT、PS、做公众号等,不会就网上查资料,向学姐们求教,一整个五一假期自己一个人待在房间里拼命地工作,只因为她答应了部长上学前一定会交上自己的成品。看到她如此努力执着,瞬间觉得女儿真的长大了,尽管我依旧会有担心,但我知道她需要的是支持。参加学生会 2 年多的时间里,从美化社区楼道到校区公众号,从宣传部工作到心理社招新海报,女儿忙得乐此不疲,每个深夜的制图赶稿,每次活动的组织、分配、监督、汇总,每个环节她都不敢马虎,带着社员圆满完成每次任务。任何努力都不会被辜负,女儿现已经从一名编外社员蜕变为学生会会长。如今她带领着学弟学妹们向着更高的目标努力。

### (二) 创业赛

学校要举行创业赛,一个让人为之振奋的消息!女儿第一次来向我请教,听了她对每个队员的介绍,她把每个人的特点及短板了解透彻,按个人的特点分配了任务及完成任务的时间节点。让我没想到的是她还预留了充足的修改时间及汇总时间。初时我也只当是纸上谈兵,说后期看了计划书再给建议吧。谁知她竟然带着这群小伙伴有模有样地干起来了,每天在电脑前检查、修改、汇总每份交上来的工作内容,一干就是 12 点,一干就是一个月。

一份 PPT 计划书呈现在我眼前时,我真心佩服这群孩子。无论专业与否,这种认真的劲值得尊敬,这种不畏艰险的精神在未来定能出彩! 因为这一切对于久战商场的你我可能不算什么,但对于一群 16 岁职校孩子来说是一次质的飞跃。我告诉女儿做得很好,已经超出了我的想象,有不足的地方也可以在实践中找答案。我没有更多建议只有祝福与期待。

后来才知道,她还带着队员一起走街串巷做了市场调查。利用学校周边商业区做了商铺的意向沟通。还联系了多个原创画师及动漫公司进行意向合作的沟通。女儿告诉我,虽然每个成员都累得苦不堪言,虽然一直都有风言风语的入侵,但她们都咬着牙挺过了一关又一关。虽然大家都觉得她是魔鬼社长,但又从心里佩服她,因为她一定是活最多最累的那个。

女儿第一次演讲,为了这次比赛一向怯场的女儿居然走向会场,向各评委老师介绍她们团队的项目。时间刚刚好,语速刚刚好,台风也恰到好处,真不知道她在家偷偷练了多少回。她告诉我,她一定要带着她的队员拿第一名,一定要尽力走得更远。

女儿的第一次创业比赛项目以总分第一的成绩从全校区近百个项目中脱颖而出。比赛的成绩值得让人高兴,但女儿在这次比赛中更多收获到了伙伴们的友谊,书本上没有的经验,以及通过此次比赛发现自己的不足之处,更让她感受到了读书的用处。

**(三) 转身回顾,感谢过往**

回顾逸夫的学习生涯,女儿收获丰厚:
1. 被评为 2019 年校三好学生。
2. 2019 年成为志愿者。
3. 2020 年被评为优秀学生干部。
4. 2020 年逸夫职校第一届"逸想 秀"创新创业大赛三等奖。
5. 被评为 2020—2021 年静安区中等学校(高工、中等职业学校)三好学生。
6. 2020 年逸创校园短视频挑战赛荣获最佳创意奖。
7. 2021 年逸夫职校第二届"逸想 秀"创新创业大赛一等奖。
8. 2021 年荣获"同心向党 奋斗有我"——上海市中小学生庆祝中国共产党成立 100 周年系列活动之【探寻】"红色印记"短视频版块(中职组)一等奖。
9. 2021 年光荣加入了共青团,担任团支部书记。

10. 2021年担任学生会会长兼宣传部部长、心理社社长。

11. 拍摄心理活动月微视频演讲获得上海市一等奖。

庆幸女儿与逸夫结缘,女儿坚持了她的选择,逸夫艺术的海洋孕育着她,她正从一只丑小鸭慢慢蜕变,这个过程漫长又值得期待。十多年了没见女儿学习得如此积极,如此开心,现在我也真正理解了她说的感谢过往,感谢当下。

## 五、起点

陪伴孩子成长的过程困苦漫长却又惊喜连连,是孩子的成长,何尝不是我的成长呢!现在孩子除了完成学校工作及学习任务外还在奋战5月高考。我问她为什么那么拼,她说,她不觉得累,做自己喜欢的事不会累,她想再努力一下,拼尽全力考一次,这样才不会让自己失望。又一个起点出现在我们面前,她已经开始蓄力。虽然我不知未来如何,但我知道她能扛起自己的选择与结果,我依旧"守护"。

也许你的种子永远不会开花,因为她是一棵参天大树!

# 科学家教　共同成长

上海市奉贤中等专业学校　刘超（学生家长）

**摘　要**：家庭教育是一门科学，它不仅要求家长有专业的教育知识、心理学知识，还要求家长掌握有效的沟通技巧。而作为家长的我们，属于"无证上岗"，并没有进行过相关的专业培训。所以对于如何做好家庭教育，心里是没有底气的。本文就我个人在家庭教育方面的感受和感悟与家长们一起交流分享。

**关键词**：家教理念　共同成长

望子成龙是天下父母的共同期盼，但初为父母，往往只能摸着石头过河。学校里老师们的循循善诱和因材施教给我们家长留下了深刻的印象。作为家长的我们，在陪伴孩子成长的过程中，也应该有这样的家庭教育理念，用科学的家庭教育方法正确引导孩子，让孩子幸福、快乐地成长。

## 一、不溺爱、鼓励独立

在父母眼中，孩子似乎永远长不大，处处都需要家长帮助。其实孩子们的能力远超我们的想象，关键是我们会不会放手，敢不敢放手。

孩子进入中职后向我们表达了想在学校住宿的想法，他说这样睡眠的时间可以长一些。我心里清楚，其实他是想要和同伴在一起，想要过属于自己的生活。虽有些不舍，但是我们还是满口答应。同时与他"约法三章"：第一，脏衣服、袜裤必须在学校洗干净，不准带回家，厚外套除外；第二，每周只给固定零用钱，超支的部分可以申请，但必须以书面方式说明原因；第三，选择住宿必须坚持到一个学年结束，中途不能放弃。一段时间下来，孩子自理能力增强了，明显成长了许多：以前洗澡时会把脏衣服扔在旁边，现在会在洗澡时把脏衣服一起洗了，洗完澡抓紧去晾晒掉；以前一到冬天就会随手打开空调，现在他会选择多穿一件外套，他说在学校已经习惯了"不到零度不开空调"的宿舍规定；以前看到喜欢的东西先买了再说，现在会从"每周的生活成本"角度考虑该不该买。

好孩子不是管出来的，更不是惯出来的，而是教出来、养出来、育出来的。作为家长的我们，更要努力做到"精神上不控制，生活上不包办，物质上不纵容，行为上不放任"。

## 二、不打断、鼓励探索

孩子的学习一直都是家长最揪心的部分，很多家长为了让孩子成绩更好，选择长期陪读在旁，当看到孩子做不出题目就会忍不住批评和指责。其实这时候，我们往往忽视了孩子的自我思考，他在寻找规律，在探索解决问题的方法，但这都需要时间。如果孩子的探索过程一次次被粗暴地打断，家长不断地影响和干扰，那么孩子永远无法构建属于自己的学习方法。其实我们要做的很简单，就是鼓励和表扬。鼓励他的每一点进步，表扬他的每一次改变，保护好他的自尊心和自信心，引导他懂得学习是自己的事情。

中职课程和中小学有很大的区别，孩子选择的是数控专业，很多专业课的学习只能靠他自己，作为家长的我们也爱莫能助。有一次孩子因为参加一个校外比赛，需要自学一些专业知识，但是很显然这些内容已经超出了他的理解范畴，他表现得有些沮丧。这时候我选择给他当"学习助手"，帮他查找教学视频，整理学习材料。每当有一点起色和突破，我都会给予毫无保留的鼓励和赞美。尽管最终未能获奖，但是孩子的自信心增强了很多，他知道只要愿意下功夫，总能找到解决方法。

## 三、不责骂、鼓励自省

孩子在成长过程中免不了犯下各种各样的错误，我们可以以低声说话的方式指出问题。"低而有力"的声音，容易引起孩子的注意，也会使孩子更专注倾听你所说的话。孩子做错了事，总会担心父母的责备，如果正如他所料，孩子反而会有一种"如释重负"的感觉，对父母的批评也就不以为然了。相反，如果父母保持沉默，给予孩子自省的时间和空间，相信每一个孩子都是积极向上的，他们都会因为自己所犯的错而紧张，会感到"不自在"，会反省自己并改正。

有一次孩子在班级的管理过程中与班内一位调皮捣蛋的同学发生了冲突，他控制不住情绪先动手推了别人一把。晚上回家后我故意压低声音跟他说话，他以为我知道了这件事准备要批评他,但是整个晚饭的过程中我都没有提及过此事。等他作业做好了,我建议他以日记的形式写一下今天学校发生过的事,不用给我看,只要告诉我写了多少字就可以了。结果第二天他跟我说他写了 2 000 多个字,我开玩笑说你们校园生活真是"丰富多彩"啊。我相信在这 2 000 多个字里,一定有他的委屈和抱怨,也一定有他的反思和感悟,而这些内容都以"自述"的方式被记录下来,足以让他铭记于心。

## 四、不比较、积极关注

这个世界上没有完美的人。作为家长,我们要清楚了解自己孩子是一个什么样性格的人,他喜欢什么,有什么兴趣爱好,充分支持他的理想,使其有机会发挥自己的天赋,只有他自己喜欢一样东西,才会去花时间去钻研,充分挖掘自己的潜能。千万不能将孩子"物化",像商品一样拿来与其他孩子作比较,他们每一个个体都是全世界独一无二的存在。

孩子虽然没有考上高中,但是他在中职学习过程中各方面表现得都很出色:他很有责任心,班级活动他都会积极参与,为班级增光添彩;他很有爱心,会把剩菜剩饭收集起来喂小猫、小狗;他也懂得感恩,每年教师节不仅问候现在的老师,也会问候以前的老师们。我相信这样的孩子,无论到哪里都会获得他人的认可,一定能找到自我的价值。

我每天下班回家,无论多累都会抽出时间陪孩子聊聊天,"作业完成得如何""学习顺利吗""学校里有什么新鲜事";我也一直在努力学会倾听孩子的心声,用孩子们的方式思考和交流。"社死是什么意思""EDG 是谁""工具人是怎么回事"……

在孩子遇到困惑、挫折或是犯错时,我也会及时安抚孩子低落的情绪,予以正确引导,调整好孩子心态,最后给他一个大大的拥抱。久而久之,孩子就越来越愿意跟我分享了,因为他能感受到我一直在努力接近他,而不是把他拉向我。

生活中从来不存在所谓的"起跑线",孩子幸福快乐地成长才是孩子成才的必要条件。而我们家长在孩子成长过程中应更多关注自身的不足,学习科学的家庭教育理念,提升科学家教的能力,留给孩子更多的自由和空间,与孩子们共同成长。

# 用心呵护　快乐成长

上海市奉贤中等专业学校　李萍(学生家长)

**摘　要**：在养育孩子的过程中,作为父母的我们也在不断地学习和成长。在越来越重视家庭教育的当下,自己也在反思是否是一位合格的家长。本文旨在分享几点自己在家庭教育过程中的所感所悟：第一,提醒自己以身作则;第二,锻炼孩子独立自主;第三,引导孩子融入社会;第四,尊重孩子自主选择;第五,陪伴孩子快乐成长。

**关键词**：家庭教育　以身作则　尊重孩子　快乐成长

每个孩子都是独一无二的,都有自己的优点和闪光点。随着孩子一天天地长大,我思考最多的问题就是如何把他培养成为一个健康快乐、独立自主、有责任担当的人。

## 一、提醒自己以身作则

作为家长,我有义务也有责任为孩子树立正确的人生观、价值观。我认为所谓"言传身教","身教"的效果会更加理想,所以凡事我希望孩子能做到的,我会先自己努力去做到。孩子奶奶身体不好,我就经常带着儿子在节假日去看望她,陪她说说话,做点家务,为她做一顿可口的饭菜。从一点一滴的小事做起,教会孩子如何孝敬老人。通过身体力行去向孩子传达尊老、爱老的理念。我相信儿子他也一定会看在眼里,记在心里。

我希望儿子能学做一些力所能及的家务活,于是平日里烧饭煮菜时,我就会让他帮忙打打下手,边看边学。慢慢地,他主动提出来也想要体验一下烹饪的乐趣。从半个月的时间学会番茄炒蛋,到一周的时间学会红烧肉,再到做一次就学会了油焖茄子,孩子的进步肉眼可见,现在的他已经可以熟练地做出一桌可口饭菜了。整个过程中孩子都是主动的、自愿的,这就是父母作为"榜样"的力量。父母是孩子的第一任老师,孩子总会有意无意地模仿家长的行为举止,家长的言行和家庭环境对孩子的影响是无可替代的。

## 二、锻炼孩子独立自主

现在的孩子都是家里的宝贝,六个大人围着转,甚至会过度溺爱、过分宠爱,一切事情都由家长们代劳,孩子们的独立性不断减弱。为了锻炼儿子独立自主的能力,在小学四年级的时候我给他带了一个手机,让他从闵行一个人坐公交车去外婆家。其实一路上我也提心吊胆,直到他安全到达,心里的一块石头才落了地。虽然很担心,但我知道不懂放手的父母无法培养出独立自主的孩子。我们要在适当的时候选择放手,才能让孩子飞得更高。回家后,他满脸自豪地告诉我,自己在车上还主动为一位头发花白的老爷爷让座了。这一刻,我觉得儿子真的长大了。

当然,培养独立自主的能力不能仅仅停留在培养孩子的行为方面,更多的应该是培养孩子独立思考的能力。让他在尝试的过程中体验失败,吸取教训,学会总结经验,最终完成自我成长。我会把我自己曾学过的一些分析方法分享给他,比如SWOT分析法,告诉他凡事总有好的一面,也总有不理想的一面,用类似的分析工具可以从多个维度分析事物的利弊,有助于他在思考的过程中学会"透过现象看本质"。儿子现在看问题更加全面了,有时候遇到挫折也学会了逆向分析,自我开导。分析起问题来头头是道,那口吻俨然是一位"小专家"的模样。

## 三、引导孩子融入社会

如果把家比做"港湾",那社会就是"大海"。孩子在学习之余,应积极融入社会。只有形成良好的亲社会行为,孩子才能更好地融入群体之中,才能培养出谦让、友善、互助、合作、共享等良好的社会行为。

有一年寒假,我主动问孩子要不要去做兼职,锻炼一下自己。儿子欣然答应,于是他自己去找了一家日料店上班。在这段时间里,他每天打卡上下班,忙得不亦乐乎。有一天我提前去接他,看到他正站在店里,有顾客点单,麻利地跑了过去,端着满满一盘子的菜,有模有样。他很自信地说,在企业里一定要服从安排,热情礼貌、耐心周到。要善于向顾客介绍推销餐厅特色。我为儿子的认真和专注惊讶不已,老板也夸他干得不错,我心里喜滋滋的。短暂的兼职经历让他收获颇多,孩子体会到了工作的不易,更感受到了父母的艰辛。

我们总说要教育孩子感恩，可是感恩的前提应该是先让孩子"感同身受"，而社会这个大课堂就是孩子们最好的老师。

## 四、尊重孩子自主选择

学习是孩子现阶段的主要任务，但不是唯一任务。我总觉得孩子在学习中认识自己、了解自己才是最重要的。学习上碰到了困难，作为父母的我们很多时候也帮不上忙，但是我们可以鼓励他多思考、多钻研，给予他自由发展空间。他想学街舞就陪他去上试听课，他不想练字就先缓一缓。孩子在学习街舞的过程中经常会因为频繁的地板动作撞得膝盖红肿、脚踝扭伤，也曾因为学不会高难度动作自我怀疑、想要放弃，但是我们一次次地鼓励，告诉他要尊重自己的选择，并为之拼尽全力，最终他选择了坚持。在陪他学街舞的过程中，他做事的耐心和坚持不懈的意志得到了极大地提升，而这些学习品质的养成才会真正让孩子受益终身。

## 五、陪伴孩子快乐成长

现在的人总说自己很忙，忙着工作赚钱，忙着为孩子创造更好的物质环境。可是孩子们却似乎越来越不快乐，因为父母陪伴的时间越来越少了。我平时会陪孩子做许多他感兴趣的事，看电视、看电影、去喂小区的流浪猫，每天饭桌上陪他聊聊天。同样我也会让他陪我做许多我感兴趣的事，烧菜洗碗，打扫家务。陪伴是双向的，共同参与体验同一件事，为了共同的目标一起努力，这个时候彼此间是最容易沟通的。现在的我们就像朋友一样，他每天回来会跟我说说学校发生的新鲜事，也会对我讲的事情发表一些他个人的看法。

与此同时，我也意识到养育孩子不是独角戏，必须注重发挥父母双方的协同作用。因为爸爸和妈妈给予孩子的影响是不同的，一个像太阳，一个像月亮，缺一不可。所以我也会时常提醒孩子爸爸多参与我们的活动，拉着他一起做家务、一起聊天、一起喂小猫。

"十年树木，百年树人"，教育孩子就像种地，要经过播种、发芽、开花、结穗的漫长过程。放平心态，静等风来。我希望有一天当他独自走上社会时，能够谦虚谨慎，宽容友善，懂得尊老爱幼、知恩图报，有着自己的梦想并为之努力奋斗。

## 图书在版编目(CIP)数据

上海市中等职业学校家庭教育实践与探索 / 王向群主编 . — 上海：上海社会科学院出版社，2022
ISBN 978 - 7 - 5520 - 3940 - 5

Ⅰ.①上… Ⅱ.①王… Ⅲ.①学校教育—合作—家庭教育—教学研究—中等专业学校  Ⅳ.①G636

中国版本图书馆 CIP 数据核字(2022)第 152636 号

### 上海市中等职业学校家庭教育实践与探索

主　　编：王向群
责任编辑：杜颖颖
封面设计：裘幼华
出版发行：上海社会科学院出版社
　　　　　上海顺昌路 622 号　邮编 200025
　　　　　电话总机 021 - 63315947　销售热线 021 - 53063735
　　　　　http://www.sassp.cn　E-mail:sassp@sassp.cn
排　　版：南京展望文化发展有限公司
印　　刷：上海龙腾印务有限公司
开　　本：710 毫米×1010 毫米　1/16
印　　张：16.5
字　　数：300 千
版　　次：2022 年 9 月第 1 版　2022 年 9 月第 1 次印刷

ISBN 978 - 7 - 5520 - 3940 - 5/G·1203　　定价：59.80 元

版权所有　翻印必究